LA GARANTÍA &
LAS ADVERTENCIAS
DEL EVANGELIO

Libros de la serie
RECUPERANDO EL EVANGELIO

EL PODER & EL MENSAJE DEL EVANGELIO

EL LLAMADO DEL EVANGELIO & LA CONVERSIÓN VERDADERA

LA GARANTÍA & LAS ADVERTENCIAS DEL EVANGELIO

LA GARANTÍA &
LAS ADVERTENCIAS
DEL EVANGELIO

PAUL WASHER

Mientras lees, comparte con otros en redes usando
#GarantíayAdvertencias

LA GARANTÍA & LAS ADVERTENCIAS DEL EVANGELIO / por Paul Washer

© Paul Washer 2017, publicado en español por Poiema Publicaciones & Reformation Heritage Books. Traducido con el debido permiso del libro *Gospel Assurance and Warnings* © Paul Washer 2014 publicado por Reformation Heritage Books.

Las citas bíblicas han sido tomadas de *La Santa Biblia, Versión Reina Contemporánea* ©2009, 2011 por Sociedades Bíblicas Unidas. Las citas bíblicas marcadas con la sigla RV60 han sido tomadas de *La Santa Biblia, Versión Reina Valera* ©1960 por Sociedades Bíblicas Unidas; las citas marcadas con la sigla LBLA, de *La Biblia de Las Américas* ©1986, 1995, 1997 por The Lockman Foundation.

Para obtener más información, escríbenos a *info@poiema.co*

www.poiema.co   www.heritagebooks.org

Categoría: Religión, Cristianismo, Teología, Biblia

ISBN: 978-1-944586-73-7
Impreso en Colombia
SDG

Contenido

Prefacio de la serie
RECUPERANDO EL EVANGELIO

El evangelio de Jesucristo es el más grande de todos los tesoros dado a la iglesia y al cristiano. No es un mensaje entre muchos otros, sino *el* mensaje sobre todos. Es el poder de Dios para salvación a los pecadores y la revelación más grande de la multiforme sabiduría de Dios para los hombres y los ángeles.[1] Es por esta razón que el apóstol Pablo dio al evangelio el primer lugar en su predicación, esforzándose por proclamarlo claramente e incluso imprecando a aquellos que pervirtieran su veracidad.[2]

Cada generación de cristianos es administradora del mensaje del evangelio, y, a través del poder del Espíritu Santo, Dios la llama a guardar este tesoro que le ha sido confiado.[3] Si queremos ser fieles administradores, debemos concentrarnos en el estudio del evangelio, hacer todo lo posible por entender sus verdades, y comprometernos a guardar su contenido.[4] Al hacerlo así, aseguramos la salvación tanto para nosotros como para aquellos que nos escuchan.[5]

Esta administración me mueve a escribir estos libros. Tengo poca apetencia por el trabajo duro de escribir, y ciertamente no hay falta de libros cristianos, pero he puesto la siguiente colección de sermones en forma escrita por la misma razón que los prediqué: ser liberado de su carga. Como Jeremías, si no hablo este mensaje, "… en mi corazón… [se convierte en] un fuego ardiente metido en mis huesos; traté de sufrirlo, y no pude".[6] Como el apóstol Pablo exclamaba: "¡Ay de mí si no anunciare el evangelio!".[7]

Como es comúnmente conocido, la palabra *evangelio* viene de la palabra griega *euangélion*, que apropiadamente se traduce "buenas

---

[1] Romanos 1:16; Efesios 3:10   [2] 1 Corintios 15:3; Colosenses 4:4; Gálatas 1:8-9   [3] 2 Timoteo 1:14
[4] 1 Timoteo 4:15   [5] 1 Timoteo 4:16   [6] Jeremías 20:9   [7] 1 Corintios 9:16

nuevas". En un sentido, cada página de la Escritura contiene el evangelio. Pero en otro sentido, el evangelio se refiere a un mensaje muy específico: la salvación consumada para un pueblo caído, por medio de la vida, muerte, resurrección y ascensión de Jesucristo, el Hijo de Dios.

De acuerdo con la buena voluntad del Padre, el Hijo eterno, quien es igual con el Padre y es la representación exacta de Su naturaleza, voluntariamente dejó la gloria del cielo, fue concebido por el Espíritu Santo en el vientre de una virgen y nació el Dios-hombre: Jesús de Nazaret.[8] Como hombre, caminó sobre esta tierra en perfecta obediencia a la ley de Dios.[9] En la plenitud del tiempo, los hombres le rechazaron y le crucificaron. En la cruz, Él llevó el pecado del hombre, sufrió la ira de Dios y murió en lugar del hombre.[10] Al tercer día, Dios le levantó de entre los muertos. Esta resurrección es la declaración divina de que el Padre aceptó la muerte de Su Hijo como un sacrificio por el pecado. Jesús pagó el castigo por la desobediencia del hombre, satisfizo la demanda de justicia y aplacó la ira de Dios.[11] Cuarenta días después de la resurrección, el Hijo de Dios ascendió a los cielos, se sentó a la diestra del Padre, y se le dio la gloria, el honor y el dominio sobre todo.[12] Allí, en la presencia de Dios, Él representa a Su pueblo e intercede a su favor ante Dios.[13] A todos aquellos que reconocen su estado de pecado e incapacidad y se rinden a Cristo, Dios les perdona completamente, les declara justos, y son reconciliados con Él.[14] Este es el evangelio de Dios y de Jesucristo, Su Hijo.

Uno de los crímenes más grandes cometido por la presente generación de cristianos es su descuido del evangelio, y es de este descuido que surgen otros males. No es tanto que el mundo perdido está endurecido hacia el evangelio sino que es más bien ignorante del evangelio, puesto que muchos de aquellos que proclaman el evangelio son ignorantes de sus verdades más básicas. Los temas esenciales que conforman la esencia del evangelio —la justicia de Dios, la depravación radical del hombre, la propiciación por sangre, la naturaleza de la conversión verdadera y la base bíblica de la seguridad— están ausentes de demasiados púlpitos. Las iglesias reducen el mensaje del evangelio a unas pocas declaraciones doctrinales, enseñan que la conversión es una

---

[8] Hechos 2:23; Hebreos 1:3; Filipenses 2:6-7; Lucas 1:35   [9] Hebreos 4:15   [10] 1 Pedro 2:24, 3:18; Isaías 53:10   [11] Lucas 24:6; Romanos 1:4, 4:25   [12] Hebreos 1:3; Mateo 28:18; Daniel 7:13-14
[13] Lucas 24:51; Filipenses 2:9-11; Hebreos 1:3, 7:25   [14] Marcos 1:15; Romanos 10:9; Filipenses 3:3

decisión puramente humana y declaran seguridad de salvación sobre cualquiera que pronuncia la oración del pecador.

El resultado de esta reducción del evangelio ha tenido un enorme alcance. Primero, endurece los corazones de los no convertidos. Pocos de los "convertidos" hoy alguna vez se integran a la iglesia, y aquellos que lo hacen frecuentemente caen o tienen vidas marcadas por la carnalidad. Incontables millones caminan por nuestras calles y se sientan en las bancas de las iglesias sin ser cambiados por el verdadero evangelio de Jesucristo, aunque estén convencidos de su salvación porque alguna vez levantaron la mano en una campaña evangelística o repitieron una oración. Este sentido falso de seguridad crea una enorme barrera que muchas veces aísla a los individuos de escuchar el verdadero evangelio.

Segundo, este evangelio deforma a la iglesia de un cuerpo espiritual de creyentes regenerados a una reunión de hombres carnales que profesan conocer a Dios, pero lo niegan con sus hechos.[15] Con la predicación del evangelio verdadero, los hombres vienen a la iglesia sin esperar ser entretenidos con algún espectáculo, con actividades especiales o con la promesa de beneficios más allá de los ofrecidos por el evangelio. Aquellos que vienen lo hacen porque tienen un profundo anhelo por Cristo y están hambrientos por la verdad bíblica, la adoración sincera y oportunidades de servir. Cuando la iglesia proclama un evangelio inferior, se llena de hombres carnales que muestran poco interés por las cosas de Dios y se convierten en una carga para la iglesia.[16] La iglesia entonces baja las demandas radicales del evangelio a una moralidad conveniente, y la verdadera devoción a Cristo da paso a actividades diseñadas para satisfacer lo que sus miembros sienten como necesidades. La iglesia llega a estar impulsada por actividades en vez de estar centrada en Cristo, y filtra o empaqueta cuidadosamente la verdad de manera que no ofenda a la mayoría carnal. La iglesia deja a un lado las grandes verdades de la Escritura y el cristianismo ortodoxo; el pragmatismo (es decir, lo que sea que mantenga a la iglesia funcionando y creciendo) se convierte en la orden del día.

Tercero, este evangelio reduce el evangelismo y las misiones a poco más que un proyecto humanístico impulsado por estrategias de mercado ingeniosas, basadas en un cuidadoso estudio de las últimas

---

[15] Tito 1:16   [16] 1 Corintios 2:14

tendencias en la cultura. Después de años de ser testigos de la falta de poder de un evangelio no bíblico, muchos evangélicos parecen estar convencidos de que el evangelio no funcionará y que el hombre se ha convertido en un ser muy complejo como para ser salvado y transformado por un mensaje tan simple y asombroso. Ahora hay más énfasis en tratar de entender nuestra cultura caída y sus modas pasajeras que en tratar de entender y proclamar el único mensaje que tiene el poder para salvarla. Como resultado, el evangelio es constantemente empacado para que se ajuste a lo que la cultura contemporánea considera más relevante. Hemos olvidado que el verdadero evangelio es siempre relevante a toda cultura porque es la palabra eterna de Dios para todo hombre.

Cuarto, este evangelio trae deshonra al nombre de Dios. A través de la proclamación de un evangelio inferior, los carnales y los inconversos se incorporan en la comunión de la iglesia, y, a través del casi total abandono de la disciplina eclesiástica bíblica, se les permite permanecer sin corrección o represión. Esto mancha la pureza y la reputación de la iglesia, y es blasfemado el nombre de Dios entre los no creyentes.[17] Al final, Dios no es glorificado, la iglesia no es edificada, los miembros inconversos de la iglesia no son salvados y la iglesia tiene poco o ningún testimonio para el mundo incrédulo.

No es propio que nosotros como ministros o laicos estemos tan cerca y no hagamos nada cuando vemos "el glorioso evangelio del Dios bendito" ser reemplazado por un evangelio de menor gloria.[18] Como administradores de este encargo, tenemos la obligación de recuperar el único evangelio verdadero y proclamarlo con valentía y claridad a todos. Haríamos bien en prestar atención a las palabras de Charles Haddon Spurgeon:

> En estos días me siento impulsado a ir, una y otra vez, a las elementales verdades del evangelio. En tiempos de paz nos sentimos libres de incursionar en los interesantes espacios de la verdad que yacen en la lejanía; pero ahora debemos permanecer en casa y vigilar las creencias fundamentales de la iglesia, defendiendo los principios básicos de la fe. En esta época se han levantado hombres en la

---

[17] Romanos 2:24   [18] 1 Timoteo 1:11

propia iglesia que hablan de cosas perversas. Hay muchos que nos inquietan con sus filosofías y sus nuevas interpretaciones, con las que ellos mismos niegan las doctrinas que dicen enseñar y atacan la fe que ellos han prometido guardar. Es bueno que algunos de nosotros, que sabemos lo que creemos y no tenemos significados secretos para nuestras palabras, afinquemos nuestro pie y nos mantengamos firmes, defendiendo la palabra de vida y declarando llanamente las verdades fundamentales del evangelio de Jesucristo.[19]

Aunque la serie *Recuperando el evangelio* no representa una presentación totalmente sistemática del evangelio, aborda la mayoría de los elementos esenciales, especialmente aquellos que han sido más descuidados en el cristianismo contemporáneo. Es mi esperanza que estas palabras puedan ser una guía para ayudarte a redescubrir el evangelio en toda su belleza, asombro y poder salvífico. Es mi oración que este redescubrimiento transforme tu vida, fortalezca tu proclamación y traiga mayor gloria a Dios.

Tu hermano,
Paul David Washer

---

[19] Charles H. Spurgeon, *The Metropolitan Tabernacle Pulpit* [*El púlpito del tabernáculo metropolitano*], (repr., Pasadena, Tex: Pilgrim Publications), 32:385.

PARTE UNO

La seguridad bíblica

Examínense ustedes mismos y vean si permanecen en la fe; pónganse a prueba ustedes mismos. ¿O acaso ustedes mismos no se conocen? ¿Acaso no saben que Jesucristo está en ustedes? ¡A menos que no hayan pasado la prueba!

—2 Corintios 13:5

Les he escrito estas cosas a ustedes, los que creen en el nombre del Hijo de Dios, para que sepan que tienen vida eterna.

—1 Juan 5:13

CAPÍTULO UNO

Una falsa seguridad

Dicen conocer a Dios, pero con los hechos lo niegan,
pues son odiosos y rebeldes, reprobables en cuanto a toda buena obra.
—Tito 1:16

En aquel día, muchos me dirán: "Señor, Señor, ¿no profetizamos en
Tu nombre, y en Tu nombre echamos fuera demonios, y en Tu nombre
hicimos muchos milagros?" Pero Yo les diré claramente: "Nunca los
conocí. ¡Apártense de Mí, obreros de la maldad!".
—Mateo 7:22-23

Con este tercer libro de la serie *Recuperando el evangelio*, hemos arribado a un lugar crítico en el estudio del evangelio y de la salvación. Nos debemos hacer estas preguntas: ¿Cómo puedo saber que he nacido de nuevo, que verdaderamente soy un hijo de Dios? ¿Cómo puedo saber que he creído para vida eterna? La relevancia de estas preguntas se hace evidente al considerar que vivimos en un tiempo donde muchos dicen tener algún tipo de esperanza eterna en Cristo, pero reflejan poco de Sus enseñanzas en sus vidas.

La gravedad del asunto llega a ser más aguda porque la predicación y la evangelización del siglo veinte han alterado radicalmente el contenido del evangelio, el llamado del evangelio y los medios por los cuales las personas tienen seguridad de su salvación. Muchos predicadores presentan el evangelio como una serie de breves y convenientes afirmaciones, las cuales, aunque son esencialmente verdaderas, con frecuencia no se explican y carecen de su verdadero significado evangélico y de su poder. El llamado del evangelio al arrepentimiento y a creer ha sido reemplazado por un llamado a aceptar a Cristo y a repetir la oración del pecador, la cual aparece con frecuencia al final de los tratados y de invitaciones públicas usualmente emocionales y manipuladoras. Muchas personas han dejado de obtener la seguridad de la salvación como resultado de una cuidadosa consideración de su conversión y de un estilo de vida a la luz de las Escrituras. Al contrario, la obtienen porque un ministro bien intencionado es pronto para pronunciar todos los beneficios de la salvación sobre cualquiera que ha hecho una oración para recibir a Cristo con cierto grado de sinceridad aparente.

El resultado de estas drásticas alteraciones en el evangelio ha hecho que multitudes de individuos demuestren poca evidencia de la gracia salvífica, pero viven con la mayor certeza de la salvación y responden con la peor ofensa a cualquiera que cuestione su fe. Ellos se creen salvos y llevan su seguridad en el corazón, y tienen la confirmación de una autoridad religiosa. Ellos raras veces han oído una advertencia del evangelio para quienes tienen una fe vana o nunca han sido amonestados para examinarse a sí mismos a la luz de las Escrituras o a probarse a sí mismos buscando evidencias objetivas de la conversión.[1] Estas personas no sienten la urgencia y casi no tienen la necesidad de asegurar su llamado y elección.[2]

UNA ADVERTENCIA A LOS MINISTROS

Muchos que sirven como ministros del evangelio deben aceptar una mayor culpa por la prevaleciente actitud indiferente de la gente hacia la salvación y su entendimiento superficial de la "seguridad". Estas opiniones erróneas y actitudes negligentes hacia el evangelio y hacia la conversión no resultaron de una lectura cuidadosa de las Escrituras o de un estudio serio de las grandes confesiones y de la predicación a través de los siglos. Al contrario, estas erróneas y peligrosas opiniones son el resultado de los ministros que predican descuidadamente, manejan el evangelio sin el debido temor y tratan con las almas de las personas de manera superficial.

Esta desvalorización y manejo irresponsable del evangelio resulta, durante el siglo veinte, del abandono gradual pero decisivo del estudio serio y piadoso de la verdad bíblica, la cual es la única que tiene el

---

[1] Mateo 7:13-27; 2 Corintios 13:5; Tito 1:16.   [2] 2 Pedro 1:10.

poder de darle a los hombres un alto concepto de Dios, el verdadero valor del evangelio y un temor sano para cumplir con la solemne responsabilidad que les ha sido dada a los ministros. Tales hombres han cambiado sus mantos por metodologías, la profecía por el pragmatismo y el poder del Espíritu Santo por estrategias de mercadeo inteligentemente concebidas. La escuela de los profetas ahora se parece más a un seminario de capacitación para futuros subgerentes y para gerentes medios. La presentación de principios de vida tiene prioridad sobre la predicación del evangelio; el crecimiento rápido y la movilización de la congregación es más importante que la pureza de la iglesia; y la conversión de los congregantes se asume con tal de que haya hecho la oración del pecador y participe en la promoción de los intereses de la iglesia.

Como ministros a quienes mucho les ha sido dado y a quienes mucho se les demandará, debemos cuidar, a través del Espíritu Santo, el tesoro que se nos ha confiado.[3] Debemos regresar a las sendas antiguas delineadas por la Palabra de Dios.[4] Debemos estar empapados con la Escritura, de manera que nuestro crecimiento en la piedad y aprovechamiento en el evangelio sea evidente a todos.[5] Debemos ser diligentes en presentarnos a nosotros mismos aprobados delante de Dios, como obreros que no tenemos de qué avergonzarnos, que usamos bien la palabra de verdad.[6] Debemos cuidarnos a nosotros mismos y a nuestra enseñanza, especialmente al enseñar el evangelio, porque al hacerlo, aseguraremos tanto nuestra salvación como la de nuestros oyentes.[7] Como ministros del evangelio no podemos estar mal informados o ser descuidados en nuestra predicación del evangelio, nuestro llamado a la gente al arrepentimiento y a la fe, y en nuestro consejo a los que "están buscando". El destino eterno de las personas y la reputación de la iglesia depende de nuestra diligencia y fidelidad en estos asuntos tan importantes.

Debemos recordar que Jesucristo tiene una iglesia compuesta por aquellos que han sido regenerados por el Espíritu Santo, que se han arrepentido y han creído para salvación, y que continúan caminando y creciendo en la gracia. Esta iglesia es creación de Dios y una de sus obras más espectaculares.[8] La iglesia es el instrumento que Dios ha determinado para, a través de ella, mostrar Su gloria y dar a conocer Su

---

[3] Lucas 12:47-48; 2 Timoteo 1:14.   [4] Jeremías 6:16.   [5] 1 Timoteo 4:15.   [6] 2 Timoteo 2:15.
[7] 1 Timoteo 4:16.   [8] Efesios 2:10.

multiforme sabiduría a los principados y poderes en los lugares celestiales.[9] La iglesia es una "empresa" importante, y todos nosotros, ministros y laicos también, que hemos sido llamados a contribuir para su edificación, todos debemos tener extremo cuidado. Debemos hacer todo lo que esté en nuestro poder para asegurarnos que nuestro servicio contribuye a su edificación y embellecimiento, y no a debilitarla o a dañar su testimonio. Esta amenaza presente fue la que causó la reprensión que el apóstol Pablo hizo a la iglesia de Corinto:

> Porque nadie puede poner otro fundamento que el que está puesto, el cual es Jesucristo. Y si alguno edifica sobre este fundamento, y pone oro, plata, piedras preciosas, madera, heno, u hojarasca, su obra podrá verse claramente; el día la pondrá al descubierto, y la obra de cada uno, sea la que sea, será revelada y probada por el fuego. Si lo que alguno sobreedificó permanece, ése recibirá su recompensa. Si lo que alguno sobreedificó se quema, ése sufrirá una pérdida, si bien él mismo se salvará, aunque como quien escapa del fuego (1Co 3:11-15).

Jesucristo es la piedra angular[10] de la iglesia, por lo tanto, es su fundamento inamovible. Como Pablo le escribió al joven Timoteo: "Pero el fundamento de Dios está firme, y tiene este sello: 'El Señor conoce a los que son Suyos'" (2Ti 2:19). Por otra parte, hemos sido llamados a edificar sobre este fundamento, y debemos hacerlo con temor y temblor, los cuales deben surgir de dos fuentes: primero, sabemos que nuestras contribuciones a la iglesia tienen el poder de fortalecerla o debilitarla y de embellecerla o mancharla; segundo, sabemos que seremos juzgados por la calidad de nuestro ministerio a la iglesia. En el gran día, el valor de nuestro trabajo será revelado por fuego. Aunque seremos salvos por la gracia de Dios y la sangre del Cordero, es posible que seamos testigos de cómo se queman todas nuestras obras. Estos pensamientos deberían mover al ministro del evangelio a ser más cuidadoso en cada aspecto de su ministerio, pero especialmente en su predicación del evangelio y en su preocupación por las almas. Si esta primera piedra está fuera de

---

[9] Efesios 3:10.   [10] Salmos 118:22; Isaías 28:16; Mateo 21:42; Marcos 12:0; Lucas 20:17; Hechos 4:11; Efesios 2:20; 1 Pedro 2:6-7.

lugar, entonces todo el muro se debilitará, y la reputación de la iglesia, la cual es más preciosa que el oro, también se manchará.

LOS PELIGROS DE UNA FALSA SEGURIDAD

Aunque lo que he presentado hasta aquí son palabras duras y difíciles de entender,[11] hay suficiente evidencia que sugiere que esta es una descripción correcta de gran parte de lo que ocurre en el evangelicalismo moderno. Muchos han manejado el evangelio de manera irresponsable: generalizan sus verdades esenciales y reducen su contenido al mínimo común denominador con el propósito de incluir el mayor número de profesiones de fe dentro de la iglesia. El glorioso evangelio de nuestro bendito Dios[12] ha llegado a ser un credo superficial hecho de unas pocas leyes espirituales o principios. Si un individuo está dispuesto a asentir este credo, incluso de la manera más ligera, nosotros de manera autoritativa lo declaramos "nacido de nuevo", le damos la bienvenida a la familia de Dios y colocamos su nombre en la lista de los miembros de la iglesia. Aunque pocos que dicen ser conversos son convertidos de verdad, muchos más nunca regresan a la iglesia o desaparecen algunos meses después. Otros que permanecen en la iglesia a menudo muestran gran desinterés por Cristo, apatía aterradora hacia la santidad e irrespeto hacia el ministerio. No están ligados a la iglesia por una unión vital con Cristo, sino por lo que la congregación, con su vibrante liderazgo y sus programas, les puede ofrecer: una comunidad sana, relaciones emocionantes, un lugar donde sus hijos pueden crecer y un servicio constante para satisfacer las necesidades que ellos dicen tener.

Debido a un púlpito evangélico debilitado por la ignorancia, el pragmatismo y el temor, la iglesia profesante está llena de individuos que nunca han sido confrontados con el evangelio de Jesucristo, que nunca han escuchado las advertencias del evangelio y que tienen muy poca comprensión de la genuina seguridad bíblica. Además, los evangélicos explican la falta de santificación y mundanalidad con uno de los términos más peligrosos que jamás haya existido: el cristiano carnal. Esta es la doctrina de que un genuino creyente en Cristo Jesús, una persona regenerada en la que mora el Espíritu Santo, puede vivir su vida completa

---

[11] Juan 6:60   [12] 1 Timoteo 1:11

en mundanalidad, permitiéndose los deseos carnales y evidenciando poco interés por las cosas de Dios. Esta doctrina es una contradicción directa a las enseñanzas de Cristo y de los apóstoles. Además, abre la puerta para que las personas carnales y no regeneradas encuentren la seguridad de la salvación al considerar la aparente sinceridad de su decisión pasada de aceptar a Cristo, aunque su manera de vivir contradiga su profesión de fe.[13]

En contraste con esta doctrina, las Escrituras amonestan a aquellos que profesan la fe en Cristo a que encuentren la seguridad de su salvación no solo a través de un cuidadoso examen de su experiencia de conversión, sino también a través de un cuidadoso examen de su manera de vivir después de la conversión. ¿Muestran en sus vidas la evidencia continua de la obra de Dios en su santificación, sin la cual nadie verá al Señor?[14] ¿El Dios que comenzó la buena obra está perfeccionándola?[15] ¿La persona tiene el fruto correspondiente al genuino arrepentimiento y a la fe?[16] ¿Se demuestra o se refleja su profesión de fe por genuinas obras de piedad?[17]

LA SALVACIÓN REQUIERE TAMBIÉN LA SUMISIÓN AL SEÑORÍO DE CRISTO

Entre los evangélicos hay un gran debate sobre lo que se ha llamado "la salvación que se muestra en la sumisión al señorío de Cristo" ("lordship salvation"). Los proponentes de esta enseñanza creen que la salvación requiere que una persona no solo reciba a Cristo como Salvador, sino que también lo reciba como Señor. Los que están al otro lado del debate enseñan que para que una persona sea salva solo necesita recibir a Cristo como Salvador, y que el tema del señorío de Cristo es un asunto completamente aparte. En consecuencia, argumentan que exigir la sumisión al señorío de Cristo es contradecir la doctrina de la salvación solo por gracia mediante la fe solamente.[18] Si la persona debe someterse al señorío de Cristo para obtener la salvación, entonces no se fundamenta en la gracia, sino en las obras.[19]

Aunque aplaudo cada esfuerzo sincero por proteger la doctrina esencial de la salvación por la gracia mediante la fe, debo estar en

---

[13] Tito 1:16.   [14] Hebreos 12:14.   [15] Filipenses 1:6.   [16] Mateo 3:8.   [17] Santiago 2:18.
[18] Efesios 2:8.   [19] Romanos 11:6.

desacuerdo con esta opinión. Yo sostengo que el llamado a la sumisión al señorío de Cristo es un aspecto inherente y esencial del llamado del evangelio a los pecadores. Además, sostengo que el crecimiento o progreso gradual en la sumisión a Cristo de alguien que profesa ser cristiano es una evidencia genuina de su conversión. Mis convicciones se fundamentan en las siguientes verdades.

Primero, Cristo mismo enseñó la necesidad absoluta de una sincera y práctica sumisión a Su señorío como un aspecto esencial de la salvación. La salvación no solo requiere una confesión del señorío de Cristo, sino también una prueba de esa confesión. Al concluir el Sermón del Monte, Cristo con firmeza advirtió a sus oyentes que someterse a Su señorío era la prueba crucial de una verdadera confesión. En Sus palabras, la puerta es pequeña y angosto el camino que conduce a la vida, y son pocos los que lo encuentran, incluso aquellos que enfáticamente declaran que Él es Señor: "No todo el que me dice: 'Señor, Señor', entrará en el reino de los cielos, sino el que hace la voluntad de Mi Padre que está en los cielos" (Mt 7:13-14, 21).

Cristo no está enseñando una salvación basada en obras, sino una verdad que aparece por toda la Escritura. La sumisión al señorío de Dios y de Su Cristo (por ejemplo, obediencia a la voluntad de Dios) es la evidencia de la fe salvífica. Mientras que es herético incluso considerar el pensamiento de que fe más obras es igual a salvación, sí es bíblico, ortodoxo e históricamente cristiano creer y proclamar que las obras son el resultado de la salvación y una prueba de su autenticidad.

Segundo, la sumisión al señorío de Jesucristo fue un aspecto esencial de la proclamación apostólica del evangelio. Nadie puede negar que los apóstoles solemnemente testificaron tanto a judíos como a griegos que a este Jesús, a quien el mundo crucificó, Dios lo hizo Señor y Cristo.[20] Además, según la proclamación apostólica del evangelio, la confesión de una persona del señorío universal de Cristo es esencial para la salvación. Aquí, el apóstol Pablo es enfático: "Si confiesas con tu boca que Jesús es el Señor, y crees en tu corazón que Dios lo levantó de los muertos, serás salvo" (Ro 10:9).

Esta es una de las afirmaciones confesionales más importantes de la Escritura. Además, es una de las más ampliamente empleadas entre

---

[20] Hechos 2:36; 20:21; 1 Corintios 2:8.

los evangélicos con propósitos de evangelización. ¿Estamos nosotros, o mejor dicho, los apóstoles solamente llamando a los pecadores a hacer una confesión vacía del señorío de Cristo? ¿Solo deben confesar a Jesús como Señor sin ninguna intención de someterse a Su voluntad? ¿Puede una persona creer en su corazón una verdad tan grande como esta y confesarla con su boca sin experimentar ninguna influencia práctica sobre su propósito, dirección y manera de vivir? Aun sugerir tal posibilidad es erróneo. Además, hemos considerado que toda confesión del señorío de Cristo que no se manifiesta en hacer Su voluntad es vacía y resultará en la ruina eternal.[21]

Tercero, las objeciones que a menudo se plantean contra la salvación que requiere el señorío de Cristo parecen resultar de un malentendido de la naturaleza de la salvación, especialmente de las doctrinas de la regeneración y de la perseverancia. Cuando las Escrituras enseñan que la sumisión práctica y visible al señorío de Cristo[22] es una evidencia esencial de la salvación y un medio de tener seguridad, de ninguna manera suponen que la salvación o la perseverancia del creyente es el resultado de las obras. La sumisión del creyente al señorío de Cristo no causa ni preserva la salvación, sino que es el resultado de la gran obra del Dios de la salvación en el creyente. Esta obra está compuesta de dos partes. La primera, la persona que se arrepiente y cree para salvación ha sido regenerada por el Espíritu Santo, lo cual es una obra sobrenatural y un acto de creación de Dios que produce un cambio real (opuesto a un cambio poético o metafórico) en la naturaleza del creyente. El cristiano ha llegado a ser una nueva criatura[23] con nuevos afectos por la justicia y una nueva inclinación hacia la piedad y hacia una verdadera devoción. La segunda parte, la persona que se arrepiente y cree para salvación ha llegado a ser hechura de Dios.[24] La obra continua de Su gracia, después de la salvación, asegura que todo creyente genuino progresará gradualmente en su santificación. Esto no es el resultado de su propia voluntad u obras que surgen de la determinación del creyente, sino el resultado de la obra de Dios en el creyente. Aquel que comenzó la buena obra en el momento de la conversión continúa obrando hasta el día final. El progreso en la santificación durante la vida del creyente será evidente

---

[21] Mateo 7:23.   [22] Sumisión al señorío de Jesús es sinónimo de fruto (Mateo 7:16, 20), obediencia a la voluntad de Jesús (Mateo 7:21) y obras (Santiago 2:14-26).   [23] 2 Corintios 5:17   [24] Efesios 2:10

porque es Dios quien produce "lo mismo el querer como el hacer, por Su buena voluntad" (Fil 2:13).

Debido a la obra de regeneración y de santificación que lleva a cabo el Espíritu, todo creyente genuino crecerá en la sumisión al señorío de Cristo Jesús y en la semejanza a Él. Esto no significa que todos los creyentes crecen al mismo ritmo o en la misma medida; tampoco requiere que un creyente muestre evidencia del progreso en cualquier momento. Aun los creyentes más sinceros caerán en periodos de carnalidad en pensamiento, palabra y hecho. Lo que significa es que a lo largo de la vida del creyente habrá crecimiento visible en la sumisión al señorío de Cristo, en hacer las obras de justicia y en llevar fruto. La Confesión de Londres de 1689 y la Confesión de Westminster coinciden en el capítulo 13 y los artículos 1-3:

> Aquellos que son llamados eficazmente y regenerados, teniendo creados un nuevo corazón y un nuevo espíritu en ellos, son además santificados real y personalmente por medio de la misma virtud por Su Palabra y Espíritu que mora en ellos; el dominio de todo cuerpo de pecado es destruido, y las diversas concupiscencias de él son debilitadas y mortificadas más y más, y los llamados son más y más fortalecidos y vivificados en todas las gracias salvadoras, para practicar la verdadera santidad, sin la cual ningún hombre verá al Señor.

> Esta santificación se efectúa en todo hombre, aunque es incompleta en esta vida, todavía quedan algunos remanentes de corrupción en todas las partes, de donde surge una continua e irreconciliable batalla, la carne lucha contra el Espíritu, y el Espíritu contra la carne.

> En tal batalla, aunque la corrupción que aún queda puede prevalecer mucho por algún tiempo, sin embargo, a través de la continua provisión de fortaleza de parte del Espíritu santificador de Cristo, la parte regenerada triunfa y así crecen en gracia, perfeccionando la santidad en el temor de Dios, siguiendo con persistencia una vida espiritual, en obediencia evangélica a todos los mandamientos que Cristo, como Cabeza y Rey, ha prescrito para ellos en Su Palabra.

Como si las confesiones de Westminster y de Londres no fueran suficientes para demostrar que la fe genuina y salvífica se manifiesta por la santificación y el llevar frutos, también podemos consultar la Confesión de Fe de Bélgica (1561) y sus extraordinarios comentarios en los artículos 22 y 24. Aquí, de nuevo, se puede ver el acuerdo entre la doctrina de la salvación por la sola fe y la clara enseñanza de la Escritura de que tal fe salvífica se manifiesta por las obras:

> Por lo tanto, si se dijera que Cristo no es suficiente, sino que además de Él, algo más se necesita, esto sería una blasfemia porque llevaría a pensar que Cristo es solamente un Salvador a medias. Por lo tanto, justamente decimos con el apóstol Pablo, "que el hombre es justificado por la fe, sin las obras de la ley" (Ro 3:28).

> Creemos que esta verdadera fe, producida en el hombre por oír la Palabra de Dios, y por la obra del Espíritu Santo, lo regenera y lo hace una nueva creación (2Co 5:17), haciendo que él viva "una vida nueva" (Ro 6:4) y lo libera de la esclavitud del pecado… Entonces, es imposible que esta fe santa no tenga frutos en el ser humano, nótese que no hablamos de una fe vana, sino de la fe a la que la Escritura llama "la fe que obra por el amor" (Gá 5:6), la cual lleva al hombre a hacer por sí mismo las obras que Dios le ha mandado en su Palabra.

La salvación es por gracia, mediante la fe, pero la naturaleza de la salvación garantiza que la fe salvífica tendrá evidencias reales y prácticas. Por eso, aquellos que de verdad han creído en Cristo para salvación, pueden obtener una mayor seguridad de su salvación, no solo al examinar su experiencia de conversión a la luz de las Escrituras, sino también al examinar minuciosamente sus vidas a partir del momento de su conversión. Aunque todos los creyentes están sujetos a muchos fracasos, y pueden caer ante la menor tentación, su determinación a continuar en la fe y en su gradual y progresiva santificación son grandes evidencias de su salvación, las que le proveen una base sólida para su seguridad.

CAPÍTULO DOS

Un autoexamen

Examínense ustedes mismos y vean si permanecen en la fe; pónganse a prueba ustedes mismos. ¿O acaso ustedes mismos no se conocen? ¿Acaso no saben que Jesucristo está en ustedes? ¡A menos que no hayan pasado la prueba!

—2 Corintios 13:5

Les he escrito estas cosas a ustedes, los que creen en el nombre del Hijo de Dios, para que sepan que tienen vida eterna.

—Romanos 3:21-22

Ahora consideraremos una de las doctrinas esenciales sobre la relación del creyente con Dios: la seguridad. ¿Cuál es la base para la seguridad del creyente de que sus pecados le han sido perdonados y de que ha sido reconciliado con Dios?

Todos los que son cristianos verdaderos reconocen que la salvación es el resultado de la fe en la persona y la obra de Jesucristo: Su deidad, encarnación, vida impecable, sacrificio propiciatorio, resurrección de entre los muertos y ascensión a la diestra de Dios. Pero, ¿cómo sabemos que hemos creído para salvación[1] y que no estamos siendo engañados por una falsa fe? Después de todo, las Escrituras están llenas con repetidas advertencias graves y solemnes contra aquellos que profesan fe en Cristo, pero que con los hechos lo niegan; que enfáticamente declaran el señorío de Cristo, pero que serán rechazados el día del juicio; que creen que son ovejas, pero que son contados con las cabras y enviados al castigo eterno.[2] La aterradora parábola de la fiesta de bodas, por medio de

---

[1] Romanos 1:16; 10:10; 2 Timoteo 3:15; 1 Pedro 1:5   [2] Mateo 7:21-23; 25:41-46; Tito 1:16.

la cual Jesús recuerda a Sus seguidores que "muchos son los llamados, pero pocos los escogidos", habla de un invitado que no llegó vestido para la boda, que se quedó sin habla cuando fue llamado delante del rey, y por último fue atado de pies y manos y echado a las tinieblas de afuera, donde habrá llanto y crujir de dientes.[3] La salvación es por gracia, por medio de la fe, pero ¿cómo sabemos que la fe salvífica que se requiere es la fe que poseemos? La salvación se le da a aquellos que creen, pero ¿cómo sabemos que verdaderamente creemos?

LA NECESIDAD DEL AUTOEXAMEN

La iglesia en Corinto tenía bendiciones inusuales. Pablo mismo admite que ellos eran ricos en Cristo, en toda palabra y conocimiento, de manera que no les faltaba ningún don.[4] Sin embargo, en la iglesia había grandes problemas. Había división entre los miembros, celos y conflictos, orgullo y un sentir de superioridad, inmoralidad, demandas legales, mundanalidad, libertinaje, desorden en las reuniones y casi una negación de la doctrina de la resurrección.[5] Teniendo en cuenta estas cosas, el apóstol tenía motivos para reprender a la congregación con severidad: "Hermanos, yo no pude hablarles como a personas espirituales sino como a gente carnal, como a niños en Cristo. Les di a beber leche, pues no eran capaces de asimilar alimento sólido, ni lo son todavía, porque aún son gente carnal. Pues mientras haya entre ustedes celos, contiendas y divisiones, serán gente carnal y vivirán según criterios humanos".[6]

Debemos observar detenidamente las palabras que Pablo escoge. Él no consiente a los corintios, sino que los reprueba con el lenguaje más fuerte posible. En el mejor de los casos, los denuncia como cristianos bebés, que todavía no pueden recibir el alimento sólido, la enseñanza madura. En el peor de los casos, habla de ellos como hombres carnales o no regenerados, que no tenían el Espíritu de Dios y que caminaban como los gentiles.[7] Teniendo en cuenta la conducta impía de los corintios, Pablo estaba presentando solo dos posibilidades. La primera, que los corintios eran cristianos inmaduros, que habían caído en el error por algún tiempo y que necesitaban ser reprobados y luego instruidos para

---

[3] Mateo 22:8-13.   [4] 1 Corintios 1:4-7.   [5] 1 Corintios 1:10; 3:3; 4:7-8; 5:1; 6:1-6,9-20; 8:1-9:27; 11:1-14:40; 15:1-58.   [6] 1 Corintios 3:1-3.   [7] Efesios 4:17-19.

que regresaran al camino de la verdadera piedad y devoción. La segunda, era posible que por lo menos algunos de los miembros todavía eran no convertidos. Ellos estaban conduciéndose como "simples hombres" porque estaban siguiendo los deseos de la carne, complaciendo los deseos de la carne, y eran incapaces de aceptar las cosas del Espíritu de Dios.[8] Solo el tiempo y su adecuada respuesta a la reprensión de Pablo demostrarían la validez de su fe.

Aquí encontramos el *modus operandi* de un ministro fiel y bien instruido al confrontar a aquellos que profesan una fe que contradice su manera de vivir. Puesto que, el ministro no es omnisciente, él debe tratar de discernir una de dos posibilidades. La primera posibilidad es que aquellos que profesan fe son inmaduros u obstinados creyentes que pueden y serán restaurados por medio de la providencia de Dios, la ayuda del Espíritu y la correcta administración de la Palabra de Dios: enseñanza, reprensión, corrección e instrucción.[9] La segunda posibilidad es que aquellos que profesan fe son todavía no convertidos. Ellos tendrán apariencia de piedad, pero negarán su eficacia; profesan fe en Cristo, pero lo niegan con sus vidas.[10] Como respuesta a la reprensión del ministro, esta gente se arrepentirá y creerá para salvación o ignorará la advertencia y continuará en sus pecados o enderezará su camino por algún tiempo y luego retornará a su error, como "el perro retorna a su vómito" y "la puerca recién lavada vuelve a revolcarse en el lodo" (Pro 26:11; 2P 2:22). De esta manera se discierne quién es el verdadero convertido y quién no lo es.

Antes de continuar, una vez más debemos decir con claridad que el cristiano genuino no es santificado completamente en esta vida. La carne con sus pasiones y deseos no es erradicada del todo hasta su glorificación final en el cielo.[11] Siempre, aun en la vida más devota, habrá una batalla constante contra el pecado y el fracaso moral, y habrá necesidad del arrepentimiento, la confesión y la restauración.[12] Sin embargo, habrá una gran diferencia entre el más débil y sincero creyente, que lucha contra el pecado y que experimenta el progreso mínimo en su santificación, y el falso convertido que profesa fe en Cristo, pero vive en un casi constante estado de mundanalidad y sin que su conciencia lo acuse, de manera que se quebrante ante el pecado o lo confiese con

---

[8] 1 Corintios 2:14; Efesios 2:3.   [9] 2 Timoteo 3:16.   [10] 2 Timoteo 3:5; Tito 1:6.   [11] Gálatas 5:17.
[12] 1 Juan 1:8-10.

sinceridad. Es por causa de estas diferencias, las cuales resaltan entre el verdadero convertido y el falso, que el apóstol Pablo da la siguiente instrucción autoritativa a los tenaces corintios, al final de su segunda carta: "Examínense ustedes mismos y vean si permanecen en la fe; pónganse a prueba ustedes mismos. ¿O acaso ustedes mismos no se conocen? ¿Acaso no saben que Jesucristo está en ustedes? ¡A menos que no hayan pasado la prueba!" (2Co 13:5).

Por las cartas de Pablo a la iglesia en Corinto entendemos que los falsos apóstoles y profetas entre ellos siempre estuvieron sometiendo a un examen crítico la vida y el ministerio de Pablo, poniendo en duda su llamamiento como apóstol e incluso cuestionando la sinceridad de su fe.[13] Pablo le dio vuelta a las acusaciones de sus oponentes y a aquellos que los estaban oyendo, y les dice que se prueben a *sí mismos*, que *se* examinen[14] en relación a la autenticidad de su profesión porque ellos estaban llevando una vida que no se conformaba con su declaración de fe y supuesta identificación con Cristo.

La amonestación de Pablo a los cristianos en Corinto para que se examinen a sí mismos y busquen evidencias de su conversión demuestra que la obra del Dios de la salvación en el creyente no solo conduce a la justificación, sino además a una santificación real, práctica y visible. Dios no solo libera al creyente de la condenación del pecado, sino que también continúa trabajando en el creyente para liberarlo del poder del pecado. Cada creyente genuino en Jesucristo ha sido regenerado por el Espíritu Santo y ha llegado a ser una nueva criatura con nuevos afectos por Dios y Su justicia. Asimismo, el Espíritu que regenera al creyente ahora opera para santificarlo. El creyente se ha convertido en la obra de Dios, y Dios, que comenzó la buena obra, la terminará.[15]

El redescubrimiento de esta verdad en el evangelicalismo contemporáneo es esencial. Una gran multitud que profesa creer en Cristo en el occidente y alrededor del mundo vive en un casi continuo estado de mundanalidad y carnalidad, sin producir frutos. Sin embargo, se sientan tranquilos en Sion con la mayor seguridad de su salvación y sin el menor temor de que podrían haber creído en vano. Muchos ni siquiera creen activamente en Cristo ni lo buscan, pero están confiando en una

---

[13] 1 Corintios 9:1-3; 2 Corintios 10:1-12:21; 13:3.   [14] El idioma griego es enfático. Pablo utiliza el pronombre reflexivo *eautou* tres veces: *pruébense, examínense* y reconozcan esto acerca de *ustedes mismos*.   [15] Efesios 2:10; Filipenses 1:6.

decisión que tomaron hace años, decisión que ha tenido escaso impacto en sus vidas. Para empeorar la situación, los ministros bien intencionados que parecen entender poquísimo sobre la naturaleza y el poder de la salvación les confirman en su peligrosa condición. Estos ministros han llegado a ser como los profetas de la época de Jeremías: "Se les hace fácil sanar la herida de Mi pueblo con solo decir: '¡Paz, paz!'. ¡Pero no hay paz!" (Jer 6:14).

¿No nos damos cuenta que muchos de nuestros convertidos son como nubes sin agua, como árboles otoñales que no dan fruto, dos veces muertos y desarraigados?[16] Ellos anhelan el día del Señor, pero será un día de tinieblas y no de luz, será de juicio inevitable como cuando un hombre huye de un león y se topa con un oso, o se refugia en su casa y allí es mordido por una víbora.[17] Ellos están confiados, incluso convencidos, de que recibirán una calurosa bienvenida en el reino eterno de nuestro Señor y Salvador Jesucristo,[18] pero serán rechazados con las palabras: "Nunca los conocí. ¡Apártense de Mí, obreros de la maldad!" (Mt 7:23).

"Si el león ruge, ¿quién no tiembla? Si el Señor habla, ¿quién no profetiza?".[19] ¿El atalaya no tocará la trompeta y advertirá al impío?[20] ¿Les dejaremos sentarse con tranquilidad en Sion mientras el juicio cierto es visible desde la torre? ¿Acaso no deberíamos llamarlos a gritos?:

Despiértate, tú que duermes.
Levántate de entre los muertos,
y te alumbrará Cristo (Ef 5:14).

Examínense ustedes mismos y vean si permanecen en la fe; pónganse a prueba ustedes mismos… (2Co 13:5).

… procuren fortalecer su llamado y elección… (2P 1:10).

Comprendamos que este no es un llamado para que ministros o laicos se conviertan en los jueces de otros, sino para que se alejen de la creencia y de la proclamación de un evangelio superficial y sin poder que da seguridad a millones, al hacerlos resistentes a un evangelio bíblico y

---

[16] Judas v. 12. [17] Amós 5:18-20. [18] 2 Pedro 1:11. [19] Amós 3:8. [20] Ezequiel 3:17-22; 33:1-9.

que sella su condenación eterna. Debemos aprender a consolar y a asegurarle sobre su salvación al santo más débil que está quebrantado por sus muchos pecados, pero también debemos aprender a advertir al falso convertido sobre su peligrosa condición, cuya vida es como un árbol sin fruto y estéril y cuya manera de vivir es una contradicción al evangelio.

El remedio para la mayoría de las enfermedades que afligen a la iglesia evangélica en el occidente es volver a la postura bíblica sobre la salvación, que es tan poderosa como maravillosa. Debemos apartarnos de aquellos que buscan salvar la iglesia al introducir nuevas estrategias y metodologías de vanguardia que nos llevan aún más lejos de las Escrituras. "¡A la enseñanza y al testimonio! Si sus palabras no corresponden a esto, es porque no les ha amanecido" (Is 8:20). Miremos la piedra de donde fuimos cortados y la cantera de donde fuimos sacados.[21] Parémonos en el camino y miremos, y preguntemos por los senderos antiguos dónde está el buen camino, y caminemos en él. Entonces encontraremos descanso para nuestras almas y para aquellos que nos han sido encomendados.[22] Entonces las antiguas ruinas serán reconstruidas y las devastaciones anteriores de muchas generaciones serán levantadas.[23]

Consideremos a los hombres que vivieron antes que nosotros con grandes aciertos eternos y para beneficio de la iglesia, hombres como George Whitefield, Jonathan Edwards, Joseph Alleine, Charles Spurgeon, Martyn Lloyd Jones y A. W. Tozer. La instrucción verdadera estaba en sus bocas y no se encontró injusticia en sus labios. Caminaron con el Señor en paz y rectitud, y se apartaron de la iniquidad.[24] Adoptemos la sencillez de su metodología de evangelización. Ellos predicaron el evangelio, llamaron a sus audiencias al arrepentimiento y la fe, animaron al santo más débil en el amor de Dios y, al igual que Su Señor, previnieron a los que confesaban vanamente que no todo el que llama a Jesús Señor entrará en el reino de los cielos, sino el que hace la voluntad del Padre que está en el cielo.[25] Ellos fueron fieles a la doctrina de la salvación solo por gracia y solo por fe, pero además comprendieron y predicaron que la gracia que salva también santifica y que la verdadera seguridad de la salvación no puede obtenerse aparte del examinarse a uno mismo a la luz de la Escritura.

---

[21] Isaías 51:1.   [22] Jeremías 6:16.   [23] Isaías 61:4.   [24] Malaquías 2:6.   [25] Mateo 7:21.

EL ESTÁNDAR DEL AUTOEXAMEN

La Escritura nos manda que nos examinemos a nosotros mismos para ver si estamos en la fe, que nos probemos a nosotros mismos para que podamos distinguir si somos verdaderamente cristianos.[26] Sin embargo, esta exhortación nos conduce a una pregunta de extrema importancia: ¿Cuál es el estándar autoritativo mediante el cual debemos evaluar la validez de nuestra fe? ¿Respecto a qué norma podemos examinar nuestras vidas? ¿Quién puede juzgarnos y ayudarnos a entender nuestra situación?

El apóstol Juan nos advierte que no solo deberíamos confiar en los dictados de nuestro corazón en estos asuntos en que podrían erróneamente aprobarnos o condenarnos.[27] El apóstol Pablo nos instruye que es insensato medirnos según nuestros propios estándares o compararnos con otros en nuestro propio círculo de comunión.[28] Si usamos como nuestro estándar al hombre carnal que profesa la fe en Cristo, podríamos engañarnos con una falsa seguridad. Sin embargo, si nos comparamos con el cristiano más maduro, podemos condenarnos falsamente. Además, aunque es prudente buscar el consejo de otros en este asunto, no podemos basar nuestra seguridad de la salvación solo en sus opiniones. Algunos pueden erróneamente asegurarnos que somos salvos porque tienen una baja opinión sobre la salvación,[29] y otros pueden erróneamente condenarnos al demandar pruebas que exceden los dictados de la Escritura, e imponer una carga pesada sobre nosotros que ellos mismos no están dispuestos a llevar.[30] Entonces ¿cuál debería ser nuestro estándar? ¿Respecto a qué modelo deberíamos evaluar la sinceridad de nuestra fe y la realidad de nuestra conversión?

Podemos estar agradecidos de que el estándar que buscamos no está escondido irremediablemente dentro del entramado de la Escritura ni es un misterio incomprensible abierto solo a las mentes más grandes. Al contrario, está de modo específico y claro expuesto para nosotros en la Escritura. En realidad, el estándar, o las pruebas de la conversión genuina, están expuestas para nosotros con mayor claridad, brevedad y perfección en la primera epístola del apóstol Juan.

Una de las características más útiles y sorprendentes sobre el Evangelio de Juan y su primera epístola es que él con claridad enuncia la razón por la cual fueron escritos:

---

[26] 2 Corintios 13:5.   [27] 1 Juan 3:19-20.   [28] 2 Corintios 10:12.   [29] Jeremías 6:14-15   [30] Mateo 23:4

Jesús hizo muchas otras señales en presencia de Sus discípulos, las cuales no están escritas en este libro. *Pero estas se han escrito para que ustedes crean que Jesús es el Cristo, el Hijo de Dios, y para que al creer, tengan vida en Su nombre* (Jn 20:30-31).

Les he escrito estas cosas a ustedes, los que creen en el nombre del Hijo de Dios, *para que sepan que tienen vida eterna* (1Jn 5:13).

Demostrando que la Escritura fue "exhalada por Dios" y su unidad también, Juan escribió su Evangelio para que sus lectores pudieran creer en Jesucristo y recibir vida eterna. Del mismo modo, él escribió su primera epístola para que aquellos que de verdad habían creído pudieran tener la total seguridad de que habían recibido la vida eterna.

En toda su primera epístola, Juan enuncia una serie de pruebas por las que el verdadero creyente, basado en la infalible Palabra de Dios, puede examinar su vida con el fin de probar la autenticidad de su profesión de fe y de obtener la seguridad de salvación. Con todo, la epístola también tiene un propósito secundario, en que expone la falsa seguridad del no creyente que profesa la fe en Cristo, pero no lleva las marcas de la conversión verdadera. Varias autoridades apoyan esta comprensión del propósito de Juan al escribir su epístola. John R. W. Stott escribe: "A lo largo de la epístola, Juan ha dado [a sus lectores] los criterios [doctrinales, morales, sociales] por los cuales examinarse a sí mismos y a otros. Él pretende establecer la seguridad de su salvación... Al reunir los propósitos del Evangelio y de la epístola, es decir, el propósito de Juan está en cuatro etapas, que sus lectores deben escuchar, lo que escuchan deben creer, lo que creen deben vivir, y lo que viven deben saber". D. Edmond Hiebert observa: "El propósito práctico del autor es evidente. Es su deseo básico establecerlos en la seguridad de su salvación... Él les provee una serie de pruebas, según las cuales ellos pueden examinar su propia fe y conducta y así asegurar sus propios corazones... La seguridad que Juan tiene presente no es el resultado de una ilusión, sino que está firmemente fundamentada en las diversas evidencias que enuncia en su epístola". Por último, Colin G. Kruse afirma:

La razón primaria del autor al escribir la carta fue fortalecer la seguridad de su salvación al contrarrestar la falsa enseñanza de los separatistas. El autor buscó hacerlo al señalar que se trataba de sus lectores quienes habían verdaderamente recibido la vida eterna, quienes verdaderamente conocían a Dios, no los separatistas. Fueron sus lectores que manifestaron las marcas auténticas de aquellos que tienen la vida eterna; ellos eran los que continuaron en la enseñanza proclamada primeramente por los testigos oculares; ellos fueron los que continuaron obedeciendo los mandamientos del Señor, y ellos fueron los que amaron a los hijos de Dios, que es la marca esencial de aquellos que tienen vida eterna.[31]

Juan ha dado a sus lectores varios criterios doctrinales y morales por los cuales pueden examinarse a sí mismos en cuanto a la autenticidad de su salvación. Él busca establecer la seguridad de su salvación no sobre una ilusión, ni sobre buenos deseos, ni sentimientos religiosos ni una mera confesión de fe, sino sobre la demostración (manifestación) de las marcas auténticas del cristianismo en sus vidas. Según la doctrina de Juan, los que profesan la fe en Cristo pueden tener una seguridad bíblica de la salvación solo en la medida en que sus vidas se ajusten a las pruebas que él presenta en su primera carta.

En definitiva, es importante para nosotros recordar que Juan no está enunciando los medios de la conversión, sino más bien los resultados de esta. Podemos tener la seguridad bíblica de la salvación solo en la medida en que las evidencias expuestas en la epístola de Juan son realidades en nuestras vidas. Si después de examinarnos descubrimos que hay poco de realidad en estas evidencias, deberíamos preocuparnos mucho. Si nuestra manera de vivir contrasta marcadamente con la descripción que Juan hace del verdadero creyente, entonces debemos considerar con seriedad una de dos posibilidades. La primera es que somos genuinos hijos de Dios que nos hemos apartado de Su voluntad y que necesitamos arrepentirnos. Si de verdad nos arrepentimos y retomamos la voluntad de Dios como una práctica de vida, entonces hay una gran esperanza que verdaderamente hemos creído, y poseemos la vida eterna. La segunda es que nunca hemos llegado verdaderamente

---

[31] John R.W. Stott, *The Epistles of John: An Introduction and Commentary* (Londres: Tyndale, 1964), 184-85; D. Edmond Hiebert, *The Epistles of John: An Expositional Commentary* (Greenville, SC: Bob Jones University Press, 1991), 19-52; y Colin G. Kruse, *The Letters of John* (Grand Rapids: Eerdmans, 2000), 188-89.

a conocer al Señor y que nuestra fe y confesión han sido falsas desde el inicio. En este caso, debemos buscar al Señor y recurrir a Él. Si de verdad nos arrepentimos, podemos pedirle con gran confianza, sabiendo que Él no despreciará un corazón quebrantado y contrito, que todo aquel que venga a Él ciertamente no lo echará fuera, que todo aquel que invoque el nombre del Señor será salvo, y que todo aquel que cree en Él no será defraudado.[32]

En los capítulos siguientes, explicaremos y expondremos cada prueba en el orden en que aparecen en la carta de Juan. Se recomienda al lector que estudie a través de cada capítulo con detenimiento y oración. Las Escrituras nos instan a examinarnos para determinar si somos verdaderamente cristianos.[33] En los capítulos siguientes, obedeceremos este mandato.

---

[32] Salmo 51:17; Juan 6:37; Romanos 10:11, 13.   [33] 2 Corintios 13:5.

CAPÍTULO TRES

Viviendo en la revelación de Dios

Éste es el mensaje que hemos oído de Él, y que les anunciamos a ustedes: Dios es luz, y en Él no hay tiniebla alguna. Si decimos que tenemos comunión con Él, y vivimos en tinieblas, estamos mintiendo y no practicamos la verdad. Pero si vivimos en la luz, así como Él está en la luz, tenemos comunión unos con otros, y la sangre de Jesús, Su Hijo, nos limpia de todo pecado.

—1 Juan 1:5-7

Juan escribió su primera epístola con un propósito específico: que aquellos que creen en Jesucristo puedan tener la seguridad de que tienen vida eterna.[1] Para lograr este propósito, el apóstol expone varias evidencias o características esenciales de la conversión genuina a través de las cuales podemos examinar nuestras vidas y probar la autenticidad de nuestra conversión. La primera de estas características puede resumirse con esta declaración:

El cristiano vivirá en la luz. Su manera de vivir se conformará a lo que Dios nos ha revelado sobre Su naturaleza y Su voluntad.

DIOS ES LUZ

En 1 Juan 1:5 leemos una declaración fundamental: Dios es luz, y en Él no hay tiniebla alguna. Juan usa las palabras "luz" y "tinieblas" comúnmente en sus escritos,[2] y es de particular importancia que descubramos su significado en este texto. A primera vista, el contraste de Juan entre

---

[1] 1 Juan 5:13. [2] Ver Juan 1:4-5; 3:19; y 1 Juan 2:8-10 para varios ejemplos de este tema común en el Evangelio de Juan y sus epístolas.

luz y tinieblas nos puede llevar a pensar en ellas como términos morales: la distinción entre el bien y el mal o la gran división entre lo santo y lo profano. Esta interpretación ciertamente coincidiría con lo que la Escritura nos dice sobre la santidad de Dios. Sin embargo, cuando Juan escribe que Dios es luz, no solo está indicando Su pureza moral, sino también que Dios se ha dado a conocer. El Dios de las Escrituras no es misterioso ni está escondido; Él es luz. Él se ha revelado a la humanidad a través de la creación, la historia, la Escritura y, en particular, a través de la encarnación y de la obra redentora de Su Hijo, Jesucristo.

Esta comprensión de que Dios sea luz se hace más evidente cuando consideramos el contexto histórico de la primera epístola de Juan. La iglesia (o iglesias) a la cual Juan escribe cayó bajo la influencia de una falsa enseñanza que posteriormente se convirtió en una de las más grandes herejías que alguna vez enfrentó la iglesia: el gnosticismo, una mezcla de filosofía griega, misticismo judío y cristianismo. Era una religión esotérica llena de misterios, conocimiento secreto y un dios escondido que podía ser conocido solo por los verdaderamente iniciados o con los niveles superiores de los superespirituales.

Para reprimir esta peligrosa y destructiva herejía, el apóstol Juan explica a la iglesia que Dios es luz, y que Él se manifestó a Sí mismo y les dio a conocer Su voluntad por el testimonio de los apóstoles, quienes fueron testigos oculares de la encarnación, y por la enseñanza del Espíritu Santo, a quien todos ellos habían recibido.[3] Dios no estaba escondido, como suponían los falsos maestros, ni Su verdad era posesión exclusiva de solo unos pocos de los autoproclamados apóstoles. Dios se había revelado a Sí mismo y había revelado Su voluntad a todos los que habían creído en Cristo y nacido de Dios. Con poder, Juan enuncia esta verdad en su argumento final en la conclusión de la epístola: "Pero también sabemos que el Hijo de Dios ha venido y *nos ha dado entendimiento* para conocer al que es verdadero; y estamos en el verdadero, en Su Hijo Jesucristo. Éste es el verdadero Dios, y la vida eterna" (1Jn 5:20).

Basados en lo que sabemos sobre la evidencia interna de la epístola y el contexto histórico en que fue escrita, podemos con seguridad concluir lo siguiente: la declaración "Dios es luz" no solo se refiere a Su impecable carácter moral, sino también a Su relación con cada creyente en

---

[3] 1 Juan 1:1-4; 2:20; 2:27.

Jesucristo y Su revelación para ellos. Dios no se esconde de Su pueblo, sino que por Su gracia y de modo abundante ha revelado Su naturaleza y Su voluntad. Él se ha hecho conocido a nosotros como el Señor que ejerce misericordia, justicia y derecho sobre la tierra porque estas cosas le complacen.[4] Él nos ha dicho lo que es bueno y lo que requiere de nosotros.[5] En esto, la profecía de Jeremías en cuanto al nuevo pacto se ha cumplido: "Nadie volverá a enseñar a su prójimo ni a su hermano, ni le dirá: 'Conoce al Señor', porque todos ellos, desde el más pequeño hasta el más grande, me conocerán. Y Yo perdonaré su maldad, y no volveré a acordarme de su pecado" (Jer 31:34).

EL SIGNIFICADO DE LA COMUNIÓN

Ahora consideraremos la palabra "comunión" y trataremos de discernir su significado correcto. La palabra se deriva del sustantivo griego *koinonia*, que solía usarse para denotar asociación, comunión, compañerismo o participación conjunta. En el contexto de esta epístola, quien afirma tener comunión con Dios profesa fe en Él y se declara a sí mismo como Su hijo. Aquellos que están fuera de la comunión con Dios no se han convertido y están muertos en sus delitos y pecados, y bajo la ira de Dios.[6]

En tiempos recientes, el significado de "comunión" en este contexto ha sido gravemente malinterpretado. Algunos creen y enseñan que Juan no está haciendo una diferencia entre aquellos que de verdad creen para salvación y aquellos todavía no convertidos, sino que él está estableciendo una distinción entre los cristianos espirituales que tienen comunión con Dios y los cristianos carnales que están fuera de la comunión con Él. Esta interpretación no solo se aparta del verdadero significado del texto, sino que además es desleal al propósito por el cual Juan escribió toda la epístola. Él no dice: "Estas cosas les he escrito para que sepan si son cristianos espirituales o carnales". Asimismo, el versículo 7 nos enseña que solo aquellos que viven en la luz pueden confiar en la sangre del Hijo de Dios que es la que limpia de pecado. Si aquellos que viven en la oscuridad son cristianos carnales, entonces están fuera de la eficacia limpiadora de la sangre de Cristo. Esto es imposible para cualquier cristiano.

---

[4] Jeremías 9:24. [5] Miqueas 6:8. [6] Efesios 2:1-3; 5:6.

Teniendo en cuenta estas verdades, podemos con razón concluir que tener comunión con Dios significa ser un cristiano que posee todos los beneficios y bendiciones de la obra expiatoria de Cristo. Por otro lado, estar fuera de la comunión con Dios significa ser un no convertido, separado de Dios y en peligro de la destrucción eterna.

EL CRISTIANO VIVE EN LA LUZ

Ahora consideraremos la primera característica del cristiano genuino: él vive en la luz. La palabra "vive" se traduce del verbo griego *peripatéo*, que literalmente significa "viajar" o "caminar alrededor". Metafóricamente se usa para denotar el modo de vida o de conducta de una persona. Es importante observar que "vivir" está en el tiempo presente, lo que denota una acción continua, y asimismo establece que Juan lo está usando para referirse al estilo de vida de una persona, el modo de vivir o la práctica establecida. Por eso, la primera característica de un verdadero hijo de Dios es que vive en la luz. Su estilo de vida se conforma con lo que Dios ha revelado sobre Su naturaleza y Su voluntad. Por otro lado, el falso convertido vive en la oscuridad. Su estilo de vida refleja ignorancia autoimpuesta sobre Dios, y su conducta demuestra poca conformidad con la naturaleza y voluntad de Dios como se revelan a través de la Escritura.

Mientras consideramos la primera prueba de la fe genuina, debemos procurar entender que Juan no está enseñando que un cristiano puede o que alcanzará algún nivel de perfección libre de pecado, una postura errónea que afirma que los cristianos pueden lograr un nivel de santificación en esta vida en el que ya no pecarán más. Juan Tampoco está sugiriendo que la vida del cristiano siempre será un perfecto reflejo del carácter y de la voluntad de Dios. Solo está afirmando que el estilo de vida o la conducta general del creyente genuino reflejarán conformidad con lo que Dios ha revelado sobre Sí mismo y Su voluntad. Asimismo, aunque la vida del creyente puede ser golpeada por grandes luchas y empañada por el fracaso intermitente, habrá una marcada diferencia entre su vida y conducta y la de un no creyente. La evidencia de la salvación no es la perfección ni la habilidad de vivir siempre en la luz de la revelación de Dios. Más bien, la evidencia de la salvación es que tras examinar cuidadosamente nuestras vidas, vemos que estas se conforman verdaderamente y cada vez más a la naturaleza y voluntad de Dios. Sin embargo, si descubrimos una vida que no ha cambiado y un modo consistente de conducta que contradice lo que Dios ha revelado en Su Palabra sobre Su naturaleza y Su voluntad, entonces deberíamos estar sumamente preocupados.

Es importante observar que cuando hablamos de autoexamen, no nos estamos refiriendo a un momento en el tiempo ni a un solo evento, sino al curso completo de nuestras vidas desde el momento en que profesamos haber creído. No podemos determinar la validez de la obra salvífica de Dios en nosotros cuando examinamos nuestra conducta a través del curso de un solo día. Incluso el cristiano más maduro tendrá caídas morales momentáneas y tiempos para ser podado cuando parece que hay poco fruto. Sería presuntuoso para nosotros confirmar nuestra salvación basados en un cuidadoso examen de una buena obra, y sería igualmente insensato condenarnos por una caída en el pecado. Examinar de modo acertado nuestra profesión de fe requiere que consideremos la totalidad de nuestras vidas desde el momento de nuestra conversión hasta el presente. Debemos preguntarnos si durante el curso de nuestra vida cristiana hay evidencia de una conformidad cada vez mayor a la persona y a la voluntad de Dios. La siguiente ilustración puede ser útil.

Si fuéramos a observar a uno que profesa ser cristiano por solo un período corto y luego tomáramos una foto en el preciso momento en que cometió una falta moral, no podríamos usar la fotografía como prueba de su condición de no creyente. Nos dice poco sobre su estilo de vida desde su conversión. Sin embargo, si siguiéramos al mismo que profesa ser cristiano por varios años con una cámara digital que graba siempre, podríamos reunir amplia evidencia para argumentar en contra o a favor de su confesión de fe. Si él fuera de verdad un cristiano, aun no veríamos una vida perfecta libre de pecado, sino que veríamos una vida que ha cambiado y sigue cambiando, de modo gradual y cada vez mayor en conformidad con la naturaleza y la voluntad de Dios. La debilidad sería evidente, las batallas se habrían ganado con dificultad y el progreso a menudo sería tres pasos hacia adelante y dos hacia atrás. No obstante, durante todo el curso de su vida cristiana, habría pruebas visibles de una conformidad cada vez mayor con la naturaleza y la voluntad de Dios.

¿VIVIMOS EN LA LUZ?

Ahora que entendemos el significado del texto, debemos aplicar sus verdades a nosotros mismos: ¿Vivimos en la luz? ¿Nuestro estilo de vida refleja una conformidad cada vez mayor a lo que Dios nos ha revelado en la Escritura sobre Su naturaleza y Su voluntad? ¿Hay una diferencia visible entre nuestro modo de vivir y el de un no creyente? Si un observador imparcial fuera a estudiar cada una de nuestras vidas durante un período de varios meses, ¿podría reunir suficientes pruebas para afirmar la validez de nuestra fe en un tribunal, o su caso sería desestimado por falta de pruebas?

"Dios es luz, y en Él no hay tiniebla alguna" (1Jn 1:5). ¿Nos parecemos a esa luz? ¿Vivimos como hijos de luz, que damos el fruto de la luz, que consiste en toda bondad, justicia y verdad?[7] ¿O vivimos como viven los no creyentes, con la mente vacía, con el entendimiento entenebrecido y excluidos de la vida de Dios?[8] ¿Puede comprobarse que nuestra confesión de Jesús como Salvador y Señor es sincera mediante una vida que está marcada por la sumisión a la voluntad del Padre, o es falsa por un estilo de vida de negligencia espiritual, falta de conformidad con la naturaleza de Dios y rebelión contra la revelación de Su voluntad?[9]

Si afirmamos que somos de verdad cristianos, pero vivimos en la oscuridad, somos mentirosos. Poco importa si tal mentira es intencional o si hemos sido engañados por el evangelio superficial de nuestro tiempo. Debemos reconocer que hemos entrado por la puerta ancha y estamos andando por el camino ancho que lleva a la destrucción.[10] Debemos admitir que tenemos un nombre y que parece que estamos vivos, pero estamos muertos en nuestros delitos y pecados.[11] Debemos huir de la ira que viene y acercarnos a Dios con arrepentimiento y fe.[12] Debemos buscarlo hasta que lo encontremos.

Si decimos que tenemos comunión con Dios y vivimos en la luz, hemos pasado la primera prueba de Juan en el camino hacia una completa seguridad de la salvación. Hemos colocado la primera piedra en un muro de esperanza que tendrá su cimiento en la Escritura y será impenetrable a los feroces dardos de duda del enemigo. Debemos animarnos sin llenarnos de presunción y orgullo. Debemos continuar con las otras pruebas de Juan y examinar nuestras vidas teniéndolas en cuenta.

---

[7] Efesios 5:8-9.   [8] Efesios 4:17-20.   [9] Mateo 7:21, 23.   [10] Mateo 7:13.   [11] Efesios 2:1; Apocalipsis 3:1.   [12] Mateo 3:7; Lucas 3:7; Santiago 4:8.

CAPÍTULO CUATRO

Confesando el pecado

Si decimos que no tenemos pecado, nos engañamos a nosotros mismos, y la verdad no está en nosotros. Si confesamos nuestros pecados, Él es fiel y justo para perdonar nuestros pecados y limpiarnos de toda maldad. Si decimos que no hemos pecado, lo hacemos a Él mentiroso, y Su palabra no está en nosotros.

—1 Juan 1:8-10

La segunda prueba de la verdadera conversión puede ser una de las más extraordinarias puesto que demuestra que la seguridad de salvación del creyente no se basa en la ausencia de pecado en su vida, sino en su correcta respuesta cuando se le señala su pecado. La marca del verdadero creyente no es una perfección libre de pecado, sino que el pecado le es más y más repugnante, más y más contrario a sus deseos. La realidad del pecado lo conduce al arrepentimiento y a la confesión. Esta verdad se sustenta en algunas de las más grandes declaraciones de la Escritura en cuanto al creyente y su actitud hacia el pecado.

Los sacrificios que Tú quieres son el espíritu quebrantado;
Tú, Dios mío, no desprecias al corazón contrito y humillado
(Sal 51:17).

Yo hice todo esto con mis propias manos, y fue así como llegaron a existir. Yo pongo la mirada en los pobres y humildes de espíritu, y en los que tiemblan al escuchar Mi palabra (Is 66:2).

Bienaventurados los que lloran, porque ellos recibirán consolación (Mt 5:4).

Bienaventurados los que tienen hambre y sed de justicia, porque ellos serán saciados (Mt 5:6).

La evidencia de que hemos llegado a ser hijos de Dios es que cuando nos damos cuenta de nuestro pecado respondemos con humildad, quebrantamiento, arrepentimiento, lamentación y temblor ante la ley que hemos despreciado. Que Dios nos presente esta verdad al inicio de nuestro autoexamen demuestra la grandeza de Su sabiduría. Si la verdad de este texto hubiera venido después, podríamos haber sido demasiado severos con nuestro autoexamen y caído bajo una falsa condenación que nos llevaría a la falta de esperanza. Podríamos con facilidad haber malinterpretado y aplicado indebidamente la primera prueba que ya consideramos, llevándonos a creer que nuestras demasiado frecuentes andanzas fuera de la luz demostraban nuestra condición como no convertidos. Sin embargo aquí, al principio de nuestro autoexamen, Dios nos demuestra que nuestras luchas frecuentes contra el pecado no desmienten nuestra profesión de fe, sino que la confirman. Sabemos que lo hemos llegado a conocer no porque no tenemos pecado, sino porque nuestra actitud hacia el pecado ha sido radicalmente alterada: tenemos un odio cada vez mayor contra el pecado, somos quebrantados por este, y lo confesamos.

LA NUEVA RELACIÓN DEL CREYENTE CON EL PECADO

Un recién convertido a menudo dará la noticia de su conversión al declarar que él tiene una nueva relación con Dios. Sin embargo, a veces no entiende que lo contrario también es verdad: él tiene una nueva relación con el pecado. La validez al afirmar que tiene una nueva relación con Dios puede asegurarse solo en la medida en que su relación con el pecado ha cambiado.

Antes de la regeneración y la conversión, el pecador es un amador de sí mismo y del placer, y un aborrecedor de Dios y de lo bueno.[1] Job observó que los hombres inconversos tienen sed de maldad y la beben como agua.[2] La sabiduría de Salomón expone al hombre natural como uno que no solo deja los caminos de la rectitud para andar en los

---

[1] Romanos 1:30; 2 Timoteo 3:2-4.   [2] Job 15:16

caminos de la oscuridad, sino que también se deleita en hacer el mal y se alegra en la perversidad.[3] La razón para esta inclinación y comunión con el mal se nos hace evidente en toda la Escritura, pero en especial en el consejo del profeta Jeremías, quien describe el corazón del hombre como "engañoso y perverso más que todas las cosas". Jeremías se sintió tan confundido y sorprendido por la radical depravación del corazón humano que declaró con asombro: "… ¿Quién puede decir que lo conoce?" (Jer 17:9). Este corazón humano caído produce en el hombre natural su gran afecto por el pecado y su gran desprecio por Dios y por la justicia.

Sin embargo, en la obra titánica de la conversión, Dios recrea el corazón a Su semejanza en verdadera justicia y santidad.[4] Este corazón alterado de modo drástico tiene afectos nuevos y radicalmente cambiados. Su amor por sí mismo ha sido sustituido por un amor a Dios, y su sed de maldad ha sido sustituida por un hambre y sed de justicia.[5] En pocas palabras, el cristiano ama ahora al Dios que una vez aborreció y aborrece al yo que una vez amó; él ahora desea la justicia que una vez despreció y desprecia la injusticia de la que una vez se jactó.

Algunos pueden afirmar que esta descripción del corazón alterado radicalmente del creyente es poco realista, que es el resultado de una escatología sobrerealizada, la cual atribuye al creyente bendiciones de la salvación en el presente que solo se harán realidad en su glorificación final. Ellos pueden afirmar que esta descripción es incluso no bíblica. Pueden responder con la pregunta: "Si así es, entonces ¿por qué tengo que luchar contra el pecado?". La respuesta se expone con claridad en la Escritura. Aunque nunca debemos minimizar la gran y continua lucha del creyente contra el pecado, no debemos justificar ni minimizar el poder de la regeneración. La lucha del creyente contra el pecado no es porque la regeneración sea menos poderosa de lo que describí, sino porque el nuevo corazón del creyente todavía enfrenta la oposición de un gran y al parecer inconmovible enemigo: la carne. Aunque el concepto de "la carne" es difícil de definir, debemos aceptar que hay algún remanente del viejo hombre que permanece en el creyente hasta que sea totalmente erradicado en su glorificación.[6] Hay algún aspecto no redimido del creyente que lo hace susceptible a la tentación y a las guerras

---

[3] Proverbios 2:13-14.   [4] Efesios 4:24.   [5] Mateo 5:6.   [6] John MacArthur, *The MacArthur Study Bible* [*Biblia de Estudio MacArthur*] (Nashville: Thomas Nelson, 1997), 1704.

contra el nuevo hombre en el que fue recreado. Pablo enuncia la realidad de esta batalla con las palabras siguientes a las iglesias en Galacia:
"Porque el deseo de la carne se opone al Espíritu, y el del Espíritu se
opone a la carne; y éstos se oponen entre sí para que ustedes no hagan
lo que quisieran hacer" (Gá 5:17).

Aunque el creyente luchará contra el pecado y a veces sufrirá pérdida, tanto su corazón como sus afectos han sido transformados. Su
pecado ya no es más causa de gozo y jactancia, sino causa de tristeza y
confesión. Esta tristeza que lleva a la confesión es una de las mayores
evidencias de su conversión. Él ya no es más un hijo del diablo o un
hijo de desobediencia, sino un hijo de Dios y una nueva criatura en
Jesucristo.[7] Por tanto, ya no digiere el pecado que una vez comió con
alegría, sino que le causa repulsión y nausea participar en él. Por eso
debe confesarlo y deshacerse de él.

LA VERDADERA CONFESIÓN

En 1 Juan 1:9, Juan nos dice que una de las grandes marcas de la conversión genuina es la confesión de pecado. Por tanto, es importante que
descubramos con precisión qué es la confesión. La palabra "confesar" se
traduce de la palabra griega *homológeo*, compuesta de la palabra *homos*,
que significa "lo mismo", y *lógos*, que significa "palabra". Literalmente
significa "hablar la misma cosa". Por tanto, confesar es coincidir ver-
balmente con Dios que hemos pecado y que nuestro pecado es atroz.
Cuando esta confesión es genuina, también va acompañada de tristeza
y quebrantamiento.

Aunque la vida del creyente estará marcada por un crecimiento en
la santidad y un mayor poder sobre el pecado, nunca estará de modo
absoluto libre de su influencia hasta que sea glorificado en el cielo. Aun
el cristiano más maduro pecará. Sin embargo, su respuesta a ese pecado
demostrará que él ya no es más un hijo de desobediencia, separado de
Dios y fuera de Su providencia paternal, sino que ha llegado a ser un
hijo de Dios, un miembro de Su familia, sujeto a Su divina instrucción y
disciplina.[8] Cuando el creyente peca, Dios es fiel al exponer su pecado y

---

[7] Juan 8:44; 2 Corintios 5:17; Efesios 2:2; 1 Juan 3:12.   [8] Efesios 2:2, 19; Hebreos 12:5-11.

declararlo culpable[9] a través del ministerio del Espíritu Santo.[10] Aunque Dios puede usar muchos medios naturales para exponer el pecado del creyente, como el estudio de la Escritura, la represión de un hermano fiel o incluso la censura de la iglesia, con todo es una obra sobrenatural de la providencia de Dios. Como respuesta, el creyente reconoce su pecado y la gravedad de este. Se vuelve a Dios con un corazón quebrantado y arrepentido, confiesa su pecado y pide perdón.

Un ejemplo aleccionador de confesión bíblica aparece en el Salmo 51:1-4, que escribió David después de haber caído en pecado con Betsabé y, posteriormente, reprendido por el profeta Natán:

Dios mío,
por Tu gran misericordia, ¡ten piedad de mí!;
por Tu infinita bondad, ¡borra mis rebeliones!
Lávame más y más de mi maldad;
¡límpiame de mi pecado!
Reconozco que he sido rebelde;
¡mi pecado está siempre ante mis ojos!

Contra Ti, y sólo contra Ti, he pecado;
¡ante Tus propios ojos he hecho lo malo!
Eso justifica plenamente Tu sentencia,
y demuestra que Tu juicio es impecable.

Observemos que aunque David está quebrantado por su pecado, no está paralizado por el temor ni ha perdido la esperanza. La misericordia y la gran compasión de Dios le dan la confianza necesaria para confesar su pecado con la más grande expectación de perdón. ¿Cuánto más deberíamos nosotros, que estamos en Cristo, acercarnos y confesar nuestros pecados a Dios? ¿No nos ha prometido Dios que "Él es fiel y justo para perdonar nuestros pecados y limpiarnos de toda maldad" (1Jn 1:9)? ¿No nos ha dicho la más confiable de las fuentes que tenemos

---

[9] Las palabras convicto y condena se han malinterpretado sobremanera. Convicto se traduce de la palabra griega *elégcho*, que se ilustra mejor por el trabajo de un fiscal o abogado de la acusación que con diligencia presenta pruebas para demostrar la culpabilidad de un acusado o procesado. El resultado final no es solo que el creyente se siente culpable, sino que él es declarado culpable y por tanto admite y confiesa su transgresión delante de Dios.
[10] Juan 16:8, 13; Romanos 8:14; 1 Juan 2:27.

un Sumo Sacerdote que puede compadecerse de nuestras debilidades porque Él fue tentado en todas las cosas como nosotros, pero permaneció sin pecado? ¿No nos anima Dios mismo a acercarnos con confianza al trono de la gracia, "…. para alcanzar misericordia y hallar gracia para cuando necesitemos ayuda" (Heb 4:15-16)? Querido cristiano, si en medio de tu pecado y derrota alguna vez escuchas la instrucción de huir *de* Dios y no de correr *hacia* Dios, debes reconocer que el origen de tal instrucción no es de las alturas del cielo, sino del abismo del infierno.

Segundo, notemos la gran aversión de David hacia su pecado y su deseo de ser limpio. La persona no regenerada no desea ser limpia de su pecado; solo quiere evitar que este sea revelado y ser liberado de sus consecuencias adversas. Además, si fuera a ser limpiado, lo encontraría inaceptable. Sus pasiones serían voraces y su corazón estaría sin descanso hasta que una vez más se alimentara del mismo abrevadero de suciedad y durmiera en el mismo maloliente lodazal. En marcado contraste, el cristiano aborrece el pecado que ha cometido. Él detesta incluso la ropa que vestía en el momento de su fracaso moral y considera que está contaminada y sucia.[11] Su corazón está quebrantado, contrito y lleno de remordimiento y tristeza. Al final, su reacción demuestra que es ciertamente una nueva criatura, ¡lo viejo se ha ido y lo nuevo ha llegado![12] El pecado que una vez fue una deliciosa comida para él se ha convertido en un barril de suciedad; la vida de pecado que una vez fue su cama perfumada se ha convertido en un revolcadero fangoso de estiércol.

Tercero, observemos la defensa de David ante Dios. Cuando Natán el profeta lo condena y lo acusa de su pecado secreto, él no ofrece excusas, sino que abiertamente lo confiesa ante todos: "…reconozco que he pecado contra el Señor".[13] En el Salmo 51:3-4 es aun más explícito:

Reconozco que he sido rebelde;
¡mi pecado está siempre ante mis ojos!

Contra Ti, y sólo contra Ti, he pecado;
¡ante Tus propios ojos he hecho lo malo!
Eso justifica plenamente Tu sentencia,
y demuestra que Tu juicio es impecable.

---

[11] Levítico 13:52-57; 15:4, 7; Judas v. 23.   [12] 2 Corintios 5:17.   [13] 2 Samuel 12:13.

David comienza al señalar que él conoce su pecado.[14] Él ha llegado a ver a través de los ojos de Dios y entender algo de su atroz naturaleza y de sus terribles consecuencias. También comprendió que aunque había pecado contra Urías al matarlo, contra Betsabé al adulterar y contra el pueblo de Israel al violar su pacto como rey y pastor, en última instancia había pecado contra Dios. Y ese fue el aspecto de su pecado que lo hizo tan despreciable.

Por último, David reconoció que Dios estaba justificado en la evaluación y el juicio que había hecho de su pecado. Cuando Dios confrontó a Adán con su primera violación en el jardín, Adán le echó la culpa a la mujer y en última instancia a Dios: "La mujer *que me diste por compañera* fue quien me dio del árbol, y yo comí" (Gn 3:12). Por su parte, David no trató de desviar la culpa, sino que con franqueza reconoció que lo que Dios declaró sobre él era cierto. Él coincidió con Dios sobre su pecado y *habló la misma cosa*. Esta es la marca de la verdadera confesión.

EL CRISTIANO SE CARACTERIZA POR LA CONFESIÓN

Algunos han concluido que el crecimiento del creyente en la santidad resultará en una disminución de la necesidad de confesar el pecado, pero en realidad es todo lo contrario. Conforme el creyente crece en santificación, experimentará una mayor libertad del poder del pecado y andará en una mayor victoria. Pero, al mismo tiempo, desarrollará una comprensión más sagaz de la santidad de Dios y una sensibilidad más aguda hacia el pecado en su vida. Por ello, su vida se caracterizará por quebrantos más profundos y confesión intensa. El santo que es maduro vivirá en una mayor santidad que el recién convertido, pero la tristeza por el pecado y la profundidad y la frecuencia de su confesión excederá la de un bebé en Cristo. Esto es solo porque la santidad de Dios y su propio pecado son realidades más grandes para él.

Jesús nos enseñó que la vida del cristiano genuino se caracteriza por el llanto.[15] Sin embargo, no es un llanto que domina todas las otras emociones o fines piadosos con desesperación. La aflicción de la que habla Jesús siempre conduce al consuelo y al gozo. Conforme el cristiano

---

[14] La palabra conocer se traduce de la palabra hebrea *yada'*, que significa conocer, percibir o reconocer, conocer a una persona de modo íntimo o una cosa por experiencia.
[15] Mateo 5:4

crece en su conocimiento de Dios, así también crece su conocimiento de sí mismo y del pecado. Esta revelación comprendida de manera adecuada resultará en un lamento más profundo, no en desesperación. Conforme el cristiano crece en el conocimiento de Dios, también llega a entender mejor la gracia de Dios en la persona y obra de Jesucristo. Esta gracia conduce al cristiano a confesar con franqueza su pecado y recibir el perdón con gozo "inefable y glorioso" (1P 1:8). Sin embargo, lo más hermoso sobre su transformación es que el creyente encuentra menos y menos gozo en su propio desempeño y más y más gozo en la perfecta e inmutable obra de Cristo. Por eso, de modo gradual, el creyente va dejando de lado la idolatría de encontrar gozo y seguridad en sí mismo, conforme Cristo se vuelve su única fuente de ambos.

El diablo nos convencería que nuestra preocupación por el pecado nos llevaría con el tiempo a una mortal introspección, y que la confesión abierta y franca de nuestro pecado nos pondría bajo la cruel censura de Dios. Sin embargo, nada podría estar más lejos de la verdad. Una mayor consciencia de nuestro pecado e incapacidad nos llevarán a poner nuestra mirada en la obra perfecta de Cristo, y nuestra confesión abierta y franca se traduciría en perdón y limpieza por parte de nuestro Padre celestial.

Realizar con seriedad un inventario del pecado en nuestras vidas no es una caída en picada que lleva a un remordimiento extenuante. Si entendemos correctamente el evangelio, es el camino a la libertad, la seguridad y el gozo.

LA PERFECCIÓN CIEGA

La Escritura confirma que una de las grandes evidencias de la conversión genuina es una vida que se caracteriza por el reconocimiento del pecado, un espíritu contrito y quebrantado y una confesión abierta y honesta de pecado delante de Dios. Sin embargo, en igual medida, una de las más grandes evidencias de la conversión falsa es una ceguera al pecado, una dureza de corazón y una vida sin confesión genuina.

En 1 Juan 1:8-10, el apóstol Juan llega a tres terribles conclusiones sobre el que profesa la fe en Cristo pero ve pocas razones para el arrepentimiento o la confesión. La primera conclusión es que se engaña a sí mismo. ¿Cuán ilusa debe ser una persona para llegar a creer que ha vivido cierto número de días o incluso horas en absoluta y continua conformidad con la ley de Dios?[16] ¿A qué alturas de vanidad debe ascender para verse a sí mismo perfecto como nuestro Padre celestial es perfecto?[17] ¿Cuánto tiempo debe permanecer el hierro caliente sobre su consciencia para que se atreva a estar junto a Jesucristo y presentar el desafío "¿Quién de ustedes puede acusarme de haber pecado?".[18] Tal ceguera parece imposible, pero el engaño no es inusual. Muchos cristianos se sientan en las bancas de las iglesias todos los domingos, pero su pecado rara vez es expuesto o presionado sobre sus consciencias con fuerza suficiente para quebrantar sus corazones o forzar sus bocas a que pronuncien incluso la más insuficiente confesión hacia Dios. Aunque algo de esto puede atribuirse a la debilidad del púlpito moderno y su negativa a predicar contra el pecado, estas no pueden ser las únicas causas. Aunque es verdad que el Espíritu opera a través de la predicación, Él no está confinado a esta. Si estos muchos cristianos realmente pertenecieran a Dios, Él les mostraría su pecado y los conduciría a la confesión, con o sin la ayuda del predicador contemporáneo. ¿Cómo es, entonces, que tantos en la iglesia evangélica no están conscientes de su pecado y no tienen las marcas de la confesión? Es porque ellos en su mayoría son no convertidos. Se sientan en Sion y ensayan sus cantos de memoria, pero no tienen entendimiento.[19] Tienen un nombre y parecen estar vivos, pero están muertos.[20] Creen que son ricos y perfectos, pero no saben que son desventurados y miserables, que son pobres, ciegos y desnudos.[21]

Es bien sabido entre los pastores que cada vez que Dios se mueve para exponer el pecado y quebrantar los corazones en una congregación, casi siempre son los más devotos y dedicados los que son movidos a las lágrimas y a una confesión abierta y honesta de pecado, mientras que los miembros más carnales y apáticos de la iglesia se sientan en las bancas tan fríos como una piedra. No son conmovidos por el Espíritu Santo, e incluso la abierta contrición y la confesión de las personas a su alrededor no les afecta. ¿Cuál es la razón para este contraste en la misma congregación? La respuesta es tan sencilla como brutal: Solo estamos siendo testigos de una vista preliminar del gran día del juicio cuando las cabras se distinguirán de las ovejas y serán separadas. Las ovejas son aquellos que son sensibles a la obra del Espíritu que las declara culpables y son llevadas a la confesión, mientras que las cabras son aquellas

---

[16] Gálatas 3:10; Santiago 2:10. [17] Mateo 5:48. [18] Juan 8:46; 1 Timoteo 4:2. [19] Deuteronomio 32:28; Isaías 29:13; Amós 6:1. [20] Apocalipsis 3:1. [21] Apocalipsis 3:17.

que no ven mancha ni defecto en ellas y están perfectamente satisfechas en su cómoda religión. Una vez más, para empeorar las cosas, su falta de reacción rara vez se expone desde el púlpito, de modo que el silencio del predicador sella su ruina.

La segunda conclusión a la que llega Juan es que aquellos que afirman que no tienen pecado carecen de la verdad. Esto también incluye a aquellos que profesan la fe en Cristo, pero están ciegos o son indiferentes al continuo pecado en sus vidas. Estas cosas como la convicción de pecado, la contrición y la confesión están ausentes de su rutina diaria. Asimismo, ellos verían este quebrantamiento por el pecado como una emoción extraña que se encuentra solo en aquellos cuya introspección es extrema y cuyo fervor religioso ha superado los límites de la urbanidad y la respetabilidad. Ellos nunca afirmarían que no tienen pecado, pero en la ausencia de cualquier grado de quebrantamiento o confesión, viven como si no lo tuvieran. Para contrarrestar esta ilusión vana y peligrosa, Juan da a sus lectores una doble advertencia dentro del espacio de solo tres versos:

> Si decimos que no tenemos pecado… la verdad no está en nosotros (1Jn 1:8).

> Si decimos que no hemos pecado… Su palabra no está en nosotros (1Jn 1:10).

Es importante que entendamos el significado exacto de la advertencia de Juan. Él no solo está regañando a unos pocos creyentes inmaduros por tener una visión superficial del pecado. Sino que les está diciendo que aquellos que no ven pecado en sus vidas y no encuentran razones para confesar están desprovistos del evangelio y de la salvación. Son ciegos que guían a otros ciegos con un pie ya en el hoyo.[22]

Recibir la palabra del evangelio es recibir la llave que abre la puerta para una visión correcta de la realidad, especialmente la realidad de uno mismo. Solo en el evangelio puede la exhortación del filósofo "conócete a ti mismo" ser de verdad obedecida. Aquellos que tienen un conocimiento salvífico del evangelio han visto la depravación de sus propios

---

[22] Mateo 15:14

corazones y la naturaleza atroz de su pecado. Ellos han sido advertidos de lo que eran aparte de Cristo, y fue este conocimiento que los llevó a Él. Una vez convertidos, su sensibilidad hacia el pecado continúa incrementándose junto con su desprecio por el pecado y la confesión de este.

Por otro lado, aquellos que solo tienen una forma de religión, pero nunca han experimentado el poder del evangelio que justifica y regenera, permanecen felizmente ignorantes de la presencia y de la repugnancia del pecado en sus vidas. Ellos ven, pero no perciben; escuchan, pero no entienden.[23] "[Viven] de acuerdo a su mente vacía. Esa gente tiene el entendimiento entenebrecido; por causa de la ignorancia que hay en ellos, y por la dureza de su corazón, viven ajenos de la vida que proviene de Dios" (Ef 4:17-18). Aunque se visten con el atuendo religioso y confían en que son guía para el ciego, luz de los que están en tinieblas, instructor de los ignorantes y maestro de los niños,[24] ignoran una de las grandes realidades del universo: su propio pecado.

La tercera conclusión del apóstol Juan es que la persona que afirma que no tiene pecado hace a Dios mentiroso. La universalidad del pecado es uno de los temas prominentes y consistentes a través de toda la Escritura: "... por cuanto todos pecaron y están destituidos de la gloria de Dios" (Ro 3:23); "... pues no hay nadie que no peque" (1R 8:46); "Todos cometemos muchos errores" (Stg 3:2). Ni siquiera entre los santos más piadosos del Antiguo Testamento ni entre los apóstoles tenemos un ejemplo o un registro de que alguno entre los hijos de Adán, excepto Cristo, haya alcanzado alguna vez el escalón de la perfección libre de pecado. Incluso el gran apóstol Pablo, quien pudo decir en 1 Corintios 11:1: "Imítenme a mí, así como yo imito a Cristo", nunca afirmó que era perfecto, sino que dio el siguiente testimonio en Filipenses 3:12-14:

No es que ya lo haya alcanzado, ni que ya sea perfecto, sino que sigo adelante, por ver si logro alcanzar aquello para lo cual fui también alcanzado por Cristo Jesús. Hermanos, yo mismo no pretendo haberlo alcanzado ya; pero una cosa sí hago: me olvido ciertamente de lo que ha quedado atrás, y me extiendo hacia lo que está adelante; ¡prosigo a la meta, al premio del supremo llamamiento de Dios en Cristo Jesús!

[23] Isaías 6:9; Jeremías 5:21; Ezequiel 12:2; Mateo 13:14; Marcos 4:12; Lucas 8:10; Juan 12:40; Romanos 11:8. [24] Romanos 2:19-20.

No hay texto en la Escritura que siquiera apunte a la posibilidad de la perfección libre de pecado en el depravado o el santo. Si creemos que Dios es el autor y preservador de la Escritura y que cada palabra procede de Su boca,[25] entonces debemos admitir que una persona que argumenta para defender su propia rectitud moral argumenta contra Dios. Él se ha puesto en contra de la opinión de Dios y declara que Él está equivocado en el mejor de los casos o es un mentiroso en el peor de los casos. Esta no es la opinión, la actitud, o la acción de un hijo de Dios.

¿ES LA CONFESIÓN UNA REALIDAD EN NUESTRAS VIDAS?

En conclusión, debemos abrazar las verdades que hemos aprendido. La primera verdad es que la misma naturaleza de la salvación[26] asegura que si somos cristianos, viviremos en la luz de Dios y de modo gradual creceremos en conformidad a Su naturaleza y Su voluntad. Segundo, podemos concluir con razón que aquellos que con confianza profesan la fe en Cristo, pero continúan viviendo en un modo contrario a la persona y a la voluntad de Dios, son culpables de presunción, quizás no son convertidos y están en riesgo de la destrucción eterna. Tercero, la evidencia de la conversión genuina no es perfección libre de pecado, sino una vida que se caracteriza por genuino arrepentimiento y confesión. Por último, el que profesa la fe en Cristo, pero vive en pecado con poco o ningún quebrantamiento o disciplina divina debería sentirse sumamente preocupado.

Habiendo aprendido estas importantes verdades, debemos examinar nuestras vidas y nuestra profesión cristiana. ¿Estamos creciendo en nuestro conocimiento de la santidad de Dios y, a su vez, siendo más sensibles al pecado en nuestras vidas? ¿Reaccionamos a nuestro pecado con un mayor sentido de repugnancia y desprecio? ¿Luchamos contra el pecado? ¿El peso de nuestro pecado, aunado con la bondad de Dios, nos lleva al arrepentimiento y la confesión?[27] Si hemos respondido sí, hay evidencia que Dios ha realizado una obra salvífica en nosotros.

---

[25] Mateo 4:4; 2 Timoteo 3:16.   [26] Por mucho tiempo en el evangelicalismo la obra de la salvación se ha visto solo en términos de justificación. Los otros aspectos de la salvación como la regeneración y la santificación se han ignorado.   [27] Romanos 2:4.

CAPÍTULO CINCO

Obedeciendo los mandamientos de Dios

Con esto podemos saber que lo conocemos: si obedecemos Sus mandamientos. El que dice: "Yo lo conozco", y no obedece Sus mandamientos, es un mentiroso, y no hay verdad en él. El amor de Dios se ha perfeccionado verdaderamente en el que obedece Su palabra, y por esto sabemos que estamos en Él.

—1 Juan 2:3-5

Hasta ahora hemos considerado dos grandes pruebas de la conversión genuina. La primera, el cristiano genuino aprenderá a vivir a la luz de la revelación de Dios y crecerá en conformidad con Su naturaleza y Su voluntad. La segunda prueba, el cristiano reflejará una nueva relación con el pecado. Él crecerá en su aversión hacia él, y cuando peca, se arrepentirá y lo confesará abierta y honestamente delante de Dios.

Conforme Juan continúa en el capítulo 2 de su epístola, encontramos una tercera prueba de la conversión genuina: el creyente obedecerá los mandamientos de Dios. En este capítulo nos esforzaremos en entender qué significa esto y cómo lo aplicamos a nuestras vidas.

PRUEBAS DE LA FE

Debemos recordar el propósito general de la primera epístola de Juan: él escribió estas verdades para que los creyentes en Jesucristo pudieran tener una confirmación bíblica de su fe; que pudieran conocer que tienen vida eterna.[1] Por esta razón, Juan inicia esta tercera prueba con un

---

[1] 1 Juan 5:13.

nuevo planteamiento de ese propósito: "Con esto podemos saber que lo conocemos: si obedecemos Sus mandamientos" (2:3).

Debemos recordar que a lo largo de esta epístola Juan hace una distinción entre dos tipos de cristianos: traza una línea entre los espirituales y los carnales en el pueblo de Dios. Juan separa las ovejas de las cabras. Aunque su propósito primario es dar a los verdaderos creyentes una seguridad bíblica de la salvación, posteriormente denuncia a aquellos que profesan la fe en Cristo, pero permanecen no convertidos. Para muchos en esta época, esta palabra es dura y difícil de aceptar. No obstante, Juan solo está siguiendo una enseñanza y patrón establecido por el Señor en Mateo 7:17-19: la prueba de un buen árbol es el buen fruto que produce, pues un árbol es conocido por su fruto.

Aunque esta es una verdad bíblica, reconocida a través de la historia de la iglesia por sus ministros más importantes y establecida en las confesiones de fe, la mayoría de los evangélicos contemporáneos consideran este lenguaje prejuicioso, duro y falto de amor. Esta inusual reacción puede atribuirse a una visión superficial de la salvación y todo lo que la acompaña. Para ellos, la salvación ha sido reducida a nada más que un deseo humano de aceptar a Cristo, y la vida que sigue depende totalmente de las constantes decisiones correctas del convertido. Existe la creencia de que, puesto que el amor de Dios no es coercitivo ni manipulativo, el cristiano puede simplemente decidir no crecer. Puede rebelarse contra los gentiles estímulos de Dios para actuar y nunca entrar en alguna forma de verdadero discipulado. Puede permanecer carnal hasta el día que sea llevado a la gloria y transformado. Aunque hay alguna verdad en esto, como un todo, debe ser rechazado como absoluta herejía.

Es verdad que el amor de Dios no es coercitivo ni manipulativo, y es igualmente verdad que el ejercicio de la voluntad humana es un elemento necesario, tanto en la conversión como en la santificación. Sin embargo, esta opinión ignora o incluso niega al menos tres doctrinas mayores que son inseparables de la salvación. La primera es la doctrina de la *regeneración*. La persona que se ha arrepentido de su pecado y creído en el Señor Jesucristo ha sido regenerada. Se ha convertido en una nueva criatura con una nueva naturaleza y sus afectos han sido transformados. Aunque todavía debe combatir contra la carne, el mundo y el diablo, y aunque no sea perfeccionada hasta su glorificación final en el cielo, esta persona, a pesar de esto, mostrará las características de la nueva criatura en que se ha convertido. Una regla para recordar es que la voluntad y los afectos de una persona racional están determinados por la naturaleza de esa persona.

La segunda y la tercera doctrinas son las verdades inseparables de la *santificación* y la *divina providencia*. Si creemos que la Escritura fue "exhalada por Dios", y si creemos en la fidelidad de Dios, entonces junto con el apóstol Pablo debemos estar convencidos de que Dios, que comenzó la buena obra, la completará en la vida de cada creyente.[2] Es Dios quien opera en el creyente tanto el querer como el hacer por Su buena voluntad.[3] El verdadero creyente será enseñado por Dios y guiado por Su Espíritu.[4] Y cuando el creyente peca o se rebela contra la mano paternal de Dios, será disciplinado para que pueda participar en la santidad de Dios sin la cual ninguno verá al Señor.[5] Él será ejercitado en la disciplina aun al punto de la tristeza y el sufrimiento, para que produzca el fruto apacible de justicia.[6] Si alguien afirma que es hijo de Dios por la fe en Cristo, pero vive en carnalidad sin intervención por parte de Dios, entonces la Escritura lo condena como un falso convertido y un hijo ilegítimo: "Si ustedes soportan la disciplina, Dios los trata como a hijos. ¿Acaso hay algún hijo a quien su padre no discipline? Pero si a ustedes se les deja sin la disciplina que todo el mundo recibe, entonces ya no son hijos legítimos, sino ilegítimos" (Heb 12:7-8).

La naturaleza de la salvación, la fortaleza de la providencia de Dios y la fidelidad constante de Sus promesas aseguran que el creyente crecerá, madurará y mostrará las características de la nueva vida que está en él. Por esto Jesús puede decir: "… ustedes los conocerán por sus frutos" (Mt 7:16-20). Es por causa de estas verdades que Pablo puede exhortar a los creyentes a probarse y examinarse para ver si están en la fe.[7] Y es sobre este fundamento que Juan puede proveer en la epístola un estándar bíblico mediante el cual puedan hacerlo.

LA OBEDIENCIA A LOS MANDAMIENTOS DE DIOS

Según este texto y muchos otros en todo el Nuevo Testamento, la obediencia a los mandamientos de Dios es uno de los mayores indicadores de la verdadera conversión y de una correcta relación con Él. La

---

[2] Filipenses 1:6.   [3] Filipenses 2:13.   [4] Juan 6:45; Romanos 8:14; Filipenses 3:15; 1 Juan 2:27.
[5] Hebreos 12:10, 14.   [6] Juan 15:8, 16; Hebreos 12:11.   [7] 2 Corintios 13:5.

obediencia a la Palabra es la gran prueba decisiva de la salvación. Esta verdad aparece con mayor claridad en Santiago 2:17-20:

> Lo mismo sucede con la fe: si no tiene obras, está muerta. Pero alguien podría decir: "Tú tienes fe, y yo tengo obras. Muéstrame tu fe sin obras, y yo te mostraré mi fe por mis obras". Tú crees que Dios es uno, y haces bien. ¡Pues también los demonios lo creen, y tiemblan! ¡No seas tonto! ¿Quieres pruebas de que la fe sin obras es muerta?

Aquellos que sostienen la inerrancia y la uniformidad de la Escritura reconocen que no hay contradicción entre los escritos de Santiago y la doctrina de la justificación *solo por la fe* que el apóstol Pablo tan claro enseñó[8] y que tan tenazmente abrazaron y propagaron los reformadores.[9] Los dos escritores están solo abordando el tema de la salvación desde dos ángulos diferentes. El apóstol Pablo aborda la causa de la salvación, mientras que Santiago aborda el resultado. Por eso, de ambos escritores obtenemos una visión total de la obra de Dios en la salvación.

La salvación es solo por la fe, y aquellos que creen o enseñan de otra manera están bajo maldición.[10] Sin embargo, la salvación por la fe resulta en obediencia (obras) a la ley. Con todo, no debemos atribuir estas obras a quien las hace, sino a Dios quien da la gracia.[11] Quien ha sido salvo por la fe comienza a vivir una vida que se conforma cada vez más con los mandamientos de Dios, y esto no por alguna nueva fuerza de voluntad, sino porque ha sido regenerado;[12] se le ha dado una nueva naturaleza, se ha convertido en una nueva criatura y el Espíritu de Dios ha venido a morar en él.[13] En palabras de Pablo, él ha muerto al viejo hombre que una vez fue, y ha resucitado para andar en novedad de vida.[14] Todas estas cosas son de Dios, quien nos reconcilió consigo mismo mediante Jesucristo, y cuando las entendemos de manera correcta, se las atribuimos a Dios en adoración.[15]

Un texto paulino que se cita más que ningún otro para defender la salvación solo por la fe también apoya esta verdad: "Ciertamente la gracia de Dios los ha salvado por medio de la fe. Ésta no nació de ustedes,

---

[8] Romanos 3:19-22; 4:1-25; Gálatas 2:16.   [9] No es exagerado afirmar que la doctrina de la justificación solo por la fe (*sola fide* en latín) fue la verdad que desencadenó la Reforma.
[10] Gálatas 3:10.   [11] 1 Corintios 15:10; Efesios 3:7.   [12] Juan 3:3, 7; 1 Pedro 1:3, 23.   [13] Ezequiel 36:26-27; Romanos 8:9-11; 2 Corintios 5:17.   [14] Romanos 6:1-6.   [15] 2 Corintios 5:18.

OBEDECIENDO LOS MANDAMIENTOS DE DIOS   45

sino que es un don de Dios; ni es resultado de las obras, para que nadie se vanaglorie. Nosotros somos hechura Suya; hemos sido creados en Cristo Jesús para realizar buenas obras, las cuales Dios preparó de antemano para que vivamos de acuerdo con ellas" (Ef 2:8-10).

En los primeros dos versículos, Pablo sostiene al punto de la redundancia: la salvación es *por gracia* y *por medio de la fe; no de uno mismo* sino un *don de Dios; no como un resultado de buenas* obras para que *nadie se vanaglorie*. Sería difícil ser más explícito o minucioso sin insultar la inteligencia del lector. ¿Cuánto más claro debe ser Pablo para comunicar la verdad eterna enseñada y defendida en cada página de la Escritura? En Gálatas 2:16 él afirma con igual claridad: "Sabemos que el hombre no es justificado por las obras de la ley sino por la fe de Jesucristo... no por las obras de la ley, ya que por las obras de la ley nadie será justificado".

Después de escribir tan claro como podía en Efesios 2:8-9 que la fe es el único medio de la justificación, Pablo vuelve su atención a dos doctrinas afines: la providencia de Dios y Su obra de santificación en la vida del creyente. Los que han sido justificados por la fe son hechura de Dios, creados en Cristo Jesús para buenas obras, que Dios preparó para ellos antes de la fundación del mundo para que anduvieran en ellas. Dios no justifica al creyente para luego abandonarlo. Él no ha demostrado Su poder para salvar de la condenación del pecado solo para entonces demostrar Su impotencia en salvarlos del poder del pecado. ¿Por qué hay tantos en esta época que predican desde los púlpitos tan ciegos a esta verdad? El Dios que tiene el poder para justificar a los pecadores también tiene el poder para santificarlos.[16] Muchos individuos que se sientan en las bancas todos los domingos, los cuales son carnales y no están santificados, no están así porque las promesas de Dios han fallado, sino porque no son convertidos. Ellos tienen una forma de santidad, pero han negado su eficacia.[17] Se identifican a sí mismos con Cristo, pero "practican la maldad", como si Él nunca les hubiera dado una ley para obedecer. Lo llaman "Señor, Señor", pero no hacen lo que Él manda (Lc 6:46). En el día final, escucharán la más terrible sentencia sobre ellos: "Nunca los conocí. ¡Apártense de Mí!" (Mt 7:23).

Por eso las pruebas de Juan en la primera epístola son de vital importancia, en particular la que tenemos frente a nosotros ahora. La

---

[16] 1 Timoteo 1:15.   [17] 2 Timoteo 3:5.

evidencia de la salvación no es solo perfección libre de pecado o una obediencia con una puntuación perfecta, sino una nueva relación con los mandamientos de Dios, una inclinación real hacia ellos, un genuino deseo de obedecerlos, una aplicación práctica de ellos cada vez mayor y una real contrición cuando nuestro rechazo hacia ellos se ha hecho evidente. Antes de que el individuo se convierta, él no tiene esta relación con los mandamientos de Dios, sino que vive como si Dios nunca hubiera dado una ley para obedecer o un precepto de sabiduría para admirar y aplicar. Él no toma la determinación de conocer la ley de Dios y no es diligente en aplicarla. Su casi constante desobediencia no tiene el efecto sobre su consciencia que lo mueve al arrepentimiento. Sin embargo, cuando él es vivificado por el Espíritu de Dios mediante la predicación del evangelio, no solo entra en una nueva relación con Dios, sino también con Su Palabra. Él encuentra en sí mismo un aprecio cada vez mayor por la sabiduría y la belleza de los mandamientos de Dios. Descubre un deseo real de conocer lo que Dios ha dicho y de vivir como corresponde. Aunque antes vivía en total rechazo a los mandamientos de Dios, ahora exalta sus méritos. Para su desconcierto y la sorpresa de aquellos que lo conocían antes de que se convirtiera, se encuentra a sí mismo tomado del brazo con los grandes santos en Sion, que declaran:

> La ley del Señor es perfecta: reanima el alma.
> El testimonio del Señor es firme: da sabiduría al ingenuo.
> Los preceptos del Señor son rectos: alegran el corazón.
> El mandamiento del Señor es puro: da luz a los ojos.
> El temor del Señor es bueno: permanece para siempre.
> Los decretos del Señor son verdaderos, y todos ellos justos.
> Son más deseables que el oro refinado
> y más dulces que la miel que destila del panal.
> Con ellos, Señor, amonestas a Tu siervo,
> y recompensas grandemente a quien los cumple (Sal 19:7-11).

¿A qué podemos atribuir este nuevo aprecio por la Palabra de Dios? Contrario a un amor idólatra, debe provenir de un nuevo amor por Dios. Por esta razón Juan escribe: "El amor de Dios se ha perfeccionado verdaderamente en el que obedece Su palabra, y por esto sabemos que estamos en Él" (2:5). Esto no puede referirse al amor de Dios por el creyente, pues este es perfecto desde el principio. El amor del cual escribe Juan es del que viene del corazón regenerado del cristiano. Él ama a Dios, y este amor es probado, demostrado y viene a su final perfecto, a través de su observancia cada vez mayor a los mandamientos de Dios. El amado puritano Matthew Henry ofrece una mirada tanto elocuente como edificante:

> Ahora la luz enciende el amor; y el amor debe obedecer y obedecerá la palabra de Dios; este [el amor] inquiere en qué se siente complacido y en qué se puede servir al Amado, y descubrirá [el amor] que Él lo estará mediante la obediencia a Su voluntad declarada, en eso el amor se emplea y se ejerce; en eso el amor se demuestra; y en eso tiene su aplicación perfecta (o completa), su operación y alegría; y confirma (por la debida atención a la voluntad de Dios, o Cristo) sabemos que estamos en Él, sabemos que le pertenecemos y que estamos unidos a Él por el Espíritu que eleva y nos asiste para obedecer.[18]

Esto no significa que el que se ha convertido genuinamente nunca rechazará la ley o se apartará de ella en desobediencia. No hay persona que no peque y ninguno de nosotros estamos exentos de la apatía que algunas veces vence nuestras almas y ciega nuestra razón. No hay creyente en este lado del cielo que ame a Dios como debería, que desee la ley de Dios como es apropiado o que tuviera el celo en su aplicación como debería desear que fuera aplicada. Sin embargo, esto significa que los que han sido regenerados por el Espíritu de Dios manifestarán una marcada diferencia en su opinión y aplicación de la Palabra comparados con los que no se han convertido y están todavía en el mundo. Esta es la verdad que Juan busca establecer frente a nosotros.

UNA CONFESIÓN VACÍA

Luego, Juan vuelca su atención en exponer a los que se identifican a sí mismos con el cristianismo, pero no tienen razón para tal seguridad. Nuevamente, la osadía de Juan es un poco abrumadora para el oído moderno que se ha acostumbrado a un discurso con más labia. Sin

---

[18] Matthew Henry, *Commentary on the Whole Bible* (Nueva York: Fleming H. Revell, s.f.), 6:1066.

embargo, él fue guiado a escribir estas palabras y su amor es incuestionable. Él escribe: "El que dice: 'Yo lo conozco', y no obedece Sus mandamientos, es un mentiroso, y no hay verdad en él" (1Jn 2:4).

Si creemos que las palabras de Juan son demasiado duras o severas, deberíamos al menos reconocer que su lenguaje es común en el Antiguo y el Nuevo Testamento. Jesús expone a los falsos convertidos con un lenguaje aún más duro cuando los llama "obreros de la maldad" (Mt 7:23). El apóstol Pablo los denuncia como aquellos que profesan conocer a Dios, pero cuyas obras lo niegan. Él incluso los reprende como "odiosos y rebeldes, reprobables en cuanto a toda buena obra" (Tit 1:16). Santiago, el medio hermano del Señor, se refiere a su carácter y a sus obras como peores que los demonios, pues al menos los demonios tienen el sentido de temblar.[19] Pero estos que confiesan a Cristo, pero lo ignoran a Él y a Sus mandamientos, lo hacen sin temor de repercusiones temporales o eternas. Ellos con confianza declaran: "Yo lo conozco" y luego con firmeza defienden su relación contra toda evidencia de lo contrario. Se sienten gravemente ofendidos, con el corazón destrozado e incluso llenos de ira a la menor sugerencia de que ellos no conocen al Señor o que Él no los conoce a ellos. Por tanto, aquellos que sugieren esto harían bien en considerar la advertencia del Señor: "No den ustedes lo santo a los perros, ni echen sus perlas delante de los cerdos, no sea que las pisoteen, y se vuelvan contra ustedes y los despedacen" (Mt 7:6).

Hay dos razones para esta obstinación ante esta abrumadora evidencia. La primera descansa en la naturaleza humana. El corazón no regenerado está lleno de orgullo y toda mala intención.[20] Sin embargo, le gusta vestirse con una delgada apariencia de religión y piedad. La más ligera estocada de la espada que atraviesa esa delgada apariencia de santidad fingida, y el verdadero carácter del falso convertido le ataca como una avalancha o un lobo feroz. La segunda razón para lo que parece un muro impenetrable alrededor del engaño del falso convertido es la predicación a la cual ellos se han expuesto. En vez de advertir a la congregación que se prepare para su encuentro con Dios para asegurar su llamado y elección y para que se prueben a sí mismos si están en la fe, el púlpito moderno parece arrullarlos en un sueño peligroso al declararles: "¡Paz, paz! ¡Pero no hay paz!".[21] Muchos predicadores están

---

[19] Santiago 2:19.   [20] Génesis 6:5; Marcos 7:21-23.
[21] Jeremías 6:14; Amós 4:12; 2 Corintios 13:5; 2 Pedro 1:10.

construyendo sus ministerios sobre los huesos secos de los miembros no convertidos de la iglesia, recubren sus débiles paredes con la cal del mercadeo creativo —el entretenimiento— y han quebrado las cisternas diseñadas para satisfacer las necesidades de la gente moribunda que necesita el evangelio.[22] Cuando la lluvia torrencial y el viento tempestuoso del juicio de Dios vengan contra ellos, su pared caerá y los restos de esta serán olvidados.[23] El predicador será salvo, pero solo como por fuego. Su obra será consumida.[24]

Aquellos que profesan la fe en Cristo, pero no tienen nada que ver con Sus mandamientos deberían estar muy preocupados. Aquellos que con firmeza protestan que de verdad aman a Dios, pero no lo demuestran con sus acciones, debe mostrárseles que la Escritura no reconoce tal amor, sino que lo denuncia como un balbuceo sin sentido.[25] Asimismo, aquellos que afirman que tienen el manto de profeta deben despertarlos para que se levanten de los muertos. Entonces Cristo de verdad alumbrará sobre ellos.[26]

NUESTRA SEGURIDAD Y LOS MANDAMIENTOS DE DIOS

La voz de Juan ha sido clara en esta tercera prueba de la fe que ha puesto delante de nosotros: "Con esto podemos saber que lo conocemos: si obedecemos Sus mandamientos" (1Jn 2:3). ¿Esto fortalece o debilita nuestra seguridad de la salvación? Si nuestra relación con los mandamientos de Dios fuera comparada a la de un no creyente, ¿reconoceríamos alguna diferencia real u observable? ¿Cómo describiríamos nuestra relación con la voluntad de Dios como se revela en Su Palabra? ¿Estudiamos la Palabra de Dios para mostrarnos a nosotros mismos aprobados?[27] ¿Somos hacedores de la Palabra, o solo oidores que nos engañamos a nosotros mismos?[28]

En síntesis, podemos enunciar las siguientes cosas sobre la persona que realmente se ha convertido. Primero, debemos confirmar su debilidad. Incluso el santo más maduro debe a menudo luchar contra las distracciones de este mundo y la apatía en su corazón hacia la Palabra de Dios. Todo cristiano ha lamentado su demasiada frecuente indiferencia a la Palabra de Dios y a las violaciones a Sus mandamientos. Sin

---

[22] Jeremías 2:13; 14:3; Ezequiel 13:10-11.   [23] Jeremías 9:11-14; Ezequiel 13:10-16.   [24] 1 Corintios 3:15.   [25] 1 Juan 2:5, 15.   [26] Efesios 5:14.   [27] 2 Timoteo 2:15.   [28] Santiago 1:22.

embargo, esta lamentación y este arrepentimiento proveen fuerte evidencia de la conversión. El no regenerado no tiene estas preocupaciones.

Segundo, pese a las debilidades reales del verdadero creyente habrá notables diferencias entre su relación con los mandamientos de Dios y la relación del no convertido. El cristiano crecerá en su alegría en los mandamientos de Dios y avanzará en la aplicación de ellos en obediencia. Aunque su avance a menudo sea tres pasos hacia adelante y dos hacia atrás, avanzará. Aunque haya tiempos de poda y disciplina divina, habrá victoria y fruto. Durante toda la vida del creyente y a través de la obra continua y de santificación de Dios, su actitud y su conducta reflejarán una sumisión cada vez mayor a la voluntad de Dios revelada en Sus mandamientos.

Tercero, la tristeza del creyente por la desobediencia se incrementará con su deseo de obedecer. Conforme el creyente crece en su comprensión sobre la dignidad de Dios y sobre su aprecio por la Palabra de Dios, él experimentará gran pesar por cualquier forma de desobediencia en su vida. Sin embargo, este pesar no conducirá a la desesperación porque su peregrinaje terrenal ha puesto de manifiesto la fidelidad de Dios, y él sabe por experiencia que un corazón quebrantado y contrito Él "no desprecia" (Sal 51:17).

Si podemos identificarnos con las cosas que Juan establece referente a la nueva y única relación del cristiano con los mandamientos de Dios, entonces tenemos un mayor motivo para la seguridad de la salvación. Sin embargo, si nuestra relación distante o inexistente con los mandamientos de Dios ha sido expuesta, entonces tenemos motivos de gran preocupación. Debemos clamar a Dios y examinar nuestra vida teniendo en cuenta Su Palabra. Un corazón contrito y humillado Dios no lo despreciará; nadie que venga a Él será echado fuera,[29] y "todo el que invoque el nombre del Señor será salvo" (Ro 10:13).

---

[29] Juan 6:37.

CAPÍTULO SEIS

Imitando a Cristo

El amor de Dios se ha perfeccionado verdaderamente en el que obedece Su palabra, y por esto sabemos que estamos en Él. El que dice que permanece en Él, debe andar como Él anduvo.

—1 Juan 2:5-6

Acabamos de considerar quizás la mayor evidencia de la conversión genuina: la obediencia persistente a los mandamientos de Dios. A la luz de su magnitud, podríamos con facilidad pasar por alto el significado de la prueba que sigue. Sin embargo, es de tal importancia que deberíamos prestarle atención absoluta. ¿Cómo sabemos que lo conocemos en una relación salvífica? La respuesta es tan poderosa como concisa. ¡Nosotros andamos como Él anduvo!

A primera vista, esta prueba podría llenarnos con dudas e incluso hacernos perder las esperanzas. Al fin y al cabo, ¿quién se atrevería a pensar, y mucho menos declarar, que ha vivido una vida igual a la de Cristo cuando caminó sobre la tierra? Con todo, una vez que hemos vencido nuestra mala comprensión inicial del texto, probará ser de tremenda consolación para todos, incluyendo al santo más débil.

LA VIDA QUE JESÚS VIVIÓ

Para comenzar nuestro estudio, será útil considerar con brevedad la vida extraordinaria que Jesús vivió durante Su peregrinación sobre la tierra. La Escritura afirma que el Hijo de Dios vino al mundo en una condición "semejante a la del hombre pecador".[1] Esto no significa que

---

[1] Literalmente, "en semejanza de carne de pecado" (Ro 8:3).

Cristo solo se parecía al hombre pecador, sino que Él real y verdaderamente asumió una naturaleza humana, pura y sin pecado, pero sujeta a las mismas limitaciones, fragilidades, aflicciones y angustias de la humanidad caída. William Hendriksen lo explica así: "Él tomó la naturaleza humana no como provino originalmente de la mano del Creador, sino debilitada por el pecado, aunque permaneció sin pecado".[2]

Habría sido una humillación incomprensible si el Hijo de Dios hubiera asumido la naturaleza de la humanidad cuando esta estaba en la plenitud de su gloria y su fuerza antes de la Caída. Sin embargo, Él fue enviado en la semejanza de hombre y tomó sobre Sí una naturaleza que estuvo expuesta a todas las terribles consecuencias de nuestra caída. Él conoció nuestra debilidad, sufrió nuestra humillación y fue tentado en todas las cosas como nosotros, aunque sin pecado.[3] Él permaneció "santo, inocente, sin mancha" (Heb 7:26).

Para entender la magnitud de esta verdad, es provechoso hacer una comparación entre los santos más grandes y piadosos que alguna vez anduvieron sobre el planeta y la persona única de Jesucristo. Nunca hubo un momento en la vida de alguien, ni siquiera en la vida del apóstol Pablo, en el que amara a Dios como Él merece ser amado. Él nunca hizo una obra para Dios en que pudiera afirmar que lo hacía para la gloria de Dios exclusiva y enteramente, sin motivaciones conflictivas. Pero sabemos que Cristo nunca tuvo un momento en Su vida en que no amara al Señor Su Dios con todo Su corazón, mente, alma y fuerza.[4] Cada obra que realizó la llevó a cabo con la perfecta motivación de glorificar solo a Dios. Si comió, bebió o hizo incluso la más insignificante de las tareas, lo hizo todo para la gloria de Dios.[5]

La perfección libre de pecado de Jesús fue tan extraordinaria e irrefutable que, sin la menor vacilación, Él dio testimonio de Su propia perfección, incluso ante Sus enemigos. ¿Quién de nosotros se pararía ante sus más ardientes oponentes y presentaría el desafío: "¿Quién de ustedes puede acusarme de haber pecado?" (Jn 8:46)? ¿Quién de nosotros sería lo bastante audaz para presentarse ante las autoridades religiosas de nuestra época y declarar: "... Yo hago siempre lo que a Él le agrada" (Jn 8:29)? No obstante, este fue el testimonio de Cristo sobre Sí mismo, pero Él no era el único que opinaba así. El Padre dio testimonio de la

---

[2] William Hendriksen, *New Testament Commentary: Exposition of Paul´s Epistle to the Romans* (Grand Rapids: Baker, 1980), 247. [3] 2 Corintios 5:21; Hebreos 4:15. [4] Marcos 12:30. [5] 1 Corintios 10:31.

obediencia perfecta de Cristo: "… Éste es Mi Hijo amado, en quien me complazco" (Mt 3:17; 17:5).

Dondequiera que miremos en el Nuevo Testamento, encontramos el testimonio de la vida impecable de Jesucristo. Incluso los enemigos de Cristo reconocen esta verdad. Poco después de que Judas traicionara a Jesús, él fue lleno con remordimiento y clamó: "… he pecado al entregar sangre inocente…" (Mt 27:4). Antes de que Pilato diera su terrible veredicto, su esposa le advirtió: "… no tengas nada que ver con ese justo, pues por causa de Él hoy he tenido un sueño terrible" (Mt 27:19). Incluso en medio de su pusilánime pasividad, que llevó a la ejecución de Cristo, este despiadado y egoísta oficial romano fue movido a confesar: "… no encuentro delito alguno en este hombre" (Lc 23:4). Finalmente, la crucifixión de Cristo llega a su fin con la confesión del endurecido centurión romano que elevó su voz en alabanza a Dios y declaró: "Realmente, este hombre era justo" (Lc 23:47).

El Nuevo Testamento da testimonio no solo de la vida sin pecado de Cristo, sino también de Su justicia favorable. Él predicó el evangelio al pobre, proclamó la libertad a los cautivos, dio vista a los ciegos y puso en libertad a los oprimidos.[6] Cuando Él abrió Su boca para enseñar, la gente respondió con asombro ante Su autoridad.[7] Cuando la gente estaba hambrienta, Él multiplicó unos pocos panes y pescados para alimentar a miles.[8] Él liberó a los endemoniados con una palabra, limpió a los leprosos, sanó a los enfermos y levantó a los muertos.[9] No sin razón la gente estaba totalmente sorprendida por Él y dio testimonio al declarar: "… todo lo hace bien" (Mr 7:37).

¿CÓMO PODEMOS COMPARARNOS?

Teniendo en cuenta la vida impecable de Jesucristo y las obras gloriosas que realizó: ser obediente hasta la muerte, incluso muerte de cruz,[10] podríamos cuestionar la imparcialidad o la sensatez de la demanda de Juan: "El que dice que permanece en Él, debe andar como Él anduvo" (2:6). ¿Por qué este apóstol amado coloca sobre nosotros una carga tan pesada que ni él ni los otros apóstoles pudieron llevar?[11] ¿Cómo puede incluso el santo más piadoso poseer una sólida seguridad de la salvación con

[6] Lucas 4:18. [7] Mateo 7:28-29. [8] Mateo 14:16-21. [9] Mateo 8:2-3, 16; Juan 11:43-44.
[10] Filipenses 2:8. [11] Mateo 23:4.

semejante estándar puesto delante de él? Sería más fácil cumplir los tediosos requerimientos de los fariseos o incluso satisfacer las extenuantes demandas de la misma ley que emular la vida perfecta de nuestro Señor.

Sin embargo, antes de sucumbir ante la desesperación y de relegarnos a la perdición eterna, deberíamos una vez más recordar el contexto en el cual Juan está escribiendo. Él no está pidiendo que se alcance algún nivel imposible de perfección, sino que nos está animando a examinar la inclinación de nuestras vidas. ¿Estamos todavía viviendo "de acuerdo a la corriente de este mundo" (Ef 2:1-3)? O, a través de la obra de santificación del Espíritu, ¿estamos aprendiendo a vivir como vivió Cristo? ¿Es reconocida o resulta falsa nuestra afirmación de que somos discípulos de Cristo por causa de nuestras actitudes, acciones y palabras? ¿Nuestra conducta diaria manifiesta más de Cristo y menos del mundo? ¿Nos duele de manera profunda cuando observamos la enorme brecha que aún queda entre el carácter de Cristo y el nuestro? ¿Anhelamos ser como Cristo?

Pensemos en un niño que ama y admira a su hermano mayor y procura imitarlo en todo. Aunque sus facciones son las de un niño, un examen detenido de su cara y de sus gestos revelarán cierta semejanza con su hermano mayor, que demuestra su parentesco. Una mañana de invierno, el hermano mayor se propone hacer sus tareas diarias en la granja, y su hermano menor lo sigue de cerca. El hermano mayor es alto y tiene una zancada larga y segura. Sus huellas en la nieve revelan una fuerza y un balance que superan a las del niño. Con todo, sin dejarse intimidar por el aparente inalcanzable desafío e impulsado por una pasión de ser como su hermano mayor, el niño alarga su paso para pararse sobre las huellas que ha dejado su hermano. Después de unos pocos pobres intentos, se hace evidente para el niño y para cualquier observador que la zancada del hermano mayor va más allá que la del hermano más joven. Aunque él fija sus ojos en el camino marcado delante de sí, aunque se prepara para la tarea con la más absoluta resolución, aunque se esfuerza al punto del agotamiento, el resultado es inferior al deseado, incluso cómico. Sin embargo, pese a la incapacidad de igualar la zancada de su hermano, la perseverancia del niño demuestra la sinceridad de la devoción que profesa por su hermano. Pese a su frecuente fracaso, es claro para cualquier observador honesto que la inclinación del corazón y la voluntad del niño es ser como su hermano mayor y andar como él anduvo.

Según las Escrituras, Cristo no es solo nuestro profeta, sacerdote y rey, sino además nuestro hermano mayor;[12] y el camino que Él anduvo provee dirección y modelo para nuestras vidas. El apóstol Pablo escribe que fuimos "… [predestinados] para [ser] hechos conforme a la imagen" de Cristo, para que Él "*sea el primogénito entre muchos hermanos*" (Ro 8:29). Asimismo, nos exhorta a ser imitadores de él como él era de Cristo.[13] El apóstol Pedro dice a los creyentes, en un contexto de sufrimiento, que Cristo les ha dejado ejemplo para que *sigan Sus pasos*.[14] Por último, el autor de Hebreos nos advierte que nos "…[liberemos] de todo peso y del pecado que nos asedia, y corramos con paciencia la carrera que tenemos por delante. Fijemos la mirada en Jesús, el autor y consumador de la fe, quien por el gozo que le esperaba sufrió la cruz y menospreció el oprobio, y se sentó a la derecha del trono de Dios" (Heb 12:1-2).

Teniendo en cuenta estos textos, no debería parecernos inusual que Juan ha hecho de "andar como él anduvo" una prueba de la genuina conversión. Al fin y al cabo, ¿qué es un discípulo sino alguien que trata de llegar a ser como su maestro en todas las cosas?[15] Él se ha dedicado no solo a aprender las enseñanzas de su maestro, sino también a imitar su modo de vida. Él es un estudiante que está aprendiendo a andar como su maestro anduvo.

En la mayoría de los casos, la culminación de esta relación maestro/discípulo ocurre cuando el discípulo llega ser como su maestro y se para junto a él como un igual. Sin embargo, en el cristianismo, la relación maestro/discípulo nunca culmina. Nunca nos graduamos al nivel de nuestro Maestro. Siempre somos estudiantes. Por eso Jesús advirtió a Sus discípulos: "Pero ustedes no busquen que los llamen 'Rabí', porque solo uno es el Maestro de ustedes, y ese es el Cristo; y todos ustedes son hermanos" (Mt 23:8).

El cristiano más parecido a Cristo siempre será un estudiante que aún no ha sido totalmente conformado a Su perfección. El más maduro todavía está aprendiendo a andar como Cristo anduvo. El santo más santificado siempre se verá a sí mismo como el hermano menor que trata de igualar la zancada de su hermano mayor, pero nunca puede lograrlo. Incluso la vida del cristiano más consistente es una en que sin cesar va más allá de la zancada normal; por eso, se caracteriza por

---

[12] Hebreos 2:11-12.   [13] 1 Corintios 11:1.   [14] 1 Pedro 2:21.   [15] Mateo 10:24-25.

imperfecciones y torpezas. Incluso durante nuestros momentos en que nos parecemos más a Cristo, nuestra semejanza a nuestro hermano mayor es mínima y sin desarrollar. Independientemente del avance que hayamos hecho en la carrera por alcanzarlo queda una vasta distancia. Por eso, el creyente maduro es consciente de que siempre habrá mucho terreno que cubrir antes de que gane el premio. El apóstol Pablo establece esta verdad con sorprendente claridad en su carta a la iglesia en Filipos:

> No es que ya lo haya alcanzado, ni que ya sea perfecto, sino que sigo adelante, por ver si logro alcanzar aquello para lo cual fui también alcanzado por Cristo Jesús. Hermanos, yo mismo no pretendo haberlo alcanzado ya; pero una cosa sí hago: me olvido ciertamente de lo que ha quedado atrás, y me extiendo hacia lo que está adelante; ¡prosigo a la meta, al premio del supremo llamamiento de Dios en Cristo Jesús! (Fil 3:12-14).

El gran apóstol Pablo nunca hizo un reclamo de perfección. Nunca pretendió andar como Cristo anduvo. Sin embargo, demostró en su vida una pasión real y observable por ser como Cristo, "siguió adelante" hacia la meta, y avanzó al punto de poder decir a sus compañeros creyentes: "Imítenme a mí, así como yo imito a Cristo" (1Co 11:1).

Este balance en la comprensión de Pablo sobre la santificación nos ayuda a acercarnos a esta cuarta prueba con un mismo balance bíblico. Juan no está enseñando que debemos alcanzar la perfección antes de que podamos dar por sentada la seguridad de la salvación. Él no está diciendo que los creyentes no pueden tener seguridad, excepto aquellos que son "completamente santificados". No obstante, Juan no da seguridad a aquellos que aceptan que no viven conforme a Cristo, ni dan evidencia práctica y observable del esfuerzo genuino por conformarse a Él, ni establecen un progreso identificable hacia la meta de aprender a vivir como Él vivió.

EXAMINANDO NUESTRO ANDAR

Habiendo comprendido correctamente esta cuarta prueba, debemos examinarnos a la luz de esto. ¿Vivimos como Cristo vivió? ¿Cuál es la meta y la inclinación de nuestras vidas? ¿Nuestra manera de vivir refleja una pasión real por ser como Cristo? En la medida que podemos responder sí, podemos estar seguros de que una genuina obra de conversión se ha realizado en nuestras vidas y que el que comenzó una buena obra la está perfeccionando. Nosotros solo deberíamos continuar demostrando nuestra confesión de fe con nuestra conducta y crecimiento en conformidad con el modelo que Cristo nos ha dejado. Cada día que persistimos solo servirá para fortalecer la seguridad que poseemos.

Sin embargo, en la medida en que las inclinaciones y aspiraciones de nuestras vidas tengan una semejanza extraordinaria con las del mundo incrédulo, deberíamos preocuparnos. Si compartimos las mismas metas con el mundo, y si nuestros pensamientos, tiempo, y recursos se emplean en las ocupaciones de esta época, tenemos razones para temer. Si admiramos lo que el mundo admira y pretendemos imitar sus maneras, deberíamos cuestionar la genuinidad de nuestra conversión. Si después de examinarnos nos encontramos deficientes, no deberíamos permanecer indiferentes ni entregarnos a una desesperación paralizante, sino procurar corregir lo deficiente con la mayor urgencia. Sin embargo, debemos reconocer que la Escritura no ofrece una fórmula ni un programa "paso por paso" para enmendar nuestra dañada seguridad; más bien, ella nos exhorta a buscar al Señor en Su Palabra y en oración hasta que Él nos dé paz. También debemos recordar que el Señor confirmará esa paz y probará que es cierta al colocarnos en el camino de la justicia y enseñarnos a vivir como Él vivió. Todas nuestras confesiones de fe y sentimientos subjetivos de seguridad son válidos solo en la medida en que se demuestran a sí mismos con las evidencias prácticas y observables de una vida cambiada y que está cambiando.

CAPÍTULO SIETE

Amando a los cristianos

---

*Hermanos, no les escribo un mandamiento nuevo, sino el mandamiento
antiguo que ustedes han tenido desde el principio; este mandamiento
antiguo es la palabra que han oído desde el principio. Sin embargo, les
escribo un mandamiento nuevo, que es verdadero en él y en ustedes,
porque las tinieblas se van desvaneciendo, y la luz verdadera ya
alumbra. El que dice que está en la luz, y aborrece a su hermano, está
todavía en tinieblas. El que ama a su hermano, permanece en la luz,
y en él no hay tropiezo. Pero el que aborrece a su hermano está en
tinieblas, y anda en tinieblas, y no sabe a dónde va, porque las tinieblas
le han cegado los ojos.*

—1 Juan 2:7-11

El amor por el pueblo de Dios es un tema recurrente en el Antiguo y el
Nuevo Testamento. Por tanto, no es sorprendente que Juan lo presente
como una prueba de la verdadera conversión. En pocas palabras, el que
demuestra un amor real y duradero por su hermano en Cristo y por la
iglesia da una evidencia poderosa de la conversión. Sin embargo, el que
declara a Cristo pero no ama a su hermano tiene pocos motivos para
jactarse.

UN MANDAMIENTO ANTIGUO

Juan introduce esta quinta prueba de la fe salvífica al afirmar una verdad fundamental: el mandamiento de Dios de amar a nuestro hermano
ha sido un tema central de Su voluntad manifiesta desde el principio
de Su revelación divina. Puesto que "Dios es amor" (1Jn 4:8), y Él ha

amado a Su pueblo desde el principio,[1] no es sorpresa que desde el principio ha ordenado que se amen uno al otro. El mandamiento de amar al hermano no es algo que apareció en el Nuevo Testamento o incluso en las enseñanzas de Cristo, sino que estuvo implícito en las primeras narrativas del Antiguo Testamento[2] y revelado con claridad en la ley mosaica, demostrado por este mandamiento en Levítico 19:18: "No te vengues, ni guardes rencor contra los hijos de tu pueblo. Ama a tu prójimo como a ti mismo. Yo soy el Señor".

En este mandamiento descubrimos tres verdades importantes sobre el deber antiguo de amar. La primera verdad es que la ley para amar es una expresión de quien Dios es. En otras palabras, el mandamiento divino está arraigado en el carácter divino y brota de él. Al principio de Levítico 19:2, Dios manda al pueblo de Israel que sea santo porque Él es santo. Les manda a amarse porque Él, su Señor, es amor. John Gill escribe:

> [El amor era] una parte de la ley eterna de la verdad, basada en la naturaleza inalterable y voluntad eterna de Dios, quien es el amor mismo, y lo requiere de todas Sus criaturas; [el amor] fue escrito en el corazón de Adán en su condición de inocencia, y era una parte de la imagen divina estampada en él; y [amor] es lo que fue entregado en la ley de Moisés, pues amar a Dios y a los hombres es la suma y la sustancia de ella.[3]

La segunda verdad que aprendemos es que el amor que el israelita debía mostrar a su hermano no solo era emocional o algo solo sobre lo cual hablar, sino real y práctico. Según la ley, los israelitas debían amarse al no tomar venganza o guardar rencor, asesinar, robar, cometer adulterio, dar falso testimonio, o hacer cualquier cosa que pudiera perjudicar el bienestar de su hermano.[4] Aunque el amor por el hermano, sin duda, implica nuestras emociones, es en primer lugar un asunto de la voluntad, que se manifiesta en acciones correctas y desinteresadas.

La tercera verdad que aprendemos es que el amor por nuestro prójimo es un mandamiento viejo, un camino antiguo que recorre todo el

---

[1] Jeremías 31:3.   [2] Consideremos la visión negativa sobre la falta de amor de Caín por Abel (Gn 4:1-15) y la crueldad de Lamec (Gn 4:23). Vemos la visión positiva de la Escritura sobre el amor de José por sus hermanos (Gn 45:1-15).   [3] John Gill, *Exposition of the Old and New Testaments* (Paris, Ark.: Baptist Standard Bearer, 1989), 9:625.   [4] Éxodo 20:13-16; Levítico 19:18.

Antiguo Testamento.[5] Dios siempre ha sido amor, y el amor siempre ha sido Su supremo mandamiento. La piedad verdadera se ha manifestado siempre en amor por Dios y Su pueblo escogido. Pensar en uno sin el otro es algo imposible, una contradicción insostenible de la peor clase.

UN MANDAMIENTO NUEVO

Si amar a nuestro hermano es un mandamiento antiguo, entonces ¿por qué Juan dice que también es nuevo? Ya hemos demostrado que el amor es un eterno atributo del Dios inmutable y un mandamiento dominante que está presente en todo el Antiguo Testamento. ¿Cómo entonces puede ser antiguo y nuevo?

Debemos darnos cuenta que Juan no se contradice a sí mismo dentro del mismo versículo, sino más bien él está usando estas declaraciones aparentemente contradictorias para elaborar una hermosa presentación de una mayor revelación del nuevo pacto de la gloria de Dios. Dios siempre ha revelado Su amor hacia la humanidad desde el principio. Sin embargo, la revelación de Su amor a través de la persona y la obra de Cristo supera cualquier revelación previa, por lo que parece enteramente nuevo. Sin quitar nada de lo que se dio a conocer sobre el amor de Dios bajo el viejo pacto, podemos correctamente afirmar que fue poca cosa comparada con la revelación de Su amor a través de la encarnación de Su Hijo.[6] Asimismo, podemos decir que el amor que se manda, se expone y se demuestra en la enseñanza y vida sacrificial de Cristo supera las demandas del Antiguo Testamento, por lo que parece enteramente nuevo. El estándar del amor en el nuevo pacto no es solo definido por proposiciones y preceptos, sino por el ejemplo de Jesucristo. Su amor hacia Su pueblo es ahora la referencia para el creyente. Su amor ahora define cuál es la anchura, la longitud, la profundidad y la altura en que el pueblo de Dios debe amarse. La verdadera esencia y completa revelación del mandamiento de amar se ha expuesto perfectamente en la persona de Cristo. Por eso Jesús enseñó a Sus discípulos: "Un mandamiento nuevo les doy: Que se amen unos a otros. Así como Yo los he amado, ámense también ustedes unos a otros" (Jn 13:34).

---

[5] Jeremías 6:16; 18:15.   [6] No pretendo minimizar la revelación de Dios bajo el viejo pacto, sino más bien magnificarla en la persona de Cristo. En comparación con Él, todas las cosas son una sombra (Col. 2:17).

Bajo el viejo pacto, los israelitas demostraron amor al obedecer las leyes que protegían a los demás israelitas y al participar en un número de actos de caridad y generosidad.[7] Sin embargo, bajo el nuevo pacto, el pueblo de Dios está llamado a amar como Cristo amó, y a entregar sus vidas para el beneficio y el bienestar de los demás. Juan explica plenamente esta verdad más adelante en esta epístola:

> En esto hemos conocido el amor: en que Él dio Su vida por nosotros. Así también nosotros debemos dar nuestra vida por los hermanos. Pero ¿cómo puede habitar el amor de Dios en aquel que tiene bienes de este mundo y ve a su hermano pasar necesidad, y le cierra su corazón? Hijitos míos, no amemos de palabra ni de lengua, sino de hecho y en verdad. Y en esto sabemos que somos de la verdad, y aseguraremos nuestro corazón delante de Él (1Jn 3:16-19).

Queda claro en estos versículos que el amor genuino no se queda en el ámbito de los sentimientos o de las palabras, sino que se manifiesta en acciones prácticas y discernibles. El tipo de amor que produce la verdadera conversión, que es la evidencia de esta, no puede confinarse a sentimientos arrebatados, a lenguaje llamativo y elocuente o incluso a la mejor de las intenciones. Debe ir más allá de las palabras y expresarse en obra y en verdad. El amor que Cristo exige y del cual escribe Juan requiere de acciones. Por eso, encuentra su expresión más auténtica cuando vivimos continuamente para el beneficio de otros, en el cuerpo de Cristo, al hacer morir cada día nuestro yo y al hacer obras prácticas de servicio, según nuestros dones y las oportunidades que la providencia provee. Sin duda, este tipo de amor requiere que entremos en una relación real con el pueblo de Dios, que nos propongamos conocer sus necesidades, y que busquemos activamente oportunidades para servirlo. Por eso, sería difícil, si no imposible, que este tipo de amor se manifieste de modo consistente en una comunidad que solo se reúne una vez a la semana durante los domingos por la mañana. Este tipo de amor debe comenzar en medio de las relaciones individuales dentro de un cuerpo local y luego abrirse camino hacia los creyentes y comunidades de creyentes en todo el mundo.

---

[7] Los israelitas demostraron amor al dejar una porción de la siega en el campo (Lv 19:9-10), prestar sin usura (Éx 22:25), abrir su mano al pobre (Dt 15:7); defender al huérfano y a la viuda (Is1:17).

LA EVIDENCIA DE LA CONVERSIÓN

En esta epístola Juan, de manera clara, afirma que una de las mayores evidencias de un nacido de nuevo (si no la mayor) es el amor hacia los hermanos y hacia la iglesia como un todo. Además, Juan también nos ha mostrado que el verdadero amor cristiano es amar como Jesús amó, entregar nuestras vidas para el beneficio de nuestros hermanos y hermanas en Cristo. La belleza de las palabras de Juan opaca las de los más grandes poetas; sin embargo, él no pretende que lo entendamos como un poeta. No pretende impresionar a sus lectores con la estética de su prosa, sino que espera ayudarlos a que tengan una seguridad sólida al determinar si poseen alguna de las evidencias o virtudes que acompañan a un verdadero hijo de Dios. En el discurso del aposento alto, Jesús dijo a Sus discípulos que todos los hombres sabrían si ellos eran cristianos por el amor de unos por los otros.[8] En 1 Juan 2, el apóstol está diciendo a los que afirman ser cristianos que ellos podrían tener seguridad personal de su salvación solo en la medida en que sus vidas se conformaran con la misma norma: el amor por los demás.

Somos salvos solo por gracia mediante la fe solamente, y todas las otras obras de amor hechas en mil vidas de piedad no nos justificarían ante el tribunal de Dios. Sin embargo, la obra de regeneración del Espíritu Santo, que produce en nosotros tanto el arrepentimiento como la fe salvífica, también producirá en nosotros un nuevo y creciente amor por el pueblo de Dios. Juan sostiene esta verdad a través de su epístola:

El que dice que está en la luz, y aborrece a su hermano, está todavía en tinieblas. El que ama a su hermano, permanece en la luz, y en él no hay tropiezo (2:9-10).

En esto se manifiestan los hijos de Dios, y los hijos del diablo: todo aquel que no hace justicia, ni ama a su hermano, tampoco es de Dios (3:10).

En esto sabemos que hemos pasado de la muerte a la vida: en que amamos a los hermanos. El que no ama a su hermano, permanece en la muerte (3:14).

---

[8] Juan 13:35.

Amados, amémonos unos a otros, porque el amor es de Dios. Todo aquel que ama, ha nacido de Dios y conoce a Dios. El que no ama, no ha conocido a Dios, porque Dios es amor (4:7-8).

Y nosotros hemos conocido y creído el amor que Dios tiene para con nosotros. Dios es amor; y el que permanece en amor, permanece en Dios, y Dios en él (4:16).

Si alguno dice: «Yo amo a Dios», pero odia a su hermano, es un mentiroso. Pues el que no ama a su hermano a quien ha visto, ¿cómo puede amar a Dios, a quien no ha visto? (4:20).

Todo aquel que cree que Jesús es el Cristo, ha nacido de Dios. Todo aquel que ama al que engendró, ama también al que ha sido engendrado por él (5:1).

La enseñanza del apóstol Juan es que el que no ama a sus hermanos es un hijo del diablo, no conoce a Dios y permanece en la muerte.[9] Sus palabras son valientes y firmes. Él no está invitando a un debate sobre este asunto, ni está dispuesto a discutir posibles excepciones. ¡El que no ama a los hermanos no conoce a Dios!

Es importante para nosotros entender que la valentía del lenguaje de Juan es del todo apropiada. Al fin y al cabo, él está tratando con un tema de vida y muerte eterna, y las almas de los hombres penden de un hilo. Además, las verdades que él está comunicando no se originan en él, ni fueron el resultado de alguna reciente revelación del Espíritu. Juan está enseñando las verdades que recibió directamente del Señor Jesucristo durante Su ministerio terrenal. Fue Jesús quien primero declaró que el amor fraternal es una de las grandes evidencias de la verdadera conversión. Esta verdad es poderosamente ilustrada en la descripción de Cristo sobre el juicio de las naciones en Mateo 25:31-46:

Cuando el Hijo del Hombre venga en Su gloria, y todos los santos ángeles con Él, se sentará en Su trono de gloria, y todas las naciones serán reunidas ante Él. Entonces Él apartará a los unos de los

---

[9] 1 Juan 3:10, 14; 4:7-8, 20.

otros, como aparta el pastor a las ovejas de los cabritos. Pondrá las ovejas a Su derecha, y los cabritos a Su izquierda, y entonces el Rey dirá a los de Su derecha: "Vengan, benditos de Mi Padre, y hereden el reino preparado para ustedes desde la fundación del mundo. Porque tuve hambre, y ustedes me dieron de comer; tuve sed, y me dieron de beber; fui forastero, y me recibieron; estuve desnudo, y me cubrieron; estuve enfermo, y me visitaron; estuve en la cárcel, y vinieron a visitarme". Entonces los justos le preguntarán: "Señor, ¿cuándo te vimos con hambre, y te dimos de comer; o con sed, y te dimos de beber? ¿Y cuándo te vimos forastero, y te recibimos; o desnudo, y te cubrimos? ¿Cuándo te vimos enfermo, o en la cárcel, y te visitamos?" Y el Rey les responderá: "De cierto les digo que todo lo que hicieron por uno de Mis hermanos más pequeños, por Mí lo hicieron". Entonces dirá también a los de la izquierda: "¡Apártense de Mí, malditos! ¡Vayan al fuego eterno, preparado para el diablo y sus ángeles! Porque tuve hambre, y no me dieron de comer; tuve sed, y no me dieron de beber; fui forastero, y no me recibieron; estuve desnudo, y no me cubrieron; estuve enfermo, y en la cárcel, y no me visitaron". Ellos, a su vez, le preguntarán: "Señor, ¿cuándo te vimos con hambre, o con sed, o forastero, desnudo, enfermo, o en la cárcel, y no te servimos?" Y Él les responderá: "De cierto les digo que todo lo que no hicieron por uno de estos más pequeños, tampoco por Mí lo hicieron". Entonces éstos irán al castigo eterno, y los justos irán a la vida eterna.

Muchos ministros y ministerios han usado este pasaje en Mateo para validar su llamado a alcanzar al mundo con obras prácticas de caridad y compasión. Se ha convertido en el texto fundamental de los ministerios en las prisiones, las organizaciones para el alivio del hambre, los equipos médicos, los bancos de ropa y muchos otros ministerios cristianos que buscan difundir el evangelio al atender las necesidades prácticas de un mundo perdido. Sin embargo, nos vendría bien algo de cautela al aplicar el texto en esta manera. Es erróneo usar un texto como pretexto,[10] incluso por una causa noble.

---

[10] Usamos un texto de la Escritura como un pretexto cuando lo usamos para justificar una creencia o un curso de acción que no se enseña en el texto.

Aunque es bueno y bíblico atender las necesidades físicas de otros en el esfuerzo de traerlos a Cristo, no es la intención del discurso de Cristo. Él no está enseñando que nuestra confesión de fe se valida o se demuestra verdadera por nuestra disposición a servir al mundo perdido y sufriente. En cambio, Él está enseñando que nosotros demostramos la realidad de nuestra confesión de fe por nuestra disposición a identificarnos con las necesidades de otros cristianos que sufren prisión, miseria y persecución por Su nombre y atenderlas. En este texto crucial, los que están hambrientos, sedientos, sin techo, desnudos, enfermos y en prisión no son personas perdidas que se encuentran en semejantes situaciones desesperadas por su pecado, sino que son creyentes que están sufriendo por motivo de una buena consciencia delante de Dios y de su lealtad a Cristo.[11] Ellos son hijos de Dios, hermanos de Cristo,[12] y se han identificado tan estrechamente con Él, a través de la fe, que bendecirlos o ignorarlos a ellos es como bendecir o ignorar Cristo.

Cuando entendemos el contexto de la enseñanza de Jesús, vemos que Él y Juan se refieren a la misma verdad: el amor desinteresado hacia los creyentes individuales y hacia la iglesia es una de las grandes evidencias del nuevo nacimiento. En Su discurso sobre el juicio final, Jesús declara que Sus ovejas son aquellas que aman a sus hermanos, incluso a un gran costo para sí mismas. Él las invita a heredar el reino de los cielos preparado para ellas antes de la fundación del mundo.[13] Por el contrario, Él condena a aquellas que demuestran su falta de amor por los hermanos al cerrar sus corazones y manos hacia ellos en su tiempo de mayor necesidad. Él las selecciona como cabras y las envía a la destrucción eterna.[14]

Para entender completamente la verdad que se comunica en este discurso, la siguiente ilustración puede ser útil. Imaginémonos un pequeño grupo de cristianos del siglo II reunido en secreto en unas catacumbas a las afueras de la ciudad. Cuando su reunión concluye, regresan a sus hogares, cada uno toma una ruta diferente para evitar sospechas. Todo parece tranquilo hasta el próximo día, cuando de repente llegan noticias a la pequeña congregación de que dos hermanos fueron capturados antes de que llegaran a sus hogares. Sin demora, se convoca a una reunión y se revela la ubicación exacta de los dos hermanos. Ellos

---

[11] 1 Pedro 2:19-20.   [12] Hebreos 2:11.   [13] Mateo 25:34.   [14] Mateo 25:41.

habían sido severamente golpeados y puestos en prisión sin alimento, agua ni tratamiento médico. Su condición es grave.

Teniendo en cuenta lo que han conocido, la pequeña congregación se enfrenta ahora con un dilema moral, una prueba del verdadero discipulado. Si no hacen nada, sus hermanos en Cristo sin duda perecerán (las prisiones en el siglo II no eran tan cómodas como las de hoy). Sin embargo, si ellos buscan a sus hermanos, se arriesgan a ser identificados y quizás a sufrir la misma suerte. Además, el alimento, el agua, la medicina y el vestuario que necesitan serán costosos, y la mayoría en la congregación son pobres trabajadores y esclavos.

Mientras discuten el asunto entre ellos, una pequeña división comienza a aparecer. La mayoría está lista para ir sin importar el costo. Ellos razonan que Cristo ha dado Su vida por ellos y que ellos deberían hacer lo mismo por sus hermanos.[15] Asimismo, ellos sostienen que no pueden decir que el amor de Dios permanece en ellos si cierran sus corazones a sus hermanos que están sufriendo por motivo del Nombre.[16] A pesar de la casi unanimidad, una pequeña minoría discrepa. En su opinión, una visita a la prisión sería un suicidio y no serviría para nada. Además, ellos sostienen que la reacción innecesaria de la mayoría es solo el resultado de un fervor poco realista y un fanatismo religioso peligroso que ha crecido en la iglesia por algún tiempo. La razón dicta que ellos deberían esperar hasta que las cosas se calmen un poco. Al fin y al cabo, la situación probablemente no es tan grave como parece.

Después de solo unos minutos más de discusión, la mayoría toma la decisión, junta los artículos necesarios y luego, en oración, envía unos representantes de la iglesia. Ellos visitan la prisión, vendan las heridas de sus hermanos, los visten y les dan agua y comida. La pequeña minoría que declinó participar en semejante esfuerzo innecesario e insensato eventualmente regresó al mundo o dejó la iglesia en busca de una comunión más razonable.

En el discurso de Jesús y en esta ilustración vemos que hay una separación de juicio anticipado de las ovejas y las cabras, de los convertidos y los no convertidos, en la misma congregación. La mayoría que escogió apoyar a sus hermanos presos demostró que de verdad nació de nuevo y que el amor de Dios permanece en ellos.[17] La minoría centrada

---

[15] 1 Juan 3:16. [16] 1 Juan 3:17. [17] 1 Juan 3:17.

en sí misma y que trataba de protegerse a sí misma demostró que su profesión de fe y su amor por los hermanos fue solo "de palabra y de lengua" y no "de hecho y en verdad" (1Jn 3:18).

Al igual que toda buena obra, nuestro amor por los hermanos no lleva a nuestra salvación, pero es el resultado de esta.

LA IMPOSIBILIDAD DEL AMOR

Una de las mayores pruebas de la conversión genuina es un amor sincero y eficaz por aquellos que pertenecen a Cristo y que llevan Su Nombre. Este amor no es solo poético o teórico, sino real y práctico. Es un amor que muere al *yo* y, si es necesario, arriesga todo por el bien del Nombre y por aquellos que llevan Su nombre. Este amor es evidencia de la regeneración y la verdadera conversión porque es una imposibilidad absoluta al margen de ellas.

La Escritura enseña que, antes de la conversión, un hombre no puede venir a Dios porque él ama lo malo, desprecia la justicia, y teme que sus malas obras sean expuestas.[18] Del mismo modo, el hombre caído no buscará tener comunión con un discípulo genuino de Cristo porque desprecia la rectitud de la vida de este, pues teme que al acercarse a la luz sea expuesta su maldad. Para demostrar este punto, el apóstol Juan se refiere a uno de los crímenes más infames en la Escritura: el asesinato de Abel por Caín, su hermano. Él enuncia su argumento al preguntar y contestar una simple pregunta retórica: "¿Y por qué lo mató? Porque sus obras eran malas, y las de su hermano eran justas" (1Jn 3:12).

Los hombres caídos aborrecen a un Dios justo y lo matarían si pudieran.[19] Por eso, ellos también aborrecen y son hostiles al pueblo recto de Dios. Este antagonismo no es un fenómeno excepcional; está entretejido en la esencia de este mundo caído. Desde el primer acto de desobediencia y la maldición resultante, ha habido una gran y permanente enemistad entre la descendencia de la serpiente (los hijos de desobediencia) y la descendencia de la mujer (los hijos de Dios).[20] Aunque la guerra culminó en la victoria del Mesías en el Calvario, la batalla continuará entre Su pueblo y el mundo hasta la consumación final. En su carta a las iglesias de Galacia, el apóstol Pablo ilustró esta guerra continua

---

[18] Juan 3:19-20.   [19] Salmo 2:1-3; Romanos 1:30.   [20] Génesis 3:15.

al recurrir a la historia y señalar a otros hermanos cuyo antagonismo es tristemente casi tan célebre como el que existió entre Caín y Abel. Él escribe: "Porque está escrito que Abraham tuvo dos hijos; uno de la esclava [Ismael] y el otro de la libre [Isaac]. El hijo de la esclava nació conforme a una decisión humana; pero el hijo de la libre nació conforme a la promesa... Pero como entonces el que había nacido según la carne perseguía al que había nacido según el Espíritu, así también sucede ahora" (Gá 4:22-23, 29).

La hostilidad de este mundo caído hacia los hijos de Dios es una verdad irrefutable de la Escritura y de la historia. Por eso, Juan exhorta a sus lectores a que no se sorprendan si el mundo los odia.[21] Debemos comprender como una realidad básica que "todos los que quieren vivir piadosamente en Cristo Jesús padecerán persecución" (2Ti 3:12). Jesús advirtió a Sus discípulos en el aposento alto antes de Su crucifixión: "Si el mundo los aborrece, sepan que a Mí me ha aborrecido antes que a ustedes. Si ustedes fueran del mundo, el mundo amaría lo suyo; pero el mundo los aborrece porque ustedes no son del mundo, aun cuando Yo los elegí del mundo" (Jn 15:18-19).

Cuando vemos en la Escritura la hostilidad del hombre caído hacia el pueblo de Dios, podemos entender con más claridad por qué el amor por los hermanos es una prueba tan importante de la conversión. El hombre natural no puede amar a Dios ni a Su pueblo. Por eso, cuando alguien ve que ama a Dios y a Su pueblo, que desea amarlos más y que se lamenta por su falta de amor hacia ellos, esto debería llevarlo a una mayor seguridad de su salvación. Cuando alguien que una vez rechazó al pueblo de Dios de pronto ve que comparte los mismos deseos con ellos y que anhela su comunión, este es un gran indicador que algo maravilloso ha ocurrido. El cambio es simplemente inexplicable aparte de la obra de regeneración del Espíritu Santo.

Como Juan lo ha señalado en toda su epístola, el cristiano amará al pueblo de Dios. Sin embargo, debemos entender que este amor por los hermanos, al igual que otros asuntos de la virtud cristiana, siempre tendrá necesidad de continuo crecimiento. Nuestro amor inicial por la iglesia, lo cual experimentamos en la conversión, fue un resultado de la obra de regeneración del Espíritu. Del mismo modo, el crecimiento

---

[21] 1 Juan 3:13.

continuo de nuestro amor será el resultado de la obra permanente de santificación en nosotros. Nosotros no sabemos que somos los hijos de Dios porque nuestro amor es perfecto, sino porque está siendo perfeccionado mediante la obra permanente de Dios. En 1 Juan 2:8, el apóstol afirma que el nuevo mandamiento de amar era verdadero en los cristianos a quienes les estaba escribiendo. Pero, al mismo tiempo, parece indicar que no estaba totalmente perfeccionado en ellos. Su amor no había llegado a la medida de la estatura de la plenitud de Cristo,[22] pero se estaba volviendo gradualmente más real en ellos. Las tinieblas de su vieja vida estaban desapareciendo, y ellos estaban siendo transformados por una creciente revelación del conocimiento de Dios en Cristo.

LA PRUEBA DEL AMOR

Ahora debemos examinar nuestras vidas teniendo en cuenta estas verdades. ¿Amamos al pueblo de Dios demostrando así la realidad de nuestra fe? ¿Es nuestro amor como emociones ocultas que no pueden comprobarse, o es nuestro amor demostrado a través de cosas prácticas, reales y discernibles como palabras, actitudes y acciones? Para ayudarnos a decidir dónde estamos parados en este asunto de suma importancia, las siguientes preguntas son útiles.

Primero, ¿qué compañía disfrutamos más? ¿Buscamos la comunión con otros creyentes y nos alegran las conversaciones sobre Cristo? ¿O preferimos la compañía del mundo y rara vez hablamos sobre las cosas de Dios? ¿Cuándo fue la última vez que nos reunimos con otros creyentes con la sola intención de pasar un tiempo con ellos y exaltar juntos a Cristo? Deberíamos ser cuidadosos cómo respondemos esta pregunta, teniendo en cuenta que mucho de lo que se llama comunión cristiana tiene poco que ver con Cristo.

Segundo, ¿nos identificamos públicamente con Cristo y con Su pueblo? ¿O nos sentimos avergonzados del escándalo que rodea a los que confiesan a Jesús como Señor y buscan vivir en sumisión a Su Palabra? ¿Nuestros amigos o compañeros nos identifican como uno de "esos cristianos"? ¿O estamos tan alineados con el mundo y tan conformados a su imagen que tal acusación en raras ocasiones (o nunca) sería hecha

---

[22] Efesios 4:13.

contra nosotros? ¿Estamos junto con el pueblo de Dios como un espectáculo para un mundo que se considera demasiado sofisticado para entregarse a nuestros delirios religiosos?[23] ¿O nos distanciamos de la iglesia como una persona se distanciaría de un familiar cercano de quien se siente avergonzado? ¿Podemos identificarnos con Moisés, quien "rehusó llamarse hijo de la hija del faraón, y prefirió ser maltratado junto con el pueblo de Dios, antes que gozar de los deleites temporales del pecado" (Heb 11:24-25)?

Tercero, aunque estamos conscientes de las muchas debilidades y fracasos morales de la iglesia, ¿estamos comprometidos con su perfeccionamiento? ¿O nos alineamos con el diablo y el mundo en su acusación contra ella?[24] Debemos recordar siempre que el diablo es el acusador de nuestros hermanos, y aquellos que están fuera de la iglesia con similares acusaciones están haciendo el trabajo de su padre el diablo.[25] Por el contrario, el verdadero creyente responde a los fracasos de sus hermanos con un amor que cubre una multitud de pecados y se da a sí mismo para su restauración y mejora.[26] Él no puede abandonar la iglesia o a los santos caídos, sin importar cuántas veces se extravíen. Él está impulsado por el amor de Dios a buscarlos, incluso como Oseas buscó a Gomer, y trabajar para su beneficio y futura gloria.[27]

Cuarto, ¿estamos comprometidos y contribuimos como miembros de una congregación local y visible de creyentes? Debemos recordar que la clase de amor de la cual está escribiendo Juan puede manifestarse solo en el contexto de las relaciones con otros creyentes dentro del cuerpo. ¿Estamos muriendo a nuestro *yo* y entregando nuestras vidas al servicio de otros cristianos? ¿Estamos trabajando para la edificación de la iglesia a través de nuestros dones espirituales? En pocas palabras, ¿qué hacemos de verdad para edificar a los hermanos y que así avance la causa de Cristo entre ellos?

Estas preguntas no pueden restringirse al clero, sino que son pertinentes para cada miembro del cuerpo de Cristo. Una de las evidencias de ser miembro del cuerpo es que nosotros somos útiles a él. Del mismo modo, una de las evidencias de ser un incrédulo es que somos inútiles

---

[23] 1 Corintios 4:9-13.   [24] El nombre "diablo" viene de la palabra griega diábolos, que puede traducirse "acusador". Se refiere a uno que es propenso a la calumnia y las falsas acusaciones.
[25] Juan 8:44; Apocalipsis 12:10.   [26] 1 Pedro 4:8.   [27] Oseas 3:1-3.

para cualquier buena obra.[28] El amor sin obras, tal y como la fe, está muerto.[29] Haríamos bien en recordar que las ovejas y las cabras fueron separadas por lo que hicieron y no hicieron por el pueblo de Dios.

En conclusión, el amor no es solo una buena cosa entre muchas, sino que es la cosa más excelente, triunfando incluso sobre la fe y la esperanza.[30] Por eso, no es inusual que Juan le diera un lugar eminente entre las otras pruebas de la conversión. Debemos considerar nuestra ortodoxia doctrinal contra el estándar de la Escritura y examinar nuestra piedad personal y vida devocional a la luz de ella. Sin embargo, sobre todas las cosas debemos probarnos a nosotros mismos en cuanto al amor. Esta virtud debe encontrarse en nosotros y manifestarse en nuestras obras antes de que nos atrevamos a asegurar a nuestros corazones que hemos llegado a conocerlo a Él, como Juan nos lo recuerda muchas veces:

> En esto sabemos que hemos pasado de la muerte a la vida: en que amamos a los hermanos. El que no ama a su hermano, permanece en la muerte (1Jn 3:14).

> Si alguno dice: «Yo amo a Dios», pero odia a su hermano, es un mentiroso. Pues el que no ama a su hermano a quien ha visto, ¿cómo puede amar a Dios, a quien no ha visto? (1Jn 4:20).

---

[28] Romanos 3:12.   [29] Santiago 2:17.   [30] 1 Corintios 12:31; 13:13.

CAPÍTULO OCHO

Rechazando al mundo

No amen al mundo, ni las cosas que están en el mundo. Si alguno ama al mundo, el amor del Padre no está en él. Porque todo lo que hay en el mundo, es decir, los deseos de la carne, los deseos de los ojos, y la vanagloria de la vida, no proviene del Padre, sino del mundo. El mundo y sus deseos pasan; pero el que hace la voluntad de Dios permanece para siempre.

—1 Juan 2:15-17

Hemos considerado varias de las principales evidencias de la vida cristiana: vivir en conformidad con la revelación de Dios, confesar el pecado, obedecer los mandamientos, imitar a Cristo y amar a nuestro hermano. En este capítulo, añadiremos una característica más a la lista: el rechazo constante y creciente del creyente hacia el mundo.

¿SE PUEDE SABER QUÉ ES EL *MUNDO*?

¿Qué es el mundo? ¿De qué consiste? La palabra "mundo" se traduce de la palabra griega *kósmos*. En el Nuevo Testamento, puede referirse al universo físico o a sus habitantes. Incluso puede usarse para hacer una distinción entre los judíos y el mundo de los gentiles.[1] Sin embargo, en este contexto y en muchos otros, la palabra *kósmos* conlleva una específica connotación negativa. Se refiere a todo en el ámbito de nuestra existencia humana contrario al conocimiento de Dios, opositor a Su voluntad y hostil a Su persona. Consiste de los ideales, las aspiraciones, las filosofías, las actitudes y la conducta de las grandes masas de la humanidad caída. Aunque se viste con la fina ropa del aprendizaje, la sofisticación y la

---

[1] Romanos 11:12.

piedad, al final, el mundo no es más que la suma de tres elementos viles: los deseos de la carne, los deseos de los ojos y la vanagloria de la vida.

LOS DESEOS DE LA CARNE

La palabra "deseo" viene de la palabra griega *epithumía*, que denota codicia, anhelo, pasión o ansias. La palabra no es necesariamente negativa, pero puede tomar una connotación negativa dependiendo del contexto. Definitivamente, Jesús de todo corazón *deseaba* comer la Pascua con Sus discípulos.[2] El apóstol Pablo tenía un gran *deseo* de ver el rostro de los tesalonicenses.[3] A la iglesia de Filipos, él le confesó su *deseo* de partir y estar con Cristo.[4] Aunque todos estos ejemplos positivos se traducen de la palabra *epithumía*, la palabra se emplea con más frecuencia en el Nuevo Testamento para denotar codicia o un fuerte deseo que está fuera del ámbito de la voluntad de Dios, sea en dirección o intensidad.[5] En Marcos, la palabra se usa para denotar un deseo desordenado por las cosas de este mundo que puede ahogar el progreso del evangelio y hacerlo infructuoso en la vida de la persona.[6] El apóstol Pablo usó la palabra para denotar el pecado de la codicia o tener un deseo contrario a la voluntad de Dios.[7] Pedro usó la palabra para denotar los deseos corruptos de los hombres carnales que desprecian la autoridad y viven en contra de Dios.[8]

La palabra "carne" viene de la palabra hebrea *basar* y la palabra griega *sárx*. Tiene una variedad de significados que dependen del contexto. Primero, puede denotar el cuerpo físico de un hombre: su carne, sangre y huesos.[9] Segundo, puede referirse a un hombre como una criatura débil y temporal, en particular en comparación con Dios, quien es Espíritu eterno y omnipotente.[10] Tercero, puede denotar la condición caída del hombre o la depravación moral de su naturaleza en su estado no regenerado. Esta tercera opción es el significado que Juan le da a la palabra en este texto.

De las tres cosas que más caracterizan a este mundo caído, la primera es *los deseos de la carne*. En general, el hombre caído y su cultura colectiva son llevados, motivados o impulsados por su voluntad de satisfacer las pasiones de sus corazones radicalmente depravados y moralmente

---

[2] Lucas 22:15.   [3] 1 Tesalonicenses 2:17.   [4] Filipenses 1:23.   [5] Un deseo puede ser contrario a la voluntad de Dios cuando está dirigido hacia un objeto prohibido, o incluso hacia un objeto permisible si la intensidad del deseo es igual o mayor al deseo que se debe tener por Dios.   [6] Marcos 4:19.
[7] Romanos 7:7-8.   [8] 2 Pedro 2:10.   [9] 2 Corintios 10:3; Gálatas 2:20; Filipenses 1:22.   [10] Isaías 31:3.

corruptos. Este es el crimen de todos los crímenes, la idolatría de la peor clase. Una criatura razonable debe tener un motivo para todo lo que hace. Cuanto más superior y noble es la criatura, más superiores y nobles son los motivos para sus acciones. El hombre, el pináculo de la creación de Dios, fue hecho a imagen de Dios y para Su gloria. Si come, bebe o realiza cualquier clase de tarea desde la más elevada hasta la más insignificante, debe hacerlo todo para la gloria y beneplácito de Dios.[11] En síntesis, el hombre debe amar a Dios y debe estar impulsado por una pasión por Él. Cada aliento y latido deben ser para la gloria de Dios; cada actividad y logro deben encontrar la finalidad en Su beneplácito.

Aunque el hombre fue hecho para el más elevado de los fines, la Escritura da testimonio que él ha pecado y ha quedado corto de la gloria de Dios;[12] él se ha deformado y dislocado a sí mismo. Él ya no está impulsado por los afectos sublimes hacia Dios, sino por las codicias parecidas a las de un animal y degradadas por su corazón moralmente corrupto. Como la Escritura lo ve, el hombre natural vive en la pasión de la carne y se entrega a sus deseos. Él es por naturaleza un hijo de ira.[13]

En esta primera característica del mundo, comenzamos a ver la diferencia entre los regenerados y los que permanecen en su estado caído. Aquí comenzamos a trazar una línea entre los hijos de Dios y aquellos que no lo conocen. La persona que continúa esclavizada e impulsada por los deseos pecaminosos de su carne aún no ha conocido a Dios, sin tener en cuenta su profesión de fe ni identificación que afirma tener con Cristo. Pero la persona que ha crucificado la carne con sus pasiones y deseos, y está viviendo en la libertad del Espíritu de Dios, tiene grandes razones para tener la esperanza de que se ha convertido en hijo de Dios.[14]

Es importante observar que no estamos diciendo que el verdadero cristiano caminará libre de la carne y sus deseos o que nunca lo vencerán. El apóstol Pablo señala con claridad que la guerra del creyente con la carne es tan real como intensa. En su carta a las iglesias en Galacia, él describe la batalla como épica: "Porque el deseo de la carne se opone al Espíritu, y el del Espíritu se opone a la carne; y éstos se oponen entre sí para que ustedes no hagan lo que quisieran hacer" (Gá 5:17).

La prueba de la conversión no es la ausencia de lucha contra la carne, sino lo opuesto. Una de las mayores evidencias de que alguien ha

---

[11] 1 Corintios 10:31.   [12] Romanos 3:23.   [13] Efesios 2:3.   [14] Gálatas 5:16, 24-25.

nacido de nuevo es que ha denunciado su amistad con la carne y le ha declarado la guerra sin intención de tregua. Debemos entender que hay poca evidencia de la salvación en el que vive en paz con el pecado, la carne y el mundo. La seguridad bíblica de la salvación no pertenece a quien está completamente entregado a su carne caída e impulsado por sus deseos corruptos. No hay prueba de la morada del Espíritu en el que vive a gusto en Sodoma, ha entrado a la liga del mundo o ha hecho amistad con su carne. No obstante, hay gran evidencia de salvación en el que está creciendo en su aborrecimiento hacia el pecado, ha aumentado la batalla contra su carne y cada día multiplica su desprecio por el mundo. El apóstol Pablo es un ejemplo apropiado de tal hombre. Él escribe:

> Y los que son de Cristo han crucificado la carne con sus pasiones y deseos... Pero lejos esté de mí el jactarme, a no ser en la cruz de nuestro Señor Jesucristo, por quien el mundo me es crucificado a mí, y yo al mundo (Gá 5:24; 6:14).

LOS DESEOS DE LOS OJOS

Juan vuelve a la segunda característica de la cual este mundo caído consiste: los deseos de los ojos. La mayoría de los comentaristas, antiguos y contemporáneos, coinciden que esta breve pero difícil frase se refiere a aquellos deseos pecaminosos que son activados y alimentados por lo que vemos. Es a través de los ojos que somos atraídos a codiciar las cosas que el amor y la justicia de Dios prohíben. Los ojos han sido una vía de tentación desde el principio. En el Edén, Eva vio que el árbol prohibido era "apetecible a los ojos"; por eso, ella sucumbió a la tentación del engañador (Gn 3:6). Acán "vio" y "codició" un hermoso manto, monedas de plata y un lingote de oro entre el botín prohibido. Los tomó y pagó el precio con su propia sangre y la de su familia (Jos 7:20-21, 24-26). El rey David "vio" la belleza de Betsabé, se apartó de la ley y la tomó (2S 11:2-5). El resultado fue un soldado asesinado, un infante muerto, un rey deshonrado y un reino dividido. Por último, Mateo nos dice que Satanás tomó a Cristo a un monte muy alto y le "mostró" todos los reinos del mundo y su gloria (Mt 4:8-10). Aunque esta antigua estrategia se desperdició en Cristo, que el tentador la usara demuestra que es un armamento frecuentemente usado en su arsenal.

Al considerar estos relatos podemos pensar que el pecado de estas personas estuvo en el hecho específico, pero en realidad estas pecaron mucho antes de que lo cometieran. Jesús enseñó que alguien puede violar el mandamiento contra el adulterio en su corazón aun si nunca hubiera realizado el hecho concreto. Previno que "...cualquiera que mira con deseos a una mujer, ya adulteró con ella en su corazón" (Mt 5:27-28). Para demostrar la gravedad del pecado en nuestros corazones, Jesús prosigue enseñando una hipérbole donde muestra que deberíamos preferir la automutilación antes que la condenación eterna, la cual resulta de un ojo caprichoso.[15] Por eso Job declaró que él había hecho un compromiso con sus ojos de no poner la mirada en ninguna doncella.[16] Y aunque el salmista quizá tenía la prohibición contra los ídolos, el principio es el mismo cuando él declaraba que no pondría ninguna cosa malvada frente a sus ojos.[17] Todas estas escrituras testifican lo que Spurgeon explicó con mucha claridad: "Lo que fascina al ojo es idóneo para ser admitido en el corazón, así como el fruto para Eva fue primero apetecible a su vista y luego prevaleció sobre su mente y su mano".[18]

Debido a la naturaleza radical de la corrupción del hombre caído, el corazón no regenerado está lleno de codicia por todo lo contrario a la ley justa de un Dios santo. Sin embargo, el fuego de la codicia se aviva cuando algo malo se pone a la vista y al alcance. Luego, para empeorar las cosas, el fuego de la codicia aumenta a incluso mayores alturas y poder cuando se le dice al corazón no regenerado que tal cosa está prohibida. Es un principio bíblico bien establecido que cuánto más declara Dios que algo está fuera de los límites, ¡más lo codicia el hombre caído![19]

En el sermón del monte, Jesús tomó de la literatura judía y se refirió al ojo como la "lámpara del cuerpo" (Mt 6:22-23). La idea es que el interés del ojo de una persona revela el contenido y la condición de su corazón. Una persona que está determinada a apartar sus ojos del mal y se enfoca en el reino de los cielos demuestra que su corazón ha sido enmendado a través del evangelio y la obra de regeneración del Espíritu Santo. Sin embargo, la persona que no ve belleza ni beneficio en el reino, sino que pone sus ojos en las cosas del mundo, demuestra que su corazón permanece no regenerado y que el evangelio le ha hecho poco bien.

---

[15] Mateo 5:29-30. [16] Job 31:1. [17] Salmo 101:3. [18] C. H. Spurgeon, *The Treasury of David* (Grand Rapids: Zondervan, 1950), 1:240. [19] Romanos 7:7-13.

Con el fin de aplicar esta enseñanza como es debido a nuestra circunstancia contemporánea, debemos primero ser conscientes de que vivimos en una cultura cautivada por las cosas malas que están frente a ella. No es sin razón que los publicistas de nuestro tiempo dependen tanto del ojo. Ellos saben que con un efecto visual pueden despertar nuestros corazones a deseos que estaban hasta entonces adormecidos y llevarnos a codiciar cosas de las cuales solo una hora antes no teníamos en mente. Es como si hubieran tomado sus estrategias del manual del más grande de todos los tentadores: el diablo. Él sabía desde el principio que el ojo es el camino más grande y amplio al corazón.

Debemos aceptar la enseñanza que está frente a nosotros si queremos ser bíblicos en cuanto a la conversión y sus pruebas. Una de las grandes pruebas de la conversión es en qué centra su atención una persona. Aquellos que profesan un lugar en el reino, pero que rara vez tienen al reino a la vista, deberían examinar su profesión. Si procuramos las cosas de este mundo, si nos morimos de pena debido a las recompensas carnales que no podemos conseguir y si codiciamos los logros terrenales de otros, entonces estamos lejos del reino de los cielos. Debemos aguzar el oído para escuchar y entender los siguientes correctivos divinos:

¿Por qué gastan su dinero en lo que no alimenta, y su sueldo en lo que no les sacia? Escúchenme bien, y coman lo que es bueno; deléitense con la mejor comida (Is 55:2).

Porque ¿de qué le sirve a uno ganarse todo el mundo, si pierde su alma? ¿O qué puede dar uno a cambio de su alma? (Mt 16:26).

La prueba de la salvación está en su fruto. Si tu corazón ha sido de verdad regenerado, entonces eres una nueva criatura con nuevos afectos que alejarán tus ojos de la atracción mundana y los centrarán en la atracción celestial. Si tu corazón ha sido de verdad regenerado, entonces el reino de los cielos será como un tesoro escondido en un campo, el cual un hombre encuentra y lo esconde de nuevo; y del gozo va y vende todo lo que tiene y compra ese campo.[20] Serás como un comerciante que busca finas perlas, y cuando encuentra una perla de gran valor, va y

---

[20] Mateo 13:44.

vende todo lo que tiene y compra la perla.[21] Si de verdad te has convertido, entonces poco a poco, a través de la obra que hace el Espíritu de la santificación progresiva, tú podrás afirmar las vehementes palabras del himno "La cruz excelsa al contemplar" escritas por Isaac Watts:

Yo no me quiero Dios, gloriar
Más que en la muerte del Señor…
El mundo entero no será
Dádiva digna de ofrecer…

LA VANAGLORIA DE LA VIDA

La frase "la vanagloria de la vida" se traduce del griego *alazoneía tou bíou*. La palabra *alazoneía* se traduce correctamente "orgullo jactancioso". Se refiere a un orgullo vacío, presuntuoso e insolente que lleva a fanfarronear o alardear. El único otro lugar en el Nuevo Testamento donde se usa esta palabra es en la fuerte amonestación que hace Santiago sobre la riqueza que alardea de grandes planes y esfuerzos sin tomar en cuenta a Dios y sin considerar Su provisión o su propia frágil mortalidad:

Ahora escuchen con cuidado, ustedes los que dicen: "Hoy o mañana iremos a tal o cual ciudad, y estaremos allá un año, y haremos negocios, y ganaremos dinero". ¡Si ni siquiera saben cómo será el día de mañana! ¿Y qué es la vida de ustedes? Es como la neblina, que en un momento aparece, y luego se evapora. Lo que deben decir es: "Si el Señor quiere, viviremos y haremos esto o aquello". Pero ustedes se jactan con arrogancia, y toda jactancia de este tipo es mala (4:13-16).

En el Nuevo Testamento, hay dos palabras en el griego que se traducen más a menudo como "vida". La más común es *zoé*, que se refiere al principio o esencia de la vida. La otra es *bios*, de la que se deriva la palabra "biografía". Tiende a referirse al período o curso de la vida de una persona o a lo que sustenta la vida de una persona: recursos, riqueza, propiedad o sustento. En la discusión de Juan sobre la responsabilidad del creyente para con el pobre en un capítulo posterior, la palabra se traduce como "bienes": "Pero ¿cómo puede habitar el amor de Dios en

---

[21] Mateo 13:45-46.

aquel que tiene bienes [*bios*] de este mundo y ve a su hermano pasar necesidad, y le cierra su corazón? (1Jn 3:17).

Combinando lo que conocemos sobre estas dos palabras y su uso en el Nuevo Testamento, podemos concluir que la frase "la vanagloria de la vida" se refiere a la arrogancia de la gente que no solo alardea de sus logros y posesiones, sino que se los atribuyen a su propia sabiduría y poder. Esta es una característica del mundano que se ve a sí mismo como independiente de Dios y Su providencia, un héroe que ha forjado su propia existencia, moldeado su propio destino y acumulado sus posesiones por la fuerza de su voluntad, por el ingenio de su mente o por pura fortaleza física. Él considera cada adquisición y premio como un triunfo personal y privado, sin ayuda de la gracia ni el socorro divino, y el salmista lo describe como uno que no piensa en Dios al hacer sus planes y no le da gracias a Dios cuando estos planes resultan bien. David escribe:

> Tan soberbio es el impío que no busca a Dios,
> ni le da lugar en sus pensamientos…
> Y se dice: "Jamás voy a tropezar.
> ¡Jamás me alcanzará la desgracia!" (Sal 10:4, 6).

Al describir la vanagloria de la vida en esta forma, debemos ser cuidadosos de entender que no requiere un ateísmo declarado ni una rebelión abierta contra Dios. La misma actitud puede fácilmente florecer entre aquellos que confiesan dependencia de Dios e incluso le dan gracias. Un ateísmo práctico existe en la iglesia, el cual es mucho más mortífero que su más atrevido y abiertamente rebelde hermano. Viste el atuendo del cristianismo y puede incluso confesar a Jesús como Señor, pero raras veces consulta Su voluntad en un nivel práctico. Puede pedirle a Dios que se una en un propósito que ya ha sido determinado o que bendiga un plan ya diseñado. Incluso puede reconocer Su ayuda en un esfuerzo, pero lo suele ofrecer solo como una gratitud residual, las sobras que quedan después de que la gloria del hombre ha sido satisfecha. Aquellos que serían condescendientes con Dios en esta manera son lo contrario al hombre sabio de Proverbios, que confía en el Señor con todo su corazón y no se apoya en su propia prudencia, sino lo reconoce en todos sus caminos.[22]

---

[22] Proverbios 3:5-6.

La vanagloria de la vida es el epítome de la egolatría, y los que caen en ella se vuelven tan patéticos como los antiguos caldeos, quienes juntaban peces en sus redes y luego les ofrecían sacrificios a estas mismas redes.[23] Ellos adoraban una hebra de cordel sin vida, y sin tener en cuenta a Dios "que hace salir su sol sobre malos y buenos" (Mt 5:45). Según la Escritura, aquellos que se adoran a sí mismos y se glorían en sus logros personales adoran un vapor que aparece por un poco y luego desaparece, un simple soplo, una sombra que pasa, que depende del aire que respira.[24] Tal hombre se jacta de grandes cosas, pero no puede hacer un pelo de su cabeza blanco o negro, o añadir una hora a su vida.[25] En toda su pomposidad, es como las bestias que perecen, o como el rocío que desaparece a la primera hora de la madrugada, o como el tamo que el viento arrebata de la era.[26]

Ellos no ven que Dios da a todos la vida, el aliento y todas las cosas para que lo busquen y puedan encontrarlo.[27] No son conscientes de que si Él escondiera Su rostro, estarían desconcertados, y si Él retirara Su Espíritu, morirían y volverían al polvo.[28] Estos nunca se han preguntado: "¿Qué es el ser humano, para que en él pienses?... (Sal 8:4). Son ignorantes de la verdad de que las naciones para Él son como una gota de agua que cae del cubo, y que a la suma de todas ellas las considera como granos de polvo en las balanzas.[29]

En este asunto de la vanagloria de la vida vemos la gran distinción entre el hijo de Dios y el que no lo conoce. El hijo de Dios que ha sido regenerado por el Espíritu y es el objeto de Su obra de santificación crece cada vez más en el conocimiento de que Cristo es su vida, y que aparte de Él es "un desventurado, un miserable... pobre, ciego y desnudo".[30] Está aprendiendo que sin Dios no puede hacer nada,[31] y está motivado por un conocimiento cada vez mayor de su debilidad; es impulsado a conocer la voluntad de Dios y mantenerse seguro dentro de ella. Asimismo, cuando ha hecho la voluntad de Dios, reconoce que es un esclavo indigno que solo ha hecho lo que debería haber hecho.[32] Y cuando algo logra a través de sus pobres intentos, estos limpian cualquier rastro que pudiera conducir de vuelta la gloria del hecho hacia ellos. Él clama con el salmista:

[23] Habacuc 1:15-16. [24] Salmo 39:5; 144:4; Isaías 2:22; Santiago 4:14. [25] Mateo 5:36; 6:27.
[26] Salmo 49:20; Oseas 13:3. [27] Hechos 17:25-27. [28] Salmo 104:27-29. [29] Isaías 40:15-17.
[30] Colosenses 3:4; Apocalipsis 3:17. [31] Juan 15:5. [32] Lucas 17:10.

No somos nosotros, Señor,
no somos nosotros dignos de nada.
¡Es Tu nombre el que merece la gloria
por Tu misericordia y Tu verdad! (Sal 115:1).

El hijo de Dios está siempre aprendiendo la máxima principal del cielo: "El que se gloría, que se gloríe en el Señor" (1Co 1:31; ver Jer 9:23-24). Y cuando el creyente olvida sus lecciones y busca tomar la gloria que le pertenece solo a Cristo, el Espíritu de Dios es fiel para reprenderlo y lo envía avergonzado a su asiento adecuado.[33] El Señor no compartirá Su gloria con otro.[34]

Por el contrario, el no creyente no tiene espacio en su corazón ni en su mente para tal humildad o gratitud. Él está ciego a su incapacidad total y dependencia absoluta de la gracia y el poder de Dios. Él vive con la arrogante suposición de que no hay Dios o de que, si lo hay, Él no se interesa en sus asuntos. Por esta suposición, el no creyente afirma que cada logro y cada victoria le dan una razón más para jactarse. La criatura patética llamada hombre, que no puede hacer un pelo de su cabeza blanco o negro, o añadir una hora a su vida, se para en la cima de todos sus logros y declara que él se ha hecho a sí mismo.

NUESTRA RELACIÓN CON EL MUNDO

Teniendo en cuenta lo que hemos aprendido como cristianos profesantes, debemos preguntarnos cuál es nuestra posición en relación con el mundo. No debemos engañarnos en pensar que este es un asunto de poca importancia. ¡Es fundamental! Nuestra relación con el mundo es una de las pruebas cruciales de nuestra salvación. Juan nos previene que el amor por el mundo y el amor por Dios se oponen diametralmente. Nos dice con franqueza que "si alguno ama al mundo, el amor del Padre no está en él".[35] Santiago es aún más osado cuando dice: "¡Ay, gente adúltera! ¿No saben que la amistad con el mundo es enemistad con Dios? Todo aquel que quiera ser amigo del mundo, se declara enemigo de Dios" (Stg 4:4).

---

[33] Lucas 14:7-11.   [34] Isaías 42:8; 48:11.   [35] 1 Juan 2:15. La frase "el amor del Padre" quizá tiene un doble significado. Juan afirma que cualquiera que ama al mundo no ama a Dios y no es objeto del amor especial de Dios por Su gente. Esta, sin duda, es la falta de un pecador, que deliberadamente rechaza el amor especial de Dios.

La Escritura enseña que amar el mundo y a Dios al mismo tiempo es algo imposible según la lógica porque los dos son totalmente incompatibles y opuestos. Todo en el mundo, los deseos de la carne, los deseos de los ojos y la vanagloria de la vida, no es del Padre. No se origina con Él, ni es según Su voluntad, sino que es repugnante y contrario a Él. Así como uno no puede "comer y silbar a la vez", tampoco puede amar a Dios y al mundo a la vez.

Esto no significa que los cristianos no tendrán problemas con el mundo o que no serán atraídos por este. El cristiano tendrá luchas con el mundo en todas sus diversas manifestaciones, pero lo aborrecerá, combatirá contra él y se arrepentirá cuando se entregue a él. La diferencia no es solo semántica, sino real y práctica. Quien profesa la fe en Cristo, pero encuentra belleza y gozo en las cosas que se oponen a la voluntad de Dios, debería preocuparse sobre la veracidad de su profesión de fe. Sin embargo, quien profesa la fe en Cristo y descubre que crece en su desprecio por el mundo, que vive en oposición a este y que avanza en su victoria sobre él, tiene grandes motivos para tener seguridad de su salvación, sin importar con qué frecuencia pudiera caer. La pregunta permanece: ¿Cuál es nuestra posición en relación con el mundo? Siguiendo el ejemplo de Cristiano, el personaje principal de la famosa alegoría de John Bunyan *El progreso del peregrino*, ¿estamos huyendo de la Ciudad de Destrucción? ¿Estamos determinados a liberarnos de toda su ostentación externa? ¿O hemos construido nuestro hogar en la Ciudad de Insensatez y encontrado alegría en la Feria de la Vanidad?

UNA PALABRA PARA LOS PASTORES

En los días de Juan, el mundo fue personificado por el imperio romano con su codicia, sensualidad y deseos de poder. En el libro de Apocalipsis se ve como "LA GRAN BABILONIA, MADRE DE LAS RAMERAS Y LAS ABOMINACIONES DE LA TIERRA" que "embriagó a todas las naciones con el ardiente vino de su inmoralidad sexual" (Ap 17:5; 14:8). Al presente, el mundo parece más poderoso e inconmovible que nunca. Hollywood (centro del entretenimiento), Madison Avenue (centro de la publicidad), Wall Street (centro del mercado), Washington (centro de poder político) y la gran mayoría de nuestras instituciones académicas lo representan. Al igual que la Babilonia de la antigüedad, el mundo en esta época sostiene una copa de oro para que todos beban: una copa que rebosa "de cosas detestables y de la inmundicia de su inmoralidad sexual" (Ap 17:4). Además, al igual que Babilonia, el mundo de esta época está armado con falsos profetas que ha enviado a las cuatro esquinas del globo para llevar por mal camino a la humanidad. Ya sea que estén vestidos con un traje de ejecutivo, la última tendencia de la moda o el atuendo religioso de un profeta, su mensaje es el mismo. Ellos no mencionan lo eterno, sino que instan a sus audiencias a aferrarse a lo temporal antes que desaparezca. A ellos les importa poco los absolutos morales que pudieran perjudicar la libertad del individuo en su exigencia por la expresión personal. Ellos justifican la codicia al exhibirla ante sus audiencias con el pretexto de la realización personal y del éxito que merecen. Siempre están del lado de sus audiencias al intermediar por ellos, al velar por sus intereses, al decirles lo que necesitan y al hacérselos accesible por un precio. No es difícil distinguir por qué tienen seguidores. Ellos apelan a los deseos de la carne, los deseos de los ojos y la vanagloria de la vida. Hacen cosquillas a los oídos de la gente caída al decirles lo que desean oír.[36] Son del mundo y hablan su lenguaje, y el mundo los escucha.[37] Aunque está envasado en un sinnúmero de formas, su mensaje es siempre el mismo. En realidad, los palabras de estos profetas son tan extraordinariamente similares que nos lleva a creer que deben tener un origen común: la corriente de este mundo, el príncipe de la potestad del aire que ahora opera en los hijos de desobediencia.[38]

Todo lo que hemos descrito hasta ahora era de esperarse. La mundanalidad del mundo no requiere mucha explicación, pero lo que resulta incomprensible es la presencia descarada del mundo en la iglesia.[39] Es una cosa cuando el mundo manipula de manera sutil y furtiva a la iglesia como una fuerza casi indetectable. Otra muy diferente es cuando el mundo se para descaradamente en el centro de la iglesia y deforma todo en conformidad a su malvada imagen. Y este es el caso en gran parte del llamado cristianismo en Occidente. ¿Es el mundo culpable de materialismo? ¡También la iglesia! ¿Es el mundo impulsado por el consumismo? ¡También la iglesia! ¿El mundo funciona en base al pragmatismo al que

---

[36] 2 Timoteo 4:3.   [37] 1 Juan 4:5.   [38] Efesios 2:2.   [39] Debe hacerse una importante distinción en nuestro uso de la palabra iglesia. En este contexto, la estamos usando en el sentido de los cristianos practicantes (o el evangelicalismo) en Occidente. La verdadera iglesia de Jesucristo está compuesta solo de los regenerados, los que dan fruto de su conversión y se distingen de la gran mayoría de los cristianos (no convertidos) practicantes.

no le interesa la verdad bíblica? ¡También la iglesia! ¿Está el mundo fascinado con el entretenimiento, distraído por la diversión y encantado con la necedad y la locura? ¡También la iglesia! ¿Ofrece el mundo la autorealización y la autoafirmación? ¡También la iglesia! ¿Está el mundo lleno de carnalidad, sensualidad, lujo y extravagancia? ¡También la iglesia! En realidad, la iglesia no solo tolera la carnalidad entre sus miembros, la defiende, al igual que la iglesia en Corinto, e incluso se jacta de ella, convierte la gracia de Dios en libertinaje y niega a su único Señor, Jesucristo.[40] En la época de John Bunyan, la Feria de la Vanidad era el instrumento de Satanás para divertir a la gente y mantenerla en el mundo. Bunyan quedaría estupefacto al descubrir que en nuestra época muchas iglesias usan la Feria de la Vanidad para entretener a los que tienen algún interés espiritual, para que así sigan viniendo al servicio del domingo.

¿Por qué y cómo ha sucedido esto en muchas iglesias? Ante todo, por los hombres que se han colocado sobre la iglesia como sus pastores.

Primero, debemos concluir que un número inquietante de ellos deben ser no regenerados y deben ser separados de Cristo. Sus violaciones flagrantes e irreflexivas de la doctrina y de la ética son tan grotescas que ellos deben ser no convertidos.

Segundo, debemos admitir que algunos de estos hombres que son genuinamente convertidos no son llamados. Hay un malentendido en cuanto a los verdaderos elementos del ministerio del evangelio. Muchos que están detrás de los púlpitos estarían mejor como líderes corporativos en Wall Street o como animadores en Hollywood; se ha convertido el ministerio en algo que tiene una orientación comercial y de entretenimiento.

Tercero, debemos admitir que algunos de estos hombres son genuinamente cristianos y llamados al ministerio del evangelio, pero han sido atrapados por la religión de la época; les falta el "filo del hierro" de la comunión real con otros hombres de Dios, y no saben cómo encontrar su camino de regreso.[41] Al igual que el justo Lot, sus corazones están afligidos por la mundanalidad de la iglesia, pero han perdido las credenciales morales y la fuerza para hablar contra ella.[42] El proverbio ha sido cumplido por ellos: "Fuente de agua turbia, manantial corrompido: ¡eso es el justo que se rinde ante el impío!" (Pro 25:26). Ellos

---

[40] 1 Corintios 5:6; Judas v. 4.   [41] Proverbios 27:17.   [42] 2 Pedro 2:7-8.

deberían ser animados con la verdad que el Señor conoce cómo liberar al piadoso de la trampa del cazador y rescatarlo de la tentación.[43]

Cuarto, muchos pastores han sido atrapados en la tendencia de que la iglesia debe conformarse con los caprichos de la cultura o con la eficacia supuesta del pragmatismo. Así, muchos han asumido las características de un animador, de un terapeuta, de un psicoanalista o de un experto en mercadotecnia de Madison Avenue.

Parece que hemos olvidado que los pastores son ante todo estudiantes y maestros de la Escritura,[44] encargados del rebaño[45] y ardientes intercesores delante de Dios.[46] Ellos deben guardar el depósito que les ha sido confiado,[47] que saben que tendrán que rendir cuentas en el gran día.[48] Deben ser exégetas, teólogos y expositores de la Palabra de Dios. Deben conformarse a los estándares estrictos de la Escritura en cuanto a carácter, ética y deber.[49] Deben morar solo con Dios como centinelas en las murallas.[50] Siguiendo los pasos de Cristo, deben venir a Dios en nombre de la gente y deben ir a la gente en nombre de Dios.

Por último, debemos reconocer que la cobardía está entre nosotros, un temor al rechazo que surge del ídolo de la autopreservación. Por eso, hemos desarrollado una visión distorsionada y conveniente del amor que nunca disgusta a nadie. Es un amor sin verdad, sin convicción y sin el valor de enseñar, redargüir, corregir e instruir.[51] Es un amor que permite que la gente, sin advertirle, camine hacia el infierno en vez de confrontarla con su pecado, herir su frágil autoestima, o convertirla en un enemigo al decirle la verdad.[52] En realidad, esto no es amor, sino el antónimo del amor. Si nunca reprendemos a las ovejas para injustamente obtener su desaprobación, no es porque las amamos, sino porque queremos que sean como nosotros. El deseo de ser reconocido y apreciado es un veneno mortal para el hombre de Dios, pero parece ser que muchos han sido mordidos. Hemos olvidado la advertencia de nuestro Señor que dijo: "¡Ay de ustedes, cuando todos los alaben!, porque lo mismo hacían con los falsos profetas los antepasados de esta gente" (Lc 6:26).

---

[43] Salmo 91:3; 2 Pedro 2:9.   [44] Esdras 7:10; Hechos 6:2, 4; 2 Timoteo 2:15.   [45] Hechos 20:28; 1 Pedro 5:1-4.   [46] Hechos 6:4; Romanos 1:9; Efesios 1:15-16; Filipenses 1:3-4; Colosenses 1:9.
[47] 1 Timoteo 1:11, 6:20; 2 Timoteo 2:14; Tito 1:3.   [48] 1 Corintios 3:12-15; 2 Timoteo 4:8.
[49] 1 Timoteo 3:1-7; Tito 1:7-9.   [50] Isaías 62:6-7.   [51] En 2 Timoteo 3:16 el apóstol Pablo establece para el joven Timoteo los cuatro aspectos del ministerio de la Palabra de Dios para el ministro de Dios.   [52] En Gálatas 4:16 Pablo enfrentó el error de los gálatas y pregunta: "¿Acaso me he vuelto enemigo de ustedes, por decirles la verdad?".

CAPÍTULO NUEVE

Permaneciendo en la iglesia

Hijitos, han llegado los últimos tiempos; y así como ustedes oyeron que el anticristo viene, ahora han surgido muchos anticristos; por esto sabemos que han llegado los últimos tiempos. Ellos salieron de nosotros, pero no eran de nosotros. Si hubieran sido de nosotros, habrían permanecido con nosotros. Pero salieron para que fuera evidente que no todos son de nosotros.

—1 Juan 2:18-19

En 1 Juan 2:18-19, el apóstol Juan hace referencia a un grupo de individuos que habían apostatado. Habían rechazado la doctrina apostólica en cuanto a la persona y la obra de Cristo, habían dejado la iglesia y se habían convertido en falsos profetas. Juan incluso llega al extremo de referirse a ellos como anticristos.

El tristemente célebre título "anticristo" es una combinación de la palabra griega *Christós*, o "Cristo", y el prefijo *anti-*, que significa "opuesto" o "en lugar de". En singular, el *Anticristo* se refiere al gran enemigo del Mesías que un día pretenderá usurpar Su lugar y luchar contra Él.[1] Su uso plural se refiere a un gran número de individuos en toda la era de la iglesia que niegan las doctrinas apostólicas fundamentales sobre la persona y obra de Cristo. Este grupo se establece fuera de la iglesia y el cristianismo histórico, y busca seducir a otros en el mismo sentido.[2] En su epístola, Juan los describe como mentirosos y engañadores que niegan al Padre y al Hijo al rechazar la encarnación y se niegan a reconocer

---

[1] 2 Tesalonicenses 2:3-4. [2] La frase de Juan "en los últimos días", "en los postreros días" o "en los últimos tiempos" (Hch 2:17; 2Ti 3:1; Stg 5:3) se refiere al tiempo entre la resurrección y la exaltación de Cristo y Su segunda venida.

que Jesús es el Cristo divino.[3] Al igual que en los días de Pablo, nuestro mundo moderno está lleno de anticristos que se oponen a Cristo directamente o propagan una religión que menoscaba la supremacía de Su persona o la naturaleza esencial de Su obra. Cualquier enseñanza que no se mantenga firme en la singularidad absoluta de Cristo, lo suplante o trivialice la cruz es anticristo en su naturaleza. Como se revela en la Escritura, los que no están con Cristo, están contra Él.[4]

Si bien en el contexto inmediato Juan escribe principalmente sobre los falsos maestros, él también nos brinda otra prueba de la seguridad bíblica: el cristiano genuino permanecerá dentro del ámbito de las doctrinas históricas de la fe cristiana y en comunión con el pueblo de Dios. Los que reniegan de estas doctrinas y rompen la comunión con la iglesia demuestran que ellos no son convertidos de verdad y nunca lo han sido. Juan escribe: "Ellos salieron de nosotros, pero no eran de nosotros. Si hubieran sido de nosotros, habrían permanecido con nosotros. Pero salieron para que fuera evidente que no todos son de nosotros" (2:19).

Esto no significa que la salvación eterna se obtiene o está protegida en la iglesia. Una persona es salva solo en Cristo, solo por gracia, solo por la fe.[5] Lo que significa es que la persona que es verdaderamente convertida continuará en las enseñanzas que la llevaron a su conversión y permanecerá dentro de la comunión de la iglesia cristiana. Juan hace una declaración similar en su segunda epístola: "Cualquiera que se extravía, y que no persevera en la enseñanza de Cristo, no tiene a Dios, pero el que persevera en la enseñanza de Cristo sí tiene al Padre y al Hijo" (1:9).

LA SEGURIDAD Y LA APOSTASÍA

Una batalla se ha librado a través de la historia de la iglesia entre los que sostienen la seguridad eterna (la perseverancia) del creyente y los que sostienen la posibilidad de la apostasía (la caída de un creyente genuino en la destrucción eterna). El asunto es de tanta importancia que debo abordarlo, aunque sea solo brevemente. No asumo que el asunto será resuelto a satisfacción de todos. Sin embargo, espero presentar unas cuantas verdades importantes en relación con la naturaleza de la conversión y evidenciar cómo se aplican al creyente.

---

[3] 1 Juan 2:22-23; 4:2; 2 Juan 1:7.   [4] Lucas 11:23.   [5] Efesios 2:8-9.

Para empezar, es importante entender que yo ratifico las doctrinas cruciales de la perseverancia de los santos de acuerdo con los reformadores, los puritanos, los primeros presbiterianos y los bautistas particulares.[6] La doctrina asevera que aquellos que han sido verdaderamente regenerados por el Espíritu Santo, que son hechos nuevas criaturas en Cristo y que son guardados por el poder de Dios nunca caerán en última instancia en apostasía y destrucción eterna. La razón para esta certeza no se basa en la fuerza de voluntad del creyente, sino en la fidelidad y el poder de Dios. El Dios que salva a Su pueblo también lo guarda con Su poder. El Dios que justifica al creyente sin duda lo santifica y en última instancia lo llevará a la gloria. Al igual que el apóstol Pablo, estamos seguros de esto: que Él, que ha comenzado una buena obra, la perfeccionará hasta el día de Cristo Jesús.

En cualquier discusión en cuanto a la perseverancia del creyente deben considerarse cuatro cosas. Primero, debemos comprender algo sobre la naturaleza de la salvación. La superficialidad de buena parte de la predicación contemporánea nos ha llevado a creer que la obra de la salvación es primordialmente una decisión de la voluntad humana. Dios revela el evangelio al hombre y luego espera la respuesta del hombre. Este recibe la salvación al decidir por Cristo y continúa en esa salvación por el mismo acto de la voluntad. Por eso, el hombre que gana la salvación mediante una respuesta adecuada a Dios puede, con la misma facilidad, perder su salvación, si reniega de su decisión inicial por un acto contrario de la voluntad.

El problema con esta postura es que trata solo con la voluntad del hombre y no considera la obra de Dios en la naturaleza del hombre. La Escritura enseña que el hombre que cree para salvación *ha* nacido de Dios.[7] Asimismo, afirma que este nuevo nacimiento no es "de sangre, ni de voluntad de carne, ni de voluntad de varón, sino de Dios" (Jn 1:13). La salvación no implica solo un acto de la voluntad humana, sino la transformación de una naturaleza humana radicalmente depravada en

---

[6] Se remite al lector al capítulo 17 tanto de la Confesión de Westminster como a la de Londres de 1689, donde se trata con detalle la doctrina de la perseverancia de los santos. [7] La frase "ha nacido de Dios" se traduce del verbo griego *gegénnetai*, que está en tiempo perfecto y voz pasiva. Con acierto se traduce en la RVC: "Todo aquel que cree que Jesús es el Cristo, ha nacido de Dios...". Por eso, la obra de la regeneración lógicamente precede a la fe, y es la causa y fundamento de esta.

una nueva creación.[8] Es una obra sobrenatural de Dios por la que el corazón de piedra hostil e indiferente del pecador se sustituye por un nuevo corazón de carne vivo y sensible.[9] La salvación no es el resultado de la decisión de un corazón perverso que se vuelve a Dios solo mediante la persuasión del predicador o incluso los limitados estímulos del Espíritu Santo, sino el resultado de un nuevo nacimiento radical. Mediante una inmensa obra del Espíritu de Dios, el pecador ha llegado a ser una nueva criatura con nuevos afectos que lo han alejado del pecado y lo han atraído hacia Dios. Si la salvación y su continuidad no son más que un cambio de la voluntad y una respuesta adecuada a Dios, entonces podría fácilmente deshacerse por un cambio contrario. Pero si la salvación implica la recreación de la naturaleza de un ser humano, al hacerlo una nueva criatura, entonces el deshacer o perder la salvación es imposible.

Segundo, debemos comprender algo de la obra continua de la providencia divina en la vida del verdadero convertido. Dios no solo causa que una persona crea y entonces lo deja a su suerte. La Escritura nos enseña que el Dios que justifica es también el que santifica. Esta verdad está magníficamente demostrada en la epístola de Pablo para la iglesia en Éfeso. Justo después de afirmar la gran doctrina de la justificación por la gracia, por medio de la fe en el capítulo 2, Pablo dirige su atención a la obra de la santificación, que siempre acompaña a la fe salvífica y es otra consecuencia de la gracia: "Nosotros somos hechura Suya; hemos sido creados en Cristo Jesús para realizar buenas obras, las cuales Dios preparó de antemano para que vivamos de acuerdo con ellas" (2:10).

La persona que ha sido justificada por la gracia mediante la fe se ha convertido en la obra de Dios. Ella ha sido recreada en Cristo Jesús para llevar a cabo lo bueno que fue preparado para ella antes de la fundación del mundo por el eterno consejo de Dios. Cuando Pablo escribió a los creyentes en Filipos, Dios no solo los había salvado y luego les había señalado el camino, sino que Él estaba trabajando en ellos "lo mismo *el querer como el hacer*, por Su buena voluntad" (2:13). Esta poderosa declaración demuestra que Dios no solo ha hecho al creyente una nueva criatura con nuevos afectos que influyen en su voluntad, sino también que ha operado en la voluntad del creyente de manera que viva y trabaje según la buena voluntad de Dios. Esta increíble obra divina fue la base

---

[8] 2 Corintios 5:17.   [9] Ezequiel 36:26.

de la confianza inquebrantable de Pablo en cuanto a la salvación final y la glorificación futura de los creyentes en Filipo: "Estoy persuadido de que el que comenzó en ustedes la buena obra, la perfeccionará hasta el día de Jesucristo" (1:6).

Tercero, en cualquier discusión respecto a la perseverancia de los santos, debemos comprender algo del propósito de la salvación. Aunque la obra de Dios de la salvación es para el hombre, el bienestar del hombre no es su bien mayor o fin principal. Aunque es difícil decirlo para el hombre moderno e incluso para el evangélico contemporáneo, el fin principal de todas las cosas es la gloria de Dios, mediante la revelación de Su carácter y Su poder. En otras palabras, Dios hace todo lo que hace para que Su grandeza y Su gloria puedan ser reveladas a Su creación. Este es el propósito de todas las obras de Dios, pero en particular la mayor de estas: la salvación de los hombres mediante Jesucristo. ¿Permitiría Dios que la mayor de las demostraciones de Su carácter y Su poder fracasen? ¿Él que comenzó la buena obra no llegará a perfeccionarla? ¿Se expondrá a Sí mismo a la burla de Sus enemigos, que dirán: "El Señor no pudo llevar a este pueblo hasta la tierra que les había prometido, y por eso los mató en el desierto" (Nm 14:16)?

Por Su gloria, Dios no permitirá que la salvación fracase aun en el más débil de los creyentes. Más bien, "… Señor, que tu poder sea magnificado, tal y como lo expresaste" (Nm 14:17). Él tomará a Su pueblo del mundo y lo reconciliará consigo mismo. Él los limpiará de toda inmundicia y de los ídolos y les dará un nuevo corazón, en el cual escribirá Su ley. Pondrá Su Espíritu dentro de ellos y hará que cumplan Sus estatutos.[10] Hará un pacto perfecto con ellos y no les dará la espalda, y pondrá el temor del Señor en sus corazones de manera que ellos no se aparten de Él. Ellos serán Su pueblo, y Él será su Dios. Él se regocijará de hacerles el bien y verá la terminación de Su obra en ellos con todo Su corazón y Su alma.[11] "¿Qué más podemos decir? Que si Dios está a nuestro favor, nadie podrá estar en contra de nosotros" (Ro 8:31). ¡La salvación no fracasará, porque no está diseñada para demostrar nuestra fidelidad y poder, sino la fidelidad y el poder de Dios!

Cuarto, debemos entender que la doctrina de la perseverancia ha sido gravemente mal interpretada y explicada de modo incorrecto por

---

[10] Jeremías 31:33; Ezequiel 36:22-27.   [11] Jeremías 32:38-41.

muchos que la sostienen. Muchos de los que sostienen que el creyente puede alejarse lo hacen como una reacción contra aquellos que sostienen la doctrina de la perseverancia, pero enseñan toda índole de errores en su nombre. La doctrina histórica de la perseverancia de los santos afirma la seguridad eterna del hijo de Dios. Sin embargo, no es una licencia para pecar, ni sostiene que el carnal e impío será salvo. Más bien, sostiene firmemente las verdades bíblicas que solo aquellos que resistan hasta el final serán salvos, y sin santificación que lleva a la santidad, nadie verá al Señor.[12]

El evangelicalismo[13] contemporáneo ha sido gravemente afectado por la enseñanza "salvo siempre salvo" que argumenta a favor de la posibilidad de la salvación aparte de la santificación. Con la excusa de defender las doctrinas de la *sola gratia* (solo gracia) y *sola fide* (solo fe), muchos ministros evangélicos argumentaran con pasión a favor de la salvación de una persona que profesó la fe en Cristo, pero que ahora lo niega o continúa profesando la fe en Cristo, pero ha permanecido carnal, mundana y apática hacia Dios. Ellos afirman que requerir alguna señal de transformación o alguna medida de santificación es añadir obras a la fe y es esencialmente negar el evangelio cristiano.

El problema con este argumento es que revela ignorancia sobre la naturaleza de la fe, el poder de la regeneración y la promesa divina de una obra continua de la providencia. Primero, debemos saber que la fe genuina se refleja en las obras. Según la Escritura, es imposible poseer una fe salvífica que no ha tenido un impacto visible en la conducta de una persona. Santiago 2:17-20 declara: "Lo mismo sucede con la fe: si no tiene obras, está muerta. Pero alguien podría decir: 'Tú tienes fe, y yo tengo obras. Muéstrame tu fe sin obras, y yo te mostraré mi fe por mis obras'. Tú crees que Dios es uno, y haces bien. ¡Pues también los demonios lo creen, y tiemblan! ¡No seas tonto! ¿Quieres pruebas de que la fe sin obras es muerta?".

De la misma manera, una persona que confiesa a Jesús como Señor para ser salva lo demuestra por el fruto de su vida.[14] La Escritura nos da la promesa de que si confesamos con nuestras bocas que Jesús es Señor y creemos con nuestros corazones que Dios lo levantó de los muertos,

---

[12] Mateo 24:13; Marcos 13:13; Hebreos 12:14.   [13] Ver nota 16 del capítulo 2.
[14] Mateo 7:20; Lucas 6:46.

seremos salvos.[15] Sin embargo, el mismo Cristo nos advierte que cualquier confesión de fe que no está acompañada por el hacer la voluntad del Padre carece de validez y poder para salvar.[16] Estas conclusiones no se basan en mera inferencia, sino en la clara enseñanza de la Escritura.

Segundo, debemos saber que la totalidad de la salvación es un regalo y el resultado de la obra regeneradora del Espíritu Santo.[17] En el momento de la conversión, el Espíritu, que imparte fe salvífica al creyente, también regenera su corazón y lo hace una nueva criatura que está viva para Dios y posee nuevos afectos para Dios y también le da la piedad.[18] Forzosamente, esta obra sobrenatural resulta en un corazón transformado, que lleva a cambios en la forma de pensar y en la conducta del cristiano.

Tercero, otra vez, debemos observar que la salvación viene junto con la promesa de la obra continua de la providencia de Dios, que conlleva la santificación progresiva de cada creyente.[19] Dios no salva y luego abandona. Él no adopta y luego descuida.[20] Él no es un Padre negligente.[21] Él no es un artesano impotente que no puede terminar la obra que comenzó.[22] Debemos siempre recordar que la salvación se ve en tres tiempos verbales, y Dios es el autor y consumador de cada uno.[23] Él nos salvó de la condenación del pecado mediante la justificación, al presente nos salva del poder del pecado mediante la santificación progresiva, y nos salvará del efecto y la presencia del pecado mediante nuestra futura glorificación. Esto no es solo una posibilidad de esperanza en la vida del creyente, sino que es una absoluta certeza. Por esta razón, el apóstol Pablo escribió en Romanos 8:28-31:

> Ahora bien, sabemos que Dios dispone todas las cosas para el bien de los que lo aman, es decir, de los que él ha llamado de acuerdo a su propósito. Porque a los que antes conoció, también los predestinó para que sean hechos conforme a la imagen de su Hijo, para que él sea el primogénito entre muchos hermanos. Y a los que predestinó, también los llamó; y a los que llamó, también los justificó; y a los que justificó, también los glorificó. ¿Qué más podemos decir? Que si Dios está a nuestro favor, nadie podrá estar en contra de nosotros.

---

[15] Romanos 10:9.   [16] Mateo 7:21.   [17] Juan 3:3; Efesios 2:8-9.   [18] 2 Corintios 5:17; Efesios 2:5.
[19] Romanos 8:28-31; Filipenses 1:6.   [20] Romanos 8:14-16; Gálatas 4:4-6.   [21] Hebreos 12:5-8.
[22] Efesios 2:10; Filipenses 1:6.   [23] Hebreos 12:2

La doctrina de la perseverancia de los santos no es una licencia para pecar o un medio para dar falsa seguridad de salvación al carnal e impío. Sí, la doctrina afirma que Dios guarda a los que salva, pero además afirma que Él transforma a los que guarda. El creyente genuino tiene seguridad de la salvación no solo debido a la profesión pasada de fe, sino además debido a la obra continua de Dios en su vida que continúa transformándolo a la imagen de Cristo. La persona que profesa la fe en Cristo y no muestra evidencias de la fe, de la obra divina de la regeneración, o de la obra continua de la divina providencia, tal persona puede tener poca seguridad de la vida eterna. Esto no es porque ha perdido una salvación que una vez poseyó, sino porque está demostrando que nunca poseyó la salvación que afirma poseer.

En 1 Juan 2:19, el apóstol nos habla de un grupo de individuos que una vez profesó la fe en Cristo, pero ahora está mostrando su condición perdida al desviarse de las doctrinas fundamentales de la fe cristiana y la comunión de la iglesia. No obstante, él nos aclara que no perdieron su salvación; más bien, su "salida" demostró que no eran verdaderamente salvos. Su lenguaje es preciso: "Ellos salieron de nosotros, pero *no eran de nosotros*. Si hubieran sido de nosotros, habrían permanecido con nosotros. Pero salieron para que fuera evidente que no todos son de nosotros".

Este texto nos ofrece un balance adecuado y bíblico en cuanto a la seguridad del creyente y la posibilidad de la apostasía. ¿Por qué se alejaron estos individuos? Juan aclara que, aunque ellos se identificaron con Cristo y Su iglesia, nunca fueron en realidad *de* Cristo o *de* Su pueblo. Al igual que muchos en toda la historia de la iglesia, ellos adoptaron el atuendo y aprendieron el discurso del cristianismo, pero nunca experimentaron su poder.[24] Ellos no estaban volviendo a lo que una vez fueron, sino que estaban demostrando lo que siempre habían sido. El perro que vuelve a su propio vómito demuestra que nunca fue otra cosa que un perro, aunque profesara lo contrario. La cerda que vuelve a revolcarse en el lodo demuestra que cualquier limpieza que haya recibido fue externa. Aunque en apariencia estaba limpia, nunca poseyó otra cosa que la naturaleza de un cerdo.[25] El que profesa la fe en Cristo y tiene comunión con Su pueblo y luego de manera permanente se aleja de ambos no vuelve a ser la persona que era antes, sino que solo se ha

---

[24] 2 Timoteo 3:5.   [25] 2 Pedro 2:22.

quitado la ropa de oveja y revelado su verdadera naturaleza que nunca había sido transformada.

EXAMEN PERSONAL

Los creyentes genuinos no desertan. Con todo, muchos que confiesan a Cristo e incluso se identifican a sí mismos con la iglesia no son verdaderos creyentes. Ellos con el tiempo se alejan de una iglesia bíblica y demuestran su verdadera condición. Sin embargo, en este asunto la iglesia evangélica les ha fallado a sus congregantes. Cuando la Palabra de Dios no se explica de modo que afecte la consciencia y cuando la iglesia se organiza para satisfacer los deseos carnales del mundo, entonces los no convertidos no se sienten obligados a retirarse del mundo, sino que pueden permanecer cómodamente dentro de la iglesia mientras continúan en su camino hacia el infierno. Esta es la situación lamentable en la supuesta iglesia evangélica. Con la excusa de muchas cosas mal interpretadas y aplicadas, como el amor, la aceptación, y el no ofender a nadie, el no convertido se desenvuelve en medio de la congregación. Y mientras tanto, el profeta errado llama, "'¡Paz, Paz!', pero no hay paz" (Jer 6:14; 8:11).

Si queremos que algún día haya un cambio, debe comenzar con un avivamiento entre los pastores del pueblo de Dios. Ellos deben predicar todo el consejo de la Palabra de Dios a las consciencias de sus oyentes. Deben hacer conocido el evangelio en toda su gloria escandalosa, al explicar la santidad de Dios, al exponer la depravación del hombre, al señalar hacia la cruz del Calvario, y al mandar a todos los hombres en todo lugar que se arrepientan y crean el evangelio. Deben exhortar al pueblo de Dios a una vida de santidad, a despreciar el mundo, a desinteresarse en sí mismos, al servicio sacrificial, y a tener en cuenta la eternidad. Solo entonces el no convertido entre nosotros despertará de su letargo. Sí, algunos despertarán con odio hacia el predicador y su mensaje, pero otros despertarán al quebrantamiento por el pecado y a la fe para vida eterna.

Habiendo abordado a los predicadores, debemos ahora dirigir nuestra atención a los que se sientan frente a ellos cada domingo. ¿Cómo responderíamos si nuestro pastor se arrepintiera del desempeño desleal de su cargo y empezara a predicar con fidelidad la Escritura en el poder del

Espíritu Santo? ¿Nos regocijaríamos, o pelearíamos contra él hasta que lográramos que fuera echado? ¿O al no encontrar una mayoría impía que estuviera de nuestro lado, responderíamos como los hombres sobre los que Juan escribe? ¿Dejaríamos a un pastor y una congregación que están cambiando y de esta manera demostraríamos que nunca fuimos realmente parte de la iglesia y nunca realmente pertenecimos a Cristo?

Estas son duras palabras que muchos piensan pero pocos expresan. ¿Qué haríamos si la iglesia ya no fuera sobre nosotros o nuestras "necesidades", sino sobre la gloria de Dios y Su Cristo? ¿Cómo responderíamos a la predicación bíblica dirigida a nuestra conciencia? ¿Cuál sería nuestra reacción si el entretenimiento fuera destronado y se colocara en su lugar la adoración sincera? ¿Cuál sería nuestro voto si los programas se sustituyeran por reuniones de oración y devocionales familiares? ¿Qué haríamos si todos decidieran que contextualizar y ser relevante no es tan importante como complacer a Dios? ¿A dónde iríamos si un cristianismo bíblico y vibrante renaciera en medio de nuestra congregación? ¿Qué haríamos? El apóstol Juan nos dice en nuestro texto que nuestra respuesta sería un indicador excelente de la autenticidad de nuestra profesión.

CAPÍTULO DIEZ

Confesando a Cristo

¿Quién es el mentiroso, sino el que niega que Jesús es el Cristo? Éste es el anticristo, el que niega al Padre y al Hijo. Todo aquel que niega al Hijo, tampoco tiene al Padre. El que confiesa al Hijo, tiene también al Padre. Que permanezca en ustedes lo que han oído desde el principio. Si lo que han oído desde el principio permanece en ustedes, también ustedes permanecerán en el Hijo y en el Padre.

—1 Juan 2:22-24

Amados, no crean a todo espíritu, sino pongan a prueba los espíritus, para ver si son de Dios. Porque muchos falsos profetas han salido por el mundo. Pero ésta es la mejor manera de reconocer el Espíritu de Dios: Todo espíritu que confiesa que Jesucristo ha venido en carne, es de Dios; y todo espíritu que no confiesa a Jesús, no es de Dios. Este es el espíritu del anticristo, el cual ustedes han oído que viene, y que ya está en el mundo.

—1 Juan 4:1-3

En esto sabemos que permanecemos en Él, y Él en nosotros: en que Él nos ha dado de su Espíritu. Nosotros hemos visto y damos testimonio de que el Padre ha enviado al Hijo, el Salvador del mundo. Todo aquel que confiese que Jesús es el Hijo de Dios, permanece en Dios, y Dios en él.

—1 Juan 4:13-15

El propósito de la primera epístola de Juan es ayudar a los creyentes a tener seguridad bíblica sobre su relación con Dios a través de Cristo y sobre su estado eterno. No obstante, cuando leemos la carta también descubrimos que los falsos maestros habían entrado en la congregación y estaban creando dudas respecto a algunas de las verdades fundamentales del cristianismo. De los textos al principio del capítulo, podemos distinguir algunos de estos errores que los falsos maestros estaban propagando:

> Ellos negaban que Jesús era el Cristo.
> Ellos negaban que Jesucristo había venido en la carne.
> Ellos negaban que Jesús era el Hijo de Dios.

De estas tres negaciones y otras evidencias en esta carta se desprende que estos falsos maestros eran gnósticos, o al menos sus enseñanzas representaban las primeras etapas de otra religión que eventualmente llegó a conocerse como gnosticismo. Estos nombres se derivan de la palabra griega *gnosis*, que significa "conocimiento". Si bien el conocimiento es un elemento esencial del cristianismo, los gnósticos afirmaban que tenían un conocimiento especial que se originaba fuera de la Escritura y que era contrario a ella. Su enseñanza central era que el espíritu era bueno y la materia era mala. Este dualismo no bíblico dio lugar a varios errores fatales que hicieron del gnosticismo una de las herejías más peligrosas que enfrentó la iglesia primitiva.[1] Primero, según los gnósticos, el cuerpo del hombre era materia y por lo tanto malo. En cambio, Dios era espíritu puro y por lo tanto bueno. Segundo, para ser salva, una persona tenía que escapar del cuerpo, no mediante la fe en Cristo, sino mediante una revelación especial a la que solo los gnósticos tenían acceso. Tercero, puesto que el cuerpo era malo, algunos gnósticos afirmaban que este debía ser privado de satisfacciones a través de un estilo de vida asceta. Sin embargo, otros sostenían que el cuerpo no tenía importancia, y por lo tanto uno podía dar rienda suelta sin límites a cualquier forma de inmoralidad.

Juan aborda muchas de estas herejías en su primera epístola, al igual que Pablo en la carta a los colosenses. Aunque está más allá de nuestro estudio considerar cada una en detalle, dos herejías son de especial interés para nuestro estudio. Cada una se refiere a la naturaleza exacta de la persona de Jesucristo y lo que debemos creer sobre Él para ser salvos.

---

[1] Dualismo es la división de algo conceptualmente en dos aspectos opuestos o que se contrastan, o la condición de estar dividido. En filosofía, el dualismo se refiere a cualquier sistema de pensamiento que considera la realidad en términos de dos principios independientes: lo material y lo inmaterial, o la materia y el espíritu.

La primera herejía gnóstica se conoce como docetismo. El nombre se deriva del verbo griego *dokéo*, que significa "parecer" o "parecerle a uno". Puesto que los gnósticos creían que el cuerpo material era inherentemente malo, era necesario para ellos negar la encarnación y enseñar que el Cristo divino solo "parecía" tener un cuerpo y que este no era real. La segunda herejía es similar. Se conoce como cerintianismo, debido a su prominente representante Cerinto. Él enseñaba que el espíritu del Cristo divino había descendido del cielo sobre el hombre Jesús de Nazaret en el momento de su bautismo y que el Cristo abandonó a Jesús y ascendió al cielo antes de su muerte en el Calvario. En síntesis, la enseñanza gnóstica negaba la encarnación del Hijo eterno de Dios y sostenía que el hombre Jesús y el Cristo divino eran dos seres separados. Por eso, ellos negaban que Jesús era el Cristo y el Hijo de Dios.

La aplicación contemporánea de eso que hemos aprendido es simplemente esto: una persona no es cristiana a menos que crea y confiese que Jesús de Nazaret es el Hijo eterno de Dios; que dejó Su gloria celestial y fue concebido por el Espíritu Santo en el vientre de una virgen; que nació en Belén como Dios encarnado; que era completamente Dios y completamente hombre; que fue el Cristo del cual profetizaron la ley y los profetas; que es el Salvador del mundo. Cualquier desviación de estas verdades fundamentales sobre la persona de Cristo descalifica cualquier supuesta confesión cristiana independientemente de su aparente sinceridad y fervor por las buenas obras.

¿QUÉ PENSAMOS DE CRISTO?

John Newton escribió el himno "What Think ye of Christ?" ["¿Qué pensáis de Cristo?"] cuando pastoreaba en Olney, Inglaterra, y se aplica en particular a estos pasajes en 1 Juan 4:

> Qué pienses de Cristo es la prueba,
> Para tus planes y condición
> No puedes razón del resto tener
> Hasta que justamente pienses de Él.
> Según pienses de Jesús,
> Amado o no,

Así Dios favorable es a ti,
Y misericordia o ira tu suerte será.

Algunos lo toman como criatura,
Hombre o ángel a lo sumo,
Pero ellos no sienten como yo,
Ni se saben miserables y perdidos.
Tan culpable, tan indefenso soy,
No me atrevería a confiar en Su sangre,
Ni de Su protección depender,
Si no supiera que Él es Dios.[2]

Empezaremos con una declaración que podría considerarse un tanto radical o incluso de vanguardia para muchos en la comunidad evangélica: el cristianismo es sobre la persona y obra de Jesucristo. Si la iglesia evangélica gozara de mejor salud o al menos estuviera más enfocada en la Escritura, esta declaración sería injustificada. Sin embargo, es necesario, y debería ser el tema constante de cada ministro que desea la mejora y el avivamiento. Debe ser nuestro lema más preciado y reiterado: la cristiandad en su forma más fiel y primitiva es una religión que se fundamenta y se enfoca en Cristo: "Porque nadie puede poner otro fundamento que el que está puesto, el cual es Jesucristo" (1Co 3:11).

Hoy la iglesia necesita prestar atención a la letra de John Newton; es necesaria para nuestro problema presente. Newton tenía razón en todos los aspectos sobre la supremacía de Cristo. Él es la suprema revelación de Dios y el campeón de Su mayor obra. Por eso, nuestra opinión de Cristo es la prueba por la que la validez de nuestra profesión cristiana se demuestra. Ninguna de nuestras confesiones, identificaciones u obras tiene algún significado o uso a menos que primero tengamos una opinión correcta de Cristo. En realidad, toda la disposición de Dios hacia nosotros está determinada por nuestra disposición hacia Su Hijo.

En la Escritura, dos aspectos de la persona de Cristo se presentan con tal claridad que negarlos es negar la Escritura y convertirse en

---

[2] Todd Murray, "What Think You of Christ?", en *Beyond Amazing: The Forgotten Hymns of John Newton*, disco compacto. Todd Murray ha reproducido himnos selectos del *Olney Hymnal* [*Himnario de Olney*], que John Newon publicó en 1779. Nota del traductor: la letra de este himno es traducción libre.

anticristo. Estas dos características son tan diferentes como el día y la noche; son polos opuestos sin conexión alguna excepto en la persona de Cristo. Solo en Él, la Deidad y la humanidad habitan juntas y se entrelazan sin confundir o reducir cualquiera de las dos naturalezas.

El Redentor tenía que ser hombre, pues fue un hombre el que transgredió la ley y que debía morir. Si cada animal limpio que ha nacido tuviera que ser sacrificado en su estado impecable, la sangre combinada de todos no podría haber prevalecido frente a nuestra mancha: "porque la sangre de los toros y de los machos cabríos no puede quitar los pecados" (Heb 10:4). Si todos los ángeles en el cielo se formaran para dar sus vidas libre y completamente para nuestra redención, no sería de gran ayuda, pues el Redentor tenía que venir de nuestro linaje, carne de nuestra carne y hueso de nuestros huesos. Para que Cristo fuera nuestro Pariente Redentor, Él tenía que ser de nuestra sangre.[3]

Por lo tanto, nuestro Redentor era completamente hombre, pero no solo hombre. Era necesario que Él también fuera Dios en todos los sentidos del término, desde todo ángulo o punto de vista, y en cada categoría sin excepción. No podemos dar todas las razones para esta exigencia, pero podemos considerar al menos tres. La primera razón, solamente Dios es Salvador y no comparte este título con ninguno. Dios afirma que la redención es prerrogativa de la Deidad cuando declaró a través del profeta Isaías: "Solo Yo soy el Señor, y fuera de Mí no hay quien salve" (Is 43:11). Por eso, si Cristo es nuestro Redentor, entonces Él debe ser Dios. Si Él no es Dios, entonces Él no es nuestro Redentor, y todavía estaríamos perdidos en nuestro pecado y seríamos los más desdichados de los hombres.[4]

La segunda razón, la magnitud de la obra de la redención exigía que fuera la Deidad. La creación desde la nada[5] requirió de un intelecto excepcional y un poder más allá de lo que pudiéramos imaginar, con todo, fue una cosa pequeña comparada con nuestra redención. No requirió esfuerzo o sacrificio por parte de Dios para crear un mundo de la nada. No gastó energía que demandara recuperación, y no se sintió débil al terminar Su obra. Lo que hizo, lo hizo sin esfuerzo. Él descansó al séptimo día, no para reponerse de algo que hubiera perdido, sino para

---

[3] Levítico 25:25; Rut 2:1,20.   [4] 1 Corintios 15:19.   [5] Las Escrituras enseñan que Dios creó el mundo de la nada (Heb 11:3). Él no prestó materia de alguna otra fuente para formar el mundo. Más bien, Él trajo la materia a la existencia por Su palabra.

disfrutar algo que había hecho, un nuevo mundo bueno y maravilloso traído a la existencia por medio de Su palabra. Sin embargo, en la cruz, la Deidad hizo el mayor sacrificio, y sobre el madero el Creador envuelto en carne se agotó y se despojó. La Deidad se fatigó y el cielo quedó en bancarrota para pagar el precio. ¿Quién sino Dios podía hacer semejante obra? ¿Quién sino Dios podía pagar semejante rescate? Nuestra infracción de la ley demandó un pago más allá del valor combinado de un número infinito de mundos y todo lo que pudieran ellos contener. Incluso la muerte de una legión de serafines no habría mejorado nuestra suerte ante el tribunal de la justicia divina. El sacrificio de una persona de infinito valor se requirió para redimirnos de la maldición y el castigo de la ley. Si Cristo no hubiera sido completamente divino, no hubiera podido pagar el precio.

La tercera razón, nuestra depravación total requería que nuestro Redentor fuera Dios. Esto demuestra que nosotros necesitamos más que un remedio humano o una guía moral. ¡Necesitamos a Dios! Quienquiera que piense que puede salvarse por cualquier persona que no sea Dios no ha entendido la profundidad de su propia depravación e infracción de la ley. Está ciego a la sombría realidad de su pecado y sordo a lo que queda de su consciencia. Debe despertar a una malignidad que exige una cura que solo Dios puede dar, para quien nada es imposible.[6]

Si fuéramos a evaluarnos con honestidad (nuestros pensamientos internos, nuestras obras encubiertas, y las palabras dichas en secreto) entonces nos sentiríamos avergonzados y humillados. Si solo reconociéramos que nuestros crímenes no permiten nuestra absolución incluso ante un benigno magistrado humano o un jurado formado por nuestros amigos más cercanos, entonces conoceríamos el temor del evangelio. Si solo nos detuviéramos, ya fuera ignorando o revisando la historia, lo suficiente para considerar los pecados de nuestros padres, entonces descubriríamos que nosotros propagamos sus pecados en formas modificadas y más sofisticadas. Si solo cesáramos de alabarnos a nosotros mismos y de celebrar continuamente el casi nunca alcanzado potencial de cada uno, entonces veríamos que nuestro optimismo se basa en un fundamento tan etéreo como una telaraña. Si solo reconociéramos que la muerte y la tumba vienen por todos nosotros, entonces sabríamos

---

[6] Jeremías 32:27; Lucas 1:37.

que necesitamos más que enseñanzas morales de un sabio para salvarnos y arreglar nuestro mundo. Necesitamos al Dios contra el que hemos
pecado para pagar el precio por nuestra redención. El Dios que nos hizo
es el que debe recrearnos.

¡Oh, si el mundo pudiera verse a través del lente de la Escritura y
adoptara la antropología de Newton y del apóstol Pablo, que se vieron
a sí mismos como miserables morales lejos de la gracia transformadora y salvífica de Dios![7] Entonces las personas verían que a menos que
Cristo sea Dios en el sentido más amplio del término, Él no poseería
suficiente mérito o poder para redimirlas.

¿QUIÉN DECIMOS QUE ES ÉL?

En un momento decisivo del ministerio de Jesús, Él preguntó a Sus discípulos: "¿Quién dicen que soy Yo?". En respuesta a esta pregunta, el
apóstol Pedro declaró: "¡Tú eres el Cristo, el Hijo del Dios viviente! (Mt
16:13-17). De esto, comprendemos que si bien es esencial que entendamos y creamos en quien fue y es Él, esta verdad, combinada con lo que
hemos recogido de 1 Juan 4, nos instruye que si creemos que Jesús hombre es algo menos que el Cristo y Dios encarnado, no somos cristianos.

La verdadera iglesia está llena con todo tipo de creyentes: maduros
e inmaduros, académicos y comerciantes, maestros y estudiantes. Sin
duda, algunos son más educados que otros sobre las grandes verdades
de la persona de Cristo y más hábiles para exponerlas. Sin embargo,
incluso el que tenga menos preparación entre el pueblo de Dios reco-
nocerá la verdad de que Jesús es la persona única de la historia, el Hijo
eterno de Dios que se hizo carne y habitó entre nosotros[8] porque una de
las promesas del nuevo pacto y un resultado del nuevo nacimiento es
que todos los del pueblo de Dios, desde el más pequeño al más grande,
serán enseñados por Dios y lo conocerán.[9]

La marca distintiva de toda religión fuera del cristianismo y de toda
secta que dice identificarse con el cristianismo es que niega algo sobre la
persona de Cristo. Sin embargo, Dios se asegurará de que estas herejías

---

[7] Newton dio su opinión sobre sí mismo en las famosas palabras: "Sublime gracia del Señor que
a un infeliz salvó, fui ciego más hoy miro yo, perdido y Él me halló". El apóstol Pablo pintó su
propio retrato en Romanos 7:24: "¡Miserable de mí! ¿quién me librará de este cuerpo de muerte?
(Ro 7:24).   [8] Juan 1:14; Hebreos 2:14.   [9] Juan 6:45; Jeremías 31:34.

no prevalezcan entre Su gente. Incluso aquellos creyentes que se encuentran en las áreas más remotas del mundo tienen una comprensión primitiva pero clara que Cristo es tanto Dios como hombre. Aunque no sean capaces de explicar cómo dos naturalezas pueden existir dentro de una persona sin que se confundan o se reduzcan, ellos saben que Jesús es tanto divino como humano en el sentido más amplio del término, y ellos rehúsan tener comunión con aquellos que enseñan lo contrario.

Para concluir este estudio, debemos dirigir nuestra atención hacia nosotros mismos y hacer una aplicación apropiada: ¿Qué pensamos de Cristo y qué decimos sobre Él? Podemos tener seguridad de la salvación solo en la medida en que reconocemos Su deidad y humanidad y lo tenemos en la más alta estima.

No podemos tener un concepto demasiado elevado de Cristo o alabarlo más allá de lo que deberíamos. Sin embargo, muchos hoy que profesan la fe en Cristo y que se identifican como cristianos son traicionados por su baja opinión sobre Él. Aunque confiesan tanto Su deidad como Su humanidad, son demasiado indiferentes en su actitud hacia Él y superficiales sobre Él cuando hablan. Debemos ser cuidadosos si Cristo se ha convertido en algo común para nosotros. Debemos preocuparnos por nuestras almas si Él no nos inspira temor o reverencia.

Hay poca evidencia que una persona haya sido enseñada por Dios si piensa sobre Cristo de una manera contraria a la Escritura. Hay poca evidencia que una persona haya sido regenerada por el Espíritu Santo si las grandes verdades sobre Cristo no la inspiran a un mayor amor, reverencia y devoción práctica. Es una declaración fidedigna, que merece plena aceptación, que la regeneración siempre conducirá a una manera correcta de pensar sobre Cristo y a los respectivos afectos por Él.

CAPÍTULO ONCE

Purificándose a sí mismo

Miren cuánto nos ama el Padre, que nos ha concedido ser llamados hijos de Dios. Y lo somos. El mundo no nos conoce, porque no lo conoció a Él. Amados, ahora somos hijos de Dios, y aún no se ha manifestado lo que hemos de ser. Pero sabemos que, cuando Él se manifieste, seremos semejantes a Él porque lo veremos tal como Él es. Y todo aquel que tiene esta esperanza en Él, se purifica a sí mismo, así como Él es puro.
—1 Juan 3:1-3

En 1 Juan 3:1-3, Juan dirige su atención a la gran importancia que tiene la pureza moral en la vida cristiana. La selección cuidadosa de sus palabras demuestra que la pureza no es una mera opción para el cristiano, sino una de las grandes evidencias de la conversión. Sabemos que hemos puesto realmente nuestra esperanza en Cristo para salvación si nuestras vidas se caracterizan por la búsqueda de la santidad personal si estamos buscando purificarnos a nosotros mismos como Él es puro.

Mientras consideramos este texto, debemos tener presente que los falsos maestros que se habían infiltrado en la iglesia creían que el cuerpo físico era malo y que no tenía importancia en los asuntos de la religión. Por eso, dieron rienda suelta a sus deseos carnales y enseñaron a otros a hacer lo mismo sin reservas. Sus vidas fueron marcadas por el amor al mundo, "los deseos de la carne, los deseos de los ojos, y la vanagloria de la vida" (1Jn 2:15-16). Convirtieron su supuesta libertad en una oportunidad para la carne y parecían despreciar a aquellos que buscaban la santificación bíblica,[1] los consideraban principiantes, sin instrucción y atados en el legalismo.

---

[1] Gálatas 5:13; Hebreos 12:14.

No es exageración decir que encontramos un paralelo a este desprecio por la santidad en el evangelicalismo contemporáneo. Si bien no estamos invadidos por los gnósticos, contra quienes Juan escribió esta epístola, estamos inundados de mundanalidad, y muchos de nosotros parecemos haber desarrollado aversión por cualquier enseñanza que restrinja nuestra carnalidad y promueva la pureza moral. En nombre de la gracia, algunas personas ignoran, reinterpretan o abiertamente niegan los mandatos bíblicos sobre la santidad. Aquellos que buscan una mayor santidad o una pureza moral más refinada se les etiqueta como fanáticos, legalistas, superespirituales o santurrones.

Para hacer frente a esta enseñanza herética, el apóstol Juan señala la santidad como una característica distintiva de Jesucristo y del verdadero cristiano. Según Juan, todo el que ha puesto su esperanza en Cristo "se purifica a sí mismo, así como Él es puro" (1Jn 3:3). Si bien la pureza personal nunca será completa en este lado de la gloria, y si bien no es un medio para estar bien con Dios, es al fin y al cabo una gran evidencia de que alguien ha llegado a conocer a Dios por la obra de regeneración del Espíritu Santo y la fe personal en Cristo. Aquellos que han sido salvos por gracia mediante la fe se han convertido en obra de Dios. Esta obra se manifiesta en que un creyente se conforma con Su carácter, cuya marca distintiva es la santidad. "Escrito está: 'Sean santos, porque Yo soy santo'" (1P 1:16).

Aunque debemos evitar el legalismo en la iglesia, debemos recuperar una perspectiva bíblica sobre la pureza moral. Muchos no creyentes han rechazado el mensaje del evangelio o nunca le han puesto atención por el infortunado testimonio de quienes dicen haberlo creído. Además, la iglesia sufre de una serie de males que surgen de la falta de santidad, tales como el distanciamiento de Dios, la ausencia de Su presencia y la carencia de vida espiritual y de poder. Por último, y lo más trágico, muchos que confían en la vida eterna, aunque no tienen base bíblica para esta seguridad, llenan las bancas de la iglesia. La búsqueda de la santidad y la idea de ejercitarse para la piedad son extrañas para ellos.[2] Nunca se les ha advertido ni instruido en la verdad de que una de las grandes marcas de la conversión es el anhelo por la pureza personal que lleva a la búsqueda genuina y repetitiva de esta. Tienen poca instrucción, y por eso ignoran la verdad de que sin santidad nadie verá al Señor.[3]

---

[2] 1 Timoteo 4:7; 6:11; 2 Timoteo 2:22.   [3] Hebreos 12:14

LA PERSPECTIVA CRISTIANA SOBRE LA PUREZA

En este texto, las palabras "puro" y "purifica" se derivan de la misma raíz griega. El adjetivo "puro" se traduce de la palabra griega *hagnos*, que denota que una persona o cosa es pura, santa, casta, inocente. El verbo "purifica" se traduce de la palabra griega *hagnizo*, que significa hacer puro, purificar, limpiar. Si bien el Nuevo Testamento usa la palabra con referencia a la limpieza ceremonial,[4] también denota una limpieza interna personal. En la carta de Santiago a los creyentes de la iglesia primitiva en la dispersión, él insta a los pecadores a limpiar sus manos y purificar sus corazones para que puedan acercarse a Dios.[5] En su primera epístola, el apóstol Pedro describe a los cristianos como aquellos que han purificado sus almas en obediencia a la verdad.[6] En el texto frente a nosotros, el apóstol Juan describe al cristiano genuino como uno que se purifica a sí mismo, así como Cristo es puro.

Notemos que el verbo griego que se traduce "purifica" está en tiempo presente, que indica una acción continua. Por eso, toda la frase puede correctamente traducirse: "Y todo aquel que tiene esta esperanza en Él está purificándose a sí mismo, así como Él es puro". De esto aprendemos que el progreso del creyente en la pureza personal no es necesaria ni primordialmente el resultado de alguna experiencia momentánea, sino un proceso que continúa desde el momento de la conversión hasta su glorificación final en el cielo. Por ello los teólogos a menudo se refieren al crecimiento del creyente en la pureza como *santificación progresiva*. Es cierto que Dios puede usar eventos en nuestras vidas, experiencias personales en oración o la obra excepcional del avivamiento para hacernos avanzar por un tiempo con mayor rapidez. Pero el crecimiento del creyente en la santidad es abrumadoramente el resultado de la obra progresiva de la providencia de Dios y la búsqueda diaria del creyente de una mayor santidad por la Palabra de Dios, la oración y la separación.

También notemos que después del verbo "purifica" está el pronombre reflexivo "a *sí* mismo", que indica que el sujeto está llevando a cabo una acción sobre sí mismo y no que esa misma acción la lleva a cabo sobre otro. En otras palabras, el que está siendo purificado es el que está haciendo la obra de la purificación. Esto no es una negación de la participación de Dios en nuestra santificación; es una prueba de que nuestra

---

[4] Juan 11:55; Hechos 21:24; 26.   [5] Santiago 4:8.   [6] 1 Pedro 1:22.

santificación es sinérgica: hay una cooperación entre dos o más agentes para producir un efecto combinado. Aunque nuestra regeneración es monergista (solamente la obra de Dios), nuestra santificación es sinérgica (el resultado de la obra de Dios y la cooperación del creyente). Esta verdad se expone maravillosamente en la exhortación de Pablo a la iglesia en Filipos: "Por tanto, amados míos, ya que siempre han obedecido, no sólo en mi presencia, sino mucho más ahora en mi ausencia, *ocúpense en su salvación* con temor y temblor, porque Dios *es el que produce en ustedes* lo mismo el querer como el hacer, por Su buena voluntad" (Fil 2:12-13).

La purificación o santificación es una obra sinérgica en la que Dios y el creyente activamente participan para lograr la meta deseada: que el creyente sea conformado a la imagen de Cristo. Dios ha predestinado y está al frente de esta obra a través de Su Espíritu y de los multiformes actos de la providencia. Su iniciativa y participación garantizan el progreso del creyente en la santidad y son la base para la audaz confianza de que Él, que comenzó la buena obra en el creyente, la perfeccionará en el día de Cristo Jesús. A la vez, la Escritura reconoce que la santificación del creyente también depende de su propia participación personal. Aunque Dios está obrando para limpiar al creyente de toda inmundicia e idolatría, el creyente está llamado a purificarse a sí mismo como Cristo es puro, a limpiarse a sí mismo de toda contaminación de la carne y el espíritu y a perfeccionarse en la santidad y en el temor de Dios.[7]

Al reconocer el elemento humano en nuestra santificación, el lector contemporáneo puede preguntar: "¿No es esto una prueba que algunos creyentes genuinos pueden vivir como impíos o que algunos pueden permanecer carnales con escaso progreso en la santidad?". De nuevo, esta pregunta demuestra ignorancia sobre la naturaleza de la salvación. Primero, el anhelo del creyente por la santidad es resultado del nuevo nacimiento. Él ha pasado a ser un hijo de Dios, una nueva criatura con nuevos afectos por la justicia. Aunque tendrá luchas contra la carne, el mundo y el enemigo, estos nuevos afectos por Dios le llevarán a un mayor desprecio por el mundo y a una atracción por la santidad. Segundo, nunca debemos olvidar que Dios es quien obra en cada creyente "el querer como el hacer, por Su buena voluntad" (Fil 2:12-13). Él conforma la voluntad del creyente a la Suya y lo fortalece para que haga esa

---

[7] Ezequiel 36:25; 2 Corintios 7:1.

voluntad. Él produce la inclinación y el poder; Él dirige y anima. Por último, nunca debemos olvidar que Dios ha prometido velar por Sus hijos. Él no los abandonará a la impiedad ni será negligente en la disciplina amorosa e intencional. Por esta razón, el autor de Hebreos escribe:

"... porque el Señor disciplina al que ama, y azota a todo el que recibe como hijo". Si ustedes soportan la disciplina, Dios los trata como a hijos. ¿Acaso hay algún hijo a quien su padre no discipline? Pero si a ustedes se les deja sin la disciplina que todo el mundo recibe, entonces ya no son hijos legítimos, sino ilegítimos. Por otra parte, tuvimos padres terrenales, los cuales nos disciplinaban, y los respetábamos. ¿Por qué no mejor obedecer al Padre de los espíritus, y así vivir? La verdad es que nuestros padres terrenales nos disciplinaban por poco tiempo, y como mejor les parecía, pero Dios lo hace para nuestro beneficio y para que participemos de Su santidad (12:6-10).

La santificación progresiva es una característica que se encuentra en la vida de todo verdadero convertido. Detallaremos esto en la conclusión de este capítulo, pero el lector debería ahora tener en cuenta que el cristiano genuino no solo será sensible a someterse a la obra de Dios de la santificación en su vida, sino que también participará activamente en esta tarea a través de los medios que se le proveen en la Escritura.

LOS MEDIOS CRISTIANOS PARA PURIFICARNOS

La dirección y la participación de Dios en la santificación del creyente no son motivo de negligencia ni pereza, sino un llamado y estímulo al deber. Puesto que Dios está trabajando en nosotros, tenemos la seguridad de que nuestro esfuerzo no es en vano. No tenemos excusa para ser pasivos, sino muchos motivos para una búsqueda ferviente de la pureza. Tenemos que estar apasionados, tomar con seriedad y enfocarnos en la lucha por la santidad. Como el apóstol Pablo animó a Timoteo, así debemos disciplinarnos y ejercitarnos sin descanso para la piedad.[8]

Según la Escritura, Dios ha dado al creyente varios medios por los que puede purificarse a sí mismo. Si bien está más allá de los límites de

---

[8] 1 Timoteo 4:7.

este estudio considerarlos a fondo, se hace necesario mencionar cuatro de los más importantes. Primero, podemos afirmar con certeza que la pureza empieza con la separación del pecado. La limpieza es imposible si no hemos cortado primero toda conexión con lo que contamina. No nos hace ningún bien restregarnos con jabón a menos que primero dejemos de mojarnos con la regadera de la suciedad. De muy poco sirve que nos pongamos ropa limpia si estamos parados en una fosa séptica o nos revolcamos en el fango. Por esta razón el apóstol Pablo exhortaba a los creyentes en Corinto:

"Por lo tanto, el Señor dice:
'Salgan de en medio de ellos,
y apártense; y no toquen lo inmundo;
y Yo los recibiré'" (2Co 6:17).

Segundo, Dios ha dado la Escritura como una disciplina fundamental para una vida piadosa. Según el salmista, un muchacho puede mantener su camino puro solo por acatar la Palabra de Dios, y por atesorar esa Palabra en su corazón para no pecar contra Él.[9] El apóstol Pablo enseñó que el creyente debe renovar su mente si va a escapar de este mundo profano y ser transformado conforme a la voluntad buena, agradable y perfecta de Dios.[10] El apóstol Pedro, en el contexto de su exhortación sobre la santidad, animaba a los creyentes a desear la leche pura de la Palabra, para que por ella crecieran en cuanto a la salvación.[11]

Tercero, un poderoso medio de purificación, pero que se ignora en gran medida, es la disciplina de la oración. El Señor nos mandó orar para que no cayéramos en la tentación, sino que fuéramos librados del mal.[12] En el huerto de Getsemaní, la noche que fue traicionado, Jesús dio un mandamiento similar a Su círculo más cercano: "Oren para que no caigan en tentación" (Lc 22:40). En su carta a la iglesia en Éfeso, el apóstol Pablo, después de tratar el asunto de la guerra espiritual, exhortó a los creyentes a orar siempre con toda oración y velar con toda perseverancia y súplica por todos los santos.[13]

Cuarto, la Escritura nos enseña que el creyente puede crecer en la pureza y la santidad al grado que ve destellos cada vez mayores de

---

[9] Salmo 119:9, 11.   [10] Romanos 12:2.   [11] 1 Pedro 2:2.   [12] Mateo 6:13.   [13] Efesios 6:18.

Cristo y Su evangelio. Si bien este cuarto medio es inseparable del estudio de la Escritura y la oración, necesita ser tratado por separado de modo que entendamos que no solo somos cambiados por la mera aplicación de la verdad proposicional o de la imitación de principios bíblicos, sino que somos cambiados por revelaciones cada vez mayores de Cristo a través de la Palabra. Nada es más purificador que estar familiarizado con una persona realmente piadosa o semejante a Cristo. Cuanto más tiempo pasamos en la presencia de esa persona y más íntima es nuestra comunión, mayor será el efecto que causará en nuestra vida. Si esta sentencia se aplica para la comunión con otras personas, entonces ¿cuán mayor será el efecto cuando pasamos tiempo con Cristo? Su enseñanza es vida y espíritu,[14] Su ejemplo es impecable y la gloria de Su persona es transformadora. Por esta razón, el apóstol Pablo escribe: "Por lo tanto, todos nosotros, que miramos la gloria del Señor a cara descubierta, como en un espejo, somos transformados de gloria en gloria en la misma imagen, como por el Espíritu del Señor (2Co 3:18).

Aunque durante nuestro peregrinaje terrenal podemos, cuando mucho, ver a Cristo solo vagamente, el más pequeño destello es capaz de operar la más grande transformación, incluso en el más pequeño de todos los santos.[15] Cuánto más vemos, experimentamos y estamos en comunión con Cristo a través de la Escritura y la oración, más seremos transformados por Su gloria y conformados a Su imagen, una imagen que está exenta de la partícula más minúscula de contaminación moral. Como nos lo asegura el escritor de Hebreos, Él es santo, inocente, sin mancha, apartado de los pecadores, y exaltado por encima de los cielos.[16]

Aunque el uso de estas disciplinas espirituales no se registra de modo explícito en la Escritura como evidencia de la conversión, pueden servir como una prueba crucial de la verdadera espiritualidad de la persona que profesa fe en Cristo. Los creyentes más maduros y devotos son algunas veces tristemente negligentes en las disciplinas espirituales que promueven la pureza moral y la conformidad a Cristo. Ahora bien, sería complicado demostrar la conversión de una persona cuya vida careciera del empleo de estos medios, a quien le importara tan poco su progreso en la pureza que permaneciese apático en su corazón y pasivo en la acción.

---

[14] Juan 6:63.   [15] Efesios 3:8.   [16] Hebreos 7:26.

LA PUREZA COMO EVIDENCIA DE LA CONVERSIÓN

El final de este texto es poderoso y lleno de verdad. No debemos ser engañados por su brevedad pues contiene una sentencia que sanaría muchos de los males que aquejan al evangelicalismo contemporáneo: "Y todo aquel que tiene esta esperanza en Él, se purifica a sí mismo, así como Él es puro" (1Jn 3:3).

La primera cosa que deberíamos notar es la referencia de Juan a "todo aquel", a fin de incluir a todos los que en verdad creen en el Señor Jesucristo para salvación. La intención de Juan es clara: Todo aquel que es verdaderamente cristiano se caracterizará por un esfuerzo personal y práctico por alcanzar la santidad. La búsqueda de la pureza no está confinada a un puñado de santos superespirituales, sino que es una característica de todo el que ha puesto su esperanza en Cristo. Una incorrecta clasificación de individuos en tres niveles dentro de la comunidad evangélica ha existido por demasiado tiempo: el no creyente, el cristiano carnal y el cristiano maduro. Esta clasificación ha permitido que la iglesia esté llena de hombres, mujeres y jóvenes que tienen forma de piedad, pero niegan su poder; profesan la fe en Dios, pero lo niegan con sus hechos; y enfáticamente confiesan el señorío de Cristo, pero no hacen la voluntad del Padre.[17] Aunque es verdad que los cristianos aún luchan contra el pecado, e incluso el más firme de los santos debe luchar contra la amenaza constante de la apatía, no existen motivos para lo que ahora se conoce comúnmente como cristiano carnal. No hay tal cosa como un cristiano que vive en un estado permanente de carnalidad; no hay tal cosa como un cristiano en que Dios no está obrando con eficacia.

La Escritura testifica que Dios obra en la vida de cada creyente, sin excepción, el querer como el hacer por Su buena voluntad.[18] Nosotros somos Su hechura, creados en Cristo Jesús para buenas obras.[19] Él es el Dios que hace todas las cosas conforme a Su voluntad y que hace todo lo que quiere en los cielos, en la tierra, en los mares y en los abismos profundos.[20] ¿Es posible que el Dios que gobierna la creación no pueda establecer Su propósito o lograr Su buena voluntad en Sus hijos?[21] La Escritura enseña que los nombres de los hijos de Dios están inscritos en las palmas de Sus manos.[22] ¿Han escapado de alguna manera a Su atención o ido más allá de Su cuidado paternal? ¿El Dios que manda a

---

[17] Mateo 7:21; 2 Timoteo 3:5; Tito 1:16.   [18] Filipenses 2:13.   [19] Efesios 2:10.   [20] Salmo 115:3; 135:6; Efesios 1:11.   [21] Isaías 46:9-10.   [22] Isaías 49:15-16.

los hombres que eduquen a sus hijos en la disciplina y temor del Señor dejaría a los Suyos olvidados?[23] ¿Demandaría de los ancianos de la iglesia que gobiernen bien sus propias casas mientras Su casa está desordenada?[24] Conocemos la respuesta habiendo considerado Hebreos 12:6-8. Dios trata con Su gente como Hijos y castiga a los que ama.

Dios es implacable en el cuidado y disciplina de Sus hijos. Que muchos en la comunidad evangélica hagan lo que quieran no niega las promesas de Dios, sino que prueba la ilegitimidad de ellos. Dios no los ha olvidado. La realidad aterradora es que ellos no son Sus hijos. Si lo fueran, como dice Hebreos, Él los castigaría, y ellos soportarían.

Encontramos una gran verdad en estos pasajes de 1 Juan y Hebreos: nuestra santificación es tanto el trabajo del creyente y del Dios que lo ha llamado. El creyente que ha puesto de verdad su esperanza en Cristo para salvación se purifica a sí mismo, así como Él es puro, y el que lo ha adoptado como hijo toma todas las medidas para conformarlo a Su voluntad. Él no descansará, aunque el azote[25] de la disciplina pueda ser necesario.

De nuevo, el creyente continuará luchando con el pecado, la carne y el mundo. Él fallará. Es más, habrá aparentes pausas en la obra de la santificación y ocasiones cuando pareciera que se ha logrado poco en la vida del creyente. A menudo, la mayor poda y la preparación se logran cuando no hay fruto visible. Lo que esto significa es que aquellos que profesan la fe en Cristo para la salvación y la glorificación futura en Su venida demostrarán una esperanza por la búsqueda de la pureza, un esfuerzo por alcanzar la santidad y un deseo genuino y visible por conformarse a la imagen de Cristo. En la medida en que estas cosas sean evidentes y crezcan, podemos tener una mayor seguridad de que verdaderamente lo hemos conocido. En la medida en que no estén presentes en nuestras vidas, deberíamos estar preocupados.

La Escritura enseña con la mayor claridad que sin santificación nadie verá al Señor.[26] Esto no significa que debemos esforzarnos en ser lo suficientemente puros como para entrar al reino, pues eso sería una salvación por obras y no por gracia: "si fuera por obras, ya no sería gracia" (Ro 11:6). La santidad personal no logra que estemos bien con Dios ni logra la salvación eterna, pero es la evidencia de que hemos recibido tales cosas por gracia mediante la fe. Esta verdad tuvo un lugar

---

[23] Efesios 6:4.   [24] 1 Timoteo 3:4-5.   [25] La severidad del verbo "azotar" en Hebreos 12:6 es clara. Se traduce del verbo *mastigóo*, que significa "azotar con fusta o látigo".   [26] Hebreos 12:14.

prominente en la predicación del evangelio hasta la era presente, pero ahora es desconocida para muchos cristianos. A menudo no se expone correctamente ni se impresionan las consciencias de los que profesan la fe en Cristo. Por eso, algunos verdaderos creyentes no están tan seguros como deberían estarlo, y algunos falsos convertidos están seguros aunque no tienen razón para estarlo.

Los cristianos no solo esperan ser purificados en la venida de Cristo; buscan purificarse a sí mismos a través de la separación, el estudio de la Palabra de Dios y la oración. El verdadero creyente tiene un gran deseo interno de ser como Su Salvador: busca primeramente el reino de Dios y Su justicia y se ejercita a sí mismo para la piedad.[27] Si estas cosas son extrañas para nosotros, deberíamos examinarnos a nosotros mismos para ver si estamos en la fe y para fortalecer nuestro llamado y elección.[28]

ÁNIMO PARA EL CRISTIANO

No hemos sido llamados a embarcarnos solos en un viaje con un final incierto. Se nos ha prometido que Dios obrará en nosotros, y Él, que comenzó la buena obra, la perfeccionará. Aunque Juan nos dice que no sabemos lo que hemos de ser cuando la obra de Dios esté completa en nosotros, sí sabemos que seremos semejantes a Él.[29] No nos falta conocimiento sobre lo que hemos de ser por lo incierto del resultado, sino por la grandeza del resultado. El fin del creyente es tan brillante que podemos afirmar que ningún ojo ha visto y ningún oído ha escuchado, ni ha penetrado el corazón del hombre todas las cosas que Dios ha preparado para los que lo aman.[30] Si bien el mejor de los cristianos aún debe llorar por el pecado, el fracaso, la debilidad y la duda, la gracia futura está esperando aun por el más miserable y débil entre nosotros. Aunque esta se demore, vendrá con Cristo y Su gran aparición al mundo. Entonces, no solo Cristo será vindicado y glorificado, sino también Su pueblo, ahora despreciado y reprendido, será vindicado, transformado y glorificado con Él. Será la final e inequívoca confirmación de nuestra condición de hijos. Esta gran esperanza fundada sobre el decreto divino y confirmada por la sangre del Calvario llena al creyente con "gozo inefable y glorioso" y lo impulsa a "[ser santo], porque [Él es] santo" (1P 1:7-8, 16).

---

[27] Mateo 6:33; 1 Timoteo 4:7.   [28] 2 Corintios 13:5; 2 Pedro 1:10.   [29] 1 Juan 3:2.   [30] 1 Corintios 2:9.

CAPÍTULO DOCE

Practicando la justicia

Y ahora, hijitos, permanezcan en Él para que, cuando se manifieste, tengamos confianza, y cuando venga no nos alejemos de Él avergonzados. Si saben que Él es justo, sepan también que todo el que hace justicia ha nacido de Él.

—1 Juan 2:28-29

Todo aquel que comete pecado, quebranta también la ley, pues el pecado es quebrantamiento de la ley. Y ustedes saben que Él apareció para quitar nuestros pecados, y en Él no hay pecado. Todo aquel que permanece en Él, no peca; todo aquel que peca, no lo ha visto, ni lo ha conocido. Hijitos, que nadie los engañe, el que hace justicia es justo, así como Él es justo. El que practica el pecado es del diablo, porque el diablo peca desde el principio. Para esto se ha manifestado el Hijo de Dios: para deshacer las obras del diablo. Todo aquel que ha nacido de Dios no practica el pecado, porque la simiente de Dios permanece en él, y no puede pecar, porque ha nacido de Dios. En esto se manifiestan los hijos de Dios, y los hijos del diablo: todo aquel que no hace justicia, ni ama a su hermano, tampoco es de Dios.

— 1 Juan 3:4-10

En el capítulo anterior, aprendimos que la marca del verdadero creyente es que este se conforma cada vez más a Cristo en relación con la santidad. Juan escribió: "Y todo aquel que tiene esta esperanza en Él, se purifica a sí mismo, así como Él es puro" (1Jn 3:3). En los dos pasajes frente a nosotros, aprendemos que la marca de un verdadero creyente será conformarse a Cristo en relación con la práctica de la justicia. Las similitudes entre las dos pruebas son aparentes:

El creyente se purifica a sí mismo así como Cristo es puro.[1]
El creyente practica la justicia así como Cristo es justo.[2]

Hay un sentido en el que estas dos características del cristiano genuino son reflejo la una de la otra. Aunque las distinciones pueden y deberían establecerse entre la santidad y la justicia, una no existe sin la otra en la misma persona. Una persona que está marcada por una de ellas estará igualmente marcada por la otra. En la medida que nos purificamos a nosotros mismos, también creceremos en la justicia.

En otro sentido, el término *justicia* añade claridad a lo que significa ser puro y santo. Esto nos demuestra que la verdadera santidad o la pureza moral no se valida por un sentimiento o algún estado espiritual estático, sino por la práctica de la justicia. La palabra "justicia" se traduce de la palabra griega *dikaiosúne* y denota el estado de algo o alguien que es recto delante de Dios o aprobado por Dios. Cuando el término se usa en relación con la justicia posicional del creyente, se refiere a su posición legal, forense y correcta delante de Dios por la fe en la persona y la obra de Cristo. Cuando el término se usa en relación con la justicia personal del creyente, se refiere a la conformidad de este a la naturaleza y voluntad de Dios como se revela en la totalidad de la Escritura y principalmente en la persona de Jesucristo. Es importante señalar que si bien no hay contradicción entre Cristo y la ley, Cristo es la mayor revelación de todas las cosas sobre Dios y sobre Su voluntad. Haríamos bien en reconocer que Juan sitúa a Cristo como el máximo estándar para la pureza y la justicia.[3] Esta es una verdad impactante y transformadora que permite que la moralidad y la ética del creyente sean de verdad centradas en Cristo.

La palabra "practica" viene del verbo griego *poiéo*, que significa hacer, causar, actuar, lograr, ejecutar, practicar, guardar y trabajar. La razón para esta larga lista de términos es demostrar que la palabra *poiéo* denota actividad y que la justicia de la cual escribe Juan es dinámica, práctica y visible. No es la justicia de aquellos que son solo oidores de la Palabra, sino de aquellos que en realidad la hacen: "Pero pongan en práctica la palabra, y no se limiten sólo a oírla, pues se estarán engañando ustedes mismos" (Stg 1:22). Ni es la justicia de los místicos o de los

---

[1] 1 Juan 3:3.   [2] 1 Juan 2:29.   [3] 1 Juan 3:3, 7.

que tienen mucho conocimiento, pero fallan en la acción; en cambio, es la justicia de la simple obediencia, la conformación visible con la ley de Dios y la imitación de Cristo.

Es importante observar que el verbo *poiéo* está en el tiempo presente, que denota una acción continua, un estilo de vida o una práctica establecida. Aunque la vida cristiana implicará grandes luchas con el pecado y fracasos recurrentes, estará marcada por un esfuerzo por conformarse a la voluntad de Dios, por el crecimiento en la sumisión a esta y por un mayor quebrantamiento personal cuando se viola.

UNA ADVERTENCIA MUY NECESARIA

No debería sorprendernos que la obediencia práctica y visible es una prueba de la conversión. Ya nos hemos tropezado con esta verdad dos veces. En la primera prueba en 1 Juan 1:5-7, aprendimos que el cristiano genuino camina en la luz, su estilo de vida se conforma a la revelación de Dios de Su persona y voluntad. En la tercera prueba en 1 Juan 2:3-5, descubrimos que aquellos que son genuinamente convertidos guardan los mandamientos de Dios. Ahora, en 1 Juan 2:29, se nos dice que todo aquel que practica la justicia, que ajusta su vida y sus hechos al estándar de la ley de Dios, es nacido de Dios. Estos textos apoyan a muchos otros en todo el Nuevo Testamento que demuestran que la salvación por la gracia mediante la fe se pone de manifiesto por las obras;[4] que la justificación se demuestra por la santificación;[5] que la justicia posicional se valida por la justicia personal;[6] que la confesión que hace una persona sobre Cristo como Señor se prueba mediante la obediencia práctica;[7] y que si alguno está en Cristo, es una nueva criatura para quien lo viejo ha pasado y ahora ya todo es nuevo.[8]

Aun cuando estas declaraciones son totalmente bíblicas y las sostienen hombres prominentes y confesiones de la historia de la iglesia, han sido casi olvidadas entre los evangélicos contemporáneos. Incluso insinuar que la salvación podría tener pruebas prácticas o que quienes se han entregado al mundo no son de verdad convertidos ocasiona gran ofensa y resulta en un duro reproche por parte la mayoría de la

---

[4] Santiago 2:14-26.   [5] Filipenses 1:6; 2:12-13; Hebreos 12:14.   [6] Tito 1:16.   [7] Mateo 7:21.
[8] 2 Corintios 5:17.

comunidad evangélica. Por eso necesitamos con desesperación poner atención a la advertencia de Juan:

> Hijitos, que nadie los engañe, el que hace justicia es justo, así como Él es justo (3:7).

> En esto se manifiestan los hijos de Dios, y los hijos del diablo: todo aquel que no hace justicia, ni ama a su hermano, tampoco es de Dios (3:10).

Cabe señalar que no estamos leyendo las palabras de un hombre legalista lleno de amargura y reproche. El anciano Juan se dirigió a sus lectores como sus hijos con un doble propósito: primero, comunicar su amor paternal por ellos como un apóstol y pastor del rebaño de Cristo; y segundo, recordarles que, como niños pequeños, son propensos al engaño y a ser "arrastrados para todos lados por todo viento de doctrina" (Ef 4:14). Esto es especialmente cierto con respecto a la ética o moralidad cristiana.

La iglesia cristiana camina por un camino estrecho con peligros mortales en ambos lados. A un lado está el legalismo: una religión de reglas y recompensas, la exaltación del cumplimiento de las obligaciones del hombre y, por ello, la reducción de la persona y la obra de Cristo. El hombre triunfa, y Dios se convierte en un deudor obligado a recompensarlo por su piedad y nobles logros. Eso cuenta para los fariseos que aman las reglas más que a Dios y que consideran que la gracia es una necesidad de la gente inferior.[9] Semejante religión señala las pajas e ignora las vigas, cuela el mosquito y se traga el camello.[10] Siempre está midiendo, comparando y compitiendo.[11] Todo es sobre rangos, jerarquías y sumisión.[12] Por lo general termina en un frenético festín en que se muerden, devoran y consumen unos a los otros.[13]

En el otro lado del peligroso camino del cristianismo está el riesgo del antinomianismo:[14] vivir "sin ley". Aunque tan letal como el legalismo, es más prominente en el cristianismo contemporáneo y por eso

---

[9] Lucas 18:11.   [10] Mateo 7:3-5; 23:24.   [11] Mateo 7:1-2; 2 Corintios 10:12.   [12] Mateo 23:5-7; Marcos 12:38-39; Lucas 11:43; 20:45.   [13] Gálatas 5:15.   [14] Antinomianismo es la doctrina que afirma que la gracia libera al cristiano de las restricciones morales de la ley, y esto conduce a la práctica de la inmoralidad sin censura.

merece nuestra atención con mayor detalle. El antinomianismo es una doctrina ponzoñosa que convierte la gracia de Dios en libertinaje[15] y cuenta con un terrible lema: "¿Seguiremos pecando, para que la gracia abunde? (Ro 6:1; ver 3:8). En su forma más extrema, se reconoce y rechaza con facilidad. No obstante, cuando se esconde dentro del manto de una actitud abierta, de la compasión y la caridad cristiana, tal doctrina se vuelve engañosa y letal.

Debemos reconocer que vivimos en una época de relativismo en la que se niegan los absolutos morales. Este mal ha entrado a la iglesia, y las consecuencias han sido devastadoras. Tal mal ha derribado el estándar de justicia de la ley de Dios, ha negado que hay una manera particular cristiana de vivir y ha hecho imposible definir el camino estrecho. Por eso, muchos de nosotros vemos como sospechosa cualquier predicación que coloque sobre nosotros un absoluto moral. En el momento en que una ley o verdad es impuesta sobre nuestra consciencia, condenamos al predicador como legalista y su enseñanza como esclavitud. Puesto que hemos llegado a estar convencidos de que la verdad sobre nuestra conducta no puede ser conocida, solo nos queda una opción: la autonomía, en la que cada persona hace lo que a sus ojos le parece mejor.[16] Esto se ha tratado muchas veces antes, pero siempre con las mismas devastadoras consecuencias, pues donde no hay visión o revelación de la ley, la gente se descontrola y perece: "Donde no hay visión, el pueblo se desenfrena, pero bienaventurado es el que guarda la ley" (Pro 29:18).[17]

Vivimos en una época de humanismo e individualismo donde el hombre es el centro y el fin de todas las cosas y el individuo demanda autonomía ilimitada para expresarse sin el mínimo indicio de censura. Puesto que no hay un estándar divino para conocer y obedecer, nos quedamos con las opiniones de otro. Por lo tanto, si un hombre censura a otro puede ser rechazado como ignorante y arrogante, que solo busca exaltar sus opiniones sobre las de los demás. Puesto que ya no creemos que lo que Dios ha dicho puede discernirse y aplicarse específicamente, podemos ahora justificar el hacer caso omiso a la exposición más precisa de la Escritura y denunciar como un peligroso fanático a cualquiera que diga: "¡Así dice el Señor!". No nos damos cuenta de que estamos en

---

[15] Judas v.4. "Libertinaje" se traduce de la palabra griega *asélgeia* y denota lujuria desenfrenada, exceso, disipación, sensualidad, descaro, insolencia. [16] Jueces 17:6; 21:25. [17] La segunda frase de este versículo define la primera, dejando claro que la visión es una revelación de la ley de Dios.

las mismas garras del maligno cada vez que pronunciamos su mantra: "¿Así que Dios les ha dicho?" (Gn 3:1).

Por último, vivimos en medio de un romanticismo torcido donde la piedad ha sido redefinida como una actitud abierta hacia todo, y la tolerancia es la manifestación suprema del amor. Así, cualquier forma de represión se considera el mayor acto de inmoralidad. Por ello, gran parte de la terminología del cristianismo ha sido redefinida o removida del todo. Decir "estoy equivocado" es autodestructivo; decir "está equivocado" es criminal. Por eso, los profetas son exilados y los orientadores espirituales son levantados en su lugar; la enseñanza bíblica, la represión, la corrección y la instrucción en justicia son intercambiadas por principios motivacionales que llevan a la realización personal;[18] el hierro que pule al hierro se convierte en un ejercicio de mutua afirmación,[19] y la disciplina de la iglesia se denuncia como una monstruosa equivalencia a los juicios de las brujas de Salem. Parece que nuestro amor se ha vuelto tan refinado y elevado que no podemos soportar los mandamientos antiguos de Cristo.

Por eso, con la excusa de nuestra autoimpuesta ignorancia, la supuesta estima por el individuo, la actitud abierta y la tolerancia hemos derrumbado con eficacia cada estándar y nos hemos convertido en antinomianos prácticos: gente sin ley, sin sabiduría y sin principios. Vivimos en el mundo y nos parecemos al mundo. Ignoramos o enterramos bajo la retórica cada indicador bíblico que nos dirija por el camino estrecho. Se nos ha dicho que no podemos conocer la verdad y, creyendo una mentira, nos hemos condenado a caminar en la oscuridad.

Si el cristianismo contemporáneo va a recuperar su salud y su fuerza, debe poner fin al engaño que ha caído sobre él. Debemos comprender que la fe salvífica y la conversión genuina se demuestran por un crecimiento gradual, práctico y visible en la santidad y la justicia. Debemos volver a la instrucción simple y sensata que el apóstol Juan presentó. La verdad que se presenta en 1 Juan 3:7, 10 es que una persona que confiesa a Cristo puede tener la seguridad de su salvación solo en la medida en que ella posee un deseo por la justicia, en que de verdad la practica y en que es quebrantado por sus debilidades.

---

[18] 2 Timoteo 3:16.   [19] Proverbios 27:17.

El reino animal se separa según el género y la especie, conforme características visibles y conducta. El hombre se diferencia de los animales inferiores por lo que es y hace. Nosotros nunca confundiríamos un caballo con un pez o un primate con un escarabajo por sus rasgos visibles. Sin embargo, en la confusa variedad del cristianismo contemporáneo, no solo hemos encontrado imposible distinguir las diferencias entre los hijos de Dios y los hijos del diablo, sino que hemos encontrado incomprensible pensar que incluso hay diferencias.

No disponemos del poder, al fin y al cabo, para confirmar o negar la conversión de otro, y debemos ser cuidadosos incluso para juzgarnos a nosotros mismos. El balance es necesario, y debemos esforzarnos en evitar las trampas de la lenidad por un lado o de la severidad por el otro. Sin embargo, aunque no podemos pronunciar la seguridad o retirarla de alguien, podemos y deberíamos advertir a las personas que deben examinarse a sí mismas sobre la pureza y el hacer justicia.[20] Si, teniendo en cuenta la Escritura, las personas se encuentran a sí mismas apáticas hacia la justicia, practicantes del pecado sin remordimiento ni mejoría, impías, inmorales y mundanas, deberíamos advertirles que estas son las características de los no convertidos. Deberían ser llamadas a "[buscar] al Señor mientras pueda ser hallado" y a "[llamarlo] mientras se [encuentra] cerca" (Is 55:6). Si, con todo, teniendo en cuenta la Escritura, encuentran que están buscando el reino de Dios y Su justicia,[21] crecen en su semejanza a Cristo, lamentan lo que permanece igual[22] y se arrepienten cuando se les dan a conocer sus pecados,[23] ellas deberían sentirse animadas porque estas son las características de los hijos de Dios.

DISCERNIENDO LOS RASGOS FAMILIARES

En los primeros versículos del capítulo 3, el apóstol Juan presenta un extenso contraste entre los hijos de Dios y los hijos del diablo. Aunque esta división de la humanidad puede ser perturbadora para nuestra cultura hipersensible, debemos recordar que es la práctica común de la Escritura dividir el mundo en categorías mutuamente exclusivas: judíos y gentiles, creyentes y no creyentes, iglesia y mundo.

---

[20] 2 Corintios 13:5.   [21] Mateo 6:33.   [22] Mateo 5:4.   [23] Salmo 51:17; Isaías 66:2.

Si bien estas clasificaciones podrían escandalizar a alguien, ninguna de ellas es tan radical o abrasiva como la que se presenta en este texto. ¿Puede el mundo dividirse realmente entre los hijos de Dios y los hijos del diablo? ¿No hay categoría intermedia para aquellos en el mundo incrédulo que no han hecho alianza con Satanás o cometido las atrocidades de Hitler? El lenguaje parece demasiado ofensivo, sin embargo, es el lenguaje del Nuevo Testamento. Según Juan, y Cristo, el mundo está dividido entre el cristiano, cuyo parentesco espiritual es con Dios por Cristo, y el no creyente, que se identifica con el diablo por Adán y por su propia desobediencia.

Teniendo en cuenta estas verdades bíblicas, podemos empezar a comprender el motivo por el que Juan termina esta sección de su primera carta (3:10) con la declaración que hay diferencias que se pueden distinguir entre el creyente y el no creyente; que la confesión de la fe de una persona puede y debería probarse; que la seguridad de la salvación no se fundamenta solo en lo que una persona dice o siente, sino sobre las evidencias prácticas de una vida cambiada y que está cambiando.[24] En este versículo, Juan indica que las diferencias entre el creyente y el no creyente son "manifiestas", son evidentes. La palabra se traduce del adjetivo griego *phanerós*, que significa ser aparente, manifiesto, evidente, claramente reconocido o conocido. Marcos usa la misma raíz y palabra en su registro de las enseñanzas de Jesús cuando Él declara: "Porque no hay nada oculto que no llegue a *manifestarse*, ni hay nada escondido que no salga a la luz" (Mr 4:22).

La evidencia de nuestra conversión no es un secreto misterioso o indiscernible, sino que se manifiesta por nuestra manera de vivir. Las diferencias entre el creyente y el no creyente son evidentes y se reconocen fácilmente. Juan las resume con claridad asombrosa:

Hijitos, nadie os engañe; *el que hace justicia es justo*, como Él es justo. *El que practica el pecado es del diablo*; porque el diablo peca desde el principio. Para esto apareció el Hijo de Dios, para deshacer las

---

[24] La expresión "una vida cambiada y que está cambiando" es importante porque demuestra tanto el poder inicial de la regeneración como la obra continua de la santificación en la vida del creyente. Estas dos realidades deben mantenerse en tensión. En cierto sentido, el creyente ha cambiado a través de la regeneración, pero en otro sentido igualmente real, el creyente continúa siendo cambiado por la obra progresiva de la santificación, una obra que continúa hasta la glorificación final del creyente en los cielos.

obras del diablo. *Todo aquel que es nacido de Dios, no practica el peca-do, porque la simiente de Dios permanece en él; y no puede pecar, porque es nacido de Dios.* En esto se manifiestan los hijos de Dios, y los hijos del diablo: *todo aquel que no hace justicia,* y que no ama a su hermano, *no es de Dios* (3:7-10, RVR1960).

Según Juan, el no creyente se distingue por dos realidades inquie-tantes: lo que hace y lo que no hace. Él practica el pecado y no hace justicia. Si bien estas dos características se mencionan por separado, básicamente se refieren a lo mismo: desobediencia, estar lejos de la vo-luntad de Dios o desviarse de Su norma. Por eso, el no creyente queda expuesto por su constante negligencia a la práctica de la justicia de Dios como se revela en los mandamientos y por su constante participación en las cosas que Dios ha prohibido. Queda demostrado que el no cre-yente está alineado con el diablo en que participa en las obras de este, obras que Cristo vino a destruir y que, además, el no creyente practica los pecados por los que Cristo murió para fueran quitados.[25]

Como ya hemos explicado en pocas palabras, para que una persona se alinee con el diablo no requiere que participe en algún culto oscuro como la brujería o el satanismo, ni requiere que sea un "gran" pecador que abiertamente expresa su hostilidad hacia Dios y se entrega a toda forma de inmoralidad. En realidad, muchos que se identifican con el cristianismo y la fe evangélica son igualmente culpables. Aunque di-cen pertenecer a Cristo, toda su vida demuestra que su lealtad es falsa. Han pronunciado la oración del pecador, asistido al servicio semanal y mostrado una moralidad que se diferencia mucho de los vicios de esta época presente. Sin embargo, ellos están concentrados en la consecu-ción de metas de este mundo. Demuestran poco interés en entender las Escrituras e ignoran la voluntad de Dios. Por eso, muestran una falta alarmante de discernimiento bíblico y son capaces de participar con li-bertad del pecado sin la menor ofensa para sus consciencias. En las pa-labras del apóstol Pablo, ellos "parecerán muy piadosos, pero negarán la eficacia de la piedad" (2Ti 3:5).

No debemos engañarnos en pensar que la apatía hacia la piedad y el abandono de la ley de Dios es un crimen menor que el de la rebelión

---

[25] 1 Juan 3:5, 8.

abierta. Según 1 Juan 3:4, todo pecado es violación de la ley, un acto de traición contra Dios y una declaración de guerra contra Su trono. Los que se identifican con Cristo pero muestran un constante desinterés en Su Palabra corren un grave peligro como los que viven en abierta rebeldía y levantan su puño cerrado delante del rostro de Dios. Esta es la esencia de la advertencia de Cristo para los discípulos al final del Sermón del Monte: "Entonces les declararé: 'Jamás los conocí; apártense de Mí, los que practican la iniquidad'" (Mt 7:23, NBHL).

En esta advertencia, Cristo emplea la misma palabra que Juan usa en nuestro texto: violación de la ley o iniquidad. Al igual que Juan, Él les está diciendo que los que se dirigen a Él como Señor, pero siguen su propia ley o norma serán condenados en el día del juicio. De nuevo, ni Cristo ni Juan están enseñando la justificación por la ley o la perseverancia por las obras. Somos salvos por gracia mediante la fe y no de nosotros mismos para que nadie se vanaglorie. Sin embargo, la verdadera gracia nunca conduce al antinomianismo o a la violación de la ley, sino a la santidad, a la semejanza de Cristo y a la verdadera piedad. El apóstol Pablo confirma esta verdad en su carta a Tito: "Porque la gracia de Dios se ha manifestado para la salvación de todos los hombres, y *nos enseña que debemos renunciar a la impiedad y a los deseos mundanos, y vivir en esta época de manera sobria, justa y piadosa*" (Tit 2:11-12).

La gracia no nos libera de la justicia de Dios para que presentemos los miembros de nuestro cuerpo al pecado como instrumentos de iniquidad.[26] No anula las verdades eternas del Antiguo Testamento que fueron escritas para nuestra instrucción,[27] ni destrona a Cristo y lo hace una mera figura decorativa sin voluntad soberana ni autoridad.[28] La depreciación de la justicia y el fomento de la violación de la ley nunca fue la intención de la gracia, pero esta parece ser la opinión predominante de nuestra época. Dentro de la comunidad evangélica, a pocos parece interesarles ordenar sus vidas según los dictados de la Escritura, y cualquier mención de una cierta y específica moralidad definida por la Escritura se etiqueta de inmediato como legalista. A demasiados evangélicos no parece inquietarles la enseñanza de la Escritura porque se sienten exentos de su represión, ajenos a su corrección y no están siendo conformados por su instrucción.[29] Demasiados actúan como si no hubiera rey

---

[26] Romanos 6:12-13.   [27] Romanos 15:4.   [28] Lucas 6:46.   [29] 2 Timoteo 3:16.

en Israel y cada quien hiciera lo que le parece mejor. Por eso, la iglesia está inundada con individuos que confiesan a Cristo como Salvador y se aferran a la esperanza de la vida eterna, pero están marcados por una apatía a la voluntad revelada de Dios, la cual lleva a una vida de iniquidad o de quebrantamiento de la ley. Esto es trágico porque conduce a una falsa seguridad que culmina en el juicio final e irrevocable.

Al igual que el no creyente, el cristiano genuino también se distingue por dos realidades: lo que hace y lo que no hace. Sin embargo, en este punto las similitudes entre el creyente y el no creyente terminan y el gran contraste comienza, pues el cristiano practica la justicia que es rechazada por el no creyente y rechaza el pecado que el no creyente continúa practicando.[30] Para Juan, la razón para este innegable contraste en la conducta es claro: los que se han convertido genuinamente no pueden entregarse a la práctica habitual del pecado porque han nacido de Dios y la simiente de Dios permanece en ellos.[31]

La palabra "simiente" se traduce de la palabra griega *spérma*. Puede referirse literalmente a la semilla de la cual una planta germina o el esperma que resulta en la concepción de la vida humana. Aquí parece que es mejor entender la palabra metafóricamente, como la vida divina del Espíritu Santo operando dentro del alma del creyente, por la que este último es regenerado y santificado de manera progresiva. La referencia de Juan a la simiente divina y el nuevo nacimiento tienen la intención de enfatizar que la conversión es una obra sobrenatural de Dios, y que el cristiano es una nueva creación con una nueva naturaleza hecha a la semejanza de Dios en justicia y santidad.[32] Como escribe el apóstol Pedro, el cristiano ha llegado a ser partícipe de la naturaleza divina y un objeto del poder divino que resulta en vida y piedad.[33]

Es por esta extraordinaria obra de Dios en la vida de cada creyente, que Juan puede escribir con la mayor confianza que "todo aquel que es nacido de Dios, no practica el pecado" o incluso no puede hacerlo (3:9). Esto no significa que el creyente no tiene pecado, o que es inmune a la tentación, o que está libre de las luchas con la carne o más allá de los fracasos morales. Lo que significa es que la persona que ha sido regenerada por el Espíritu de Dios no puede vivir en pecado así como un pez no puede vivir por mucho tiempo fuera del agua. Esto no es debido

---

[30] 1 Juan 3:7, 9-10   [31] 1 Juan 3:9.   [32] 2 Corintios 5:17; Efesios 4:24.   [33] 2 Pedro 1:3-4.

a la fuerza de voluntad del creyente, sino a la obra de Dios que ha hecho y está llevando a cabo en él. Dios lo ha hecho una nueva criatura que simplemente no puede tolerar el pecado y la injusticia que alguna vez disfrutaba. Él no puede practicar el pecado sin experimentar la más grande aflicción en su consciencia y el asco por su violación. Esto, junto con la obra constante de la providencia de Dios manifestada en la disciplina, garantiza que el creyente que cae en pecado pronto se arrepentirá y buscará la limpieza y la restauración.[34]

El Nuevo Testamento no deja lugar para la popular opinión evangélica que una persona puede de verdad ser nacida de nuevo y ser apática hacia la justicia y tener una vida de rebelión abierta y de pecado. Los que profesan la fe en Cristo y viven de esta manera deberían preocuparse sobremanera por su bienestar eterno. No deberían estar engañados sino prestar atención a la simple prueba de Juan: "El que hace justicia es justo", pero "todo aquel que no hace justicia... no es de Dios".[35]

---

[34] 1 Juan 1:8-10.   [35] 1 Juan 3:7, 10.

CAPÍTULO TRECE

Venciendo al mundo

Porque todo el que ha nacido de Dios vence al mundo. Y ésta es la victoria que ha vencido al mundo: nuestra fe. ¿Quién es el que vence al mundo, sino el que cree que Jesús es el Hijo de Dios?

—1 Juan 5:4-5

Hijitos, ustedes son de Dios, y han vencido a esos falsos profetas, porque mayor es el que está en ustedes que el que está en el mundo. Ellos son del mundo. Por eso hablan del mundo, y el mundo los oye. Nosotros somos de Dios. El que conoce a Dios, nos oye; el que no es de Dios, no nos oye. Por esto sabemos cuál es el espíritu de la verdad, y cuál es el espíritu del error.

—1 Juan 4:4-6

En cierto sentido, los humanos tenemos solo dos problemas: la condenación del pecado y el poder del pecado.[1] Ambos se resuelven en la persona y la obra de Jesucristo. Mediante la fe en Él, somos justificados, de modo que la condenación del pecado queda anulada: "Por tanto, no hay ninguna condenación para los que están unidos a Cristo Jesús" (Ro 8:1). A través de la obra de regeneración del Espíritu Santo, nacemos de nuevo y somos fortalecidos para vivir una vida nueva, de modo que el poder del pecado es destruido.[2] El creyente no resulta victorioso por su fuerza de voluntad ni por su devoción personal, sino que vence por lo que ha sido hecho por él en la cruz y por lo que ha sido y está siendo logrado en él por el Espíritu y por la obra fiel de la providencia de Dios.

---

[1] Pastor Charles Leiter, en una conversación con el autor sobre Romanos 6.   [2] Romanos 6:4-6.

En la enseñanza del Nuevo Testamento, el hijo de Dios enfrenta muchas luchas dentro y fuera de sí mismo. A veces es derrotado e incluso se siente abatido. Sin embargo, un aire y sensación de victoria real marca su vida. Aunque caiga siete veces, se levantará otras tantas.[3] Aunque camine por valles oscuros, su peregrinaje lo conducirá a mayores alturas. Aunque experimente fallos intermitentes, estos no tendrán la palabra final. Aunque experimente derrotas, no será vencido al final. Esta es la naturaleza de la salvación, pues el Dios que comenzó la buena obra la terminará. La Confesión Bautista de fe de 1689, capítulo 17, lo establece de esta manera:

Aquellos a quienes Dios ha aceptado en el Amado, y ha llamado eficazmente y santificado por Su Espíritu, y a quienes ha dado la preciosa fe de Sus escogidos, no pueden caer ni total ni definitivamente del estado de gracia, sino que ciertamente perseverarán en Él hasta el fin, y serán salvos por toda la eternidad, puesto que los dones y el llamamiento de Dios son irrevocables, por lo que Él continúa engendrando y nutriendo en ellos la fe, el arrepentimiento, el amor, el gozo, la esperanza y todas las virtudes del Espíritu para inmortalidad; y aunque surjan y les azoten muchas tormentas e inundaciones, nunca podrán arrancarles del fundamento y la roca a que por la fe están aferrados; a pesar de que, por medio de la incredulidad y las tentaciones de Satanás, la visión perceptible de la luz y el amor de Dios puede ensombrecérseles y oscurecérseles por un tiempo, Él, sin embargo, sigue siendo el mismo, y ellos serán guardados, sin ninguna duda, por el poder de Dios para salvación, en la que gozarán de Su posesión adquirida, al estar ellos esculpidos en las palmas de Sus manos y sus nombres escritos en el libro de la vida desde toda la eternidad.

En esta prueba de la salvación, aprendemos que una de las grandes características de la verdadera conversión es que el mundo no vencerá al cristiano, de modo que niegue a Cristo y regrese al mundo, ni el mundo tendrá éxito en impedir la obra de Dios en la vida del creyente de modo que este no tenga fruto. Sabemos que conocemos a Dios y que hemos

---

[3] Proverbios 24:16.

nacido de nuevo porque, a través de innumerables luchas libradas dentro y fuera de nosotros, así como frecuentes fracasos, Dios nos sostiene y continúa obrando en nosotros para nuestro bien y para Su gloria.

EL MUNDO VERSUS EL CRISTIANO

Como aprendimos en el capítulo anterior, el mundo representa todo lo que es hostil hacia Dios y se opone al cristiano cuando este busca caminar en el camino angosto según los mandamientos de Cristo. John Bunyan ilustra esta batalla épica en *El progreso del peregrino*, que traza los eventos en la vida de Cristiano, mientras este viaja por el largo camino desde la Ciudad de Destrucción hasta la Ciudad Celestial. Él conoce, durante su viaje, todo lo que el mundo puede darle: tentaciones sinnúmero, hombres y demonios mentirosos, eventos desalentadores, calumnias maliciosas, acusaciones despiadadas, aflicciones, persecuciones y oportunidades incontables de volver al mundo. Con todo, pese a todos sus tropezones a través de la adversidad y el fracaso, Cristiano vence por la "sangre del Cordero" (Ap 12:11), la "palabra de Dios" (1Jn 2:14) y la providencia del que dijo: "… no te desampararé, ni te abandonaré" (Heb 13:5).

Como cristianos, nunca debería estremecernos la hostilidad del mundo hacia nosotros o la extensión en la cual el mundo trabaja para frustrar nuestro progreso en Cristo. Por eso, el apóstol Pablo nos hace saber que "…todos los que quieren vivir piadosamente en Cristo Jesús padecerán persecución" (2Ti 3:12). Y el apóstol Pedro nos previene que nunca deben sorprendernos las pruebas de fuego por las que pasemos como si algo extraño nos estuviera sucediendo.[4] El creyente y el mundo son tan diferentes como la justicia y la iniquidad, la luz y las tinieblas, Cristo y Belial, el Dios viviente y los ídolos.[5] Por tanto, la oposición y el antagonismo siempre existirán entre los dos sin la menor posibilidad de tregua. Puesto que la lucha entre el cristiano y el mundo nunca se resolverá, él debe esperar en Dios, mirar a Cristo y pelear la buena batalla de la fe. Debe estar firme en el Señor y en el poder de Su fuerza y vestirse con toda la armadura de Dios para que pueda hacer frente a las maquinaciones del diablo y de los hombres.[6]

---

[4] 1 Pedro 4:12. [5] 2 Corintios 6:14-16. [6] Efesios 6:10-11.

Nunca ha habido una guerra sobre esta tierra que requiriera más valentía y perseverancia que la que libra el cristiano cada día. Nunca ha habido un ejército reunido sobre esta tierra que pueda compararse en fuerza y astucia como el que enfrenta el creyente cada día. Estamos detrás de líneas enemigas en un mundo extraño que se opone a nuestra doctrina y moralidad. Estamos rodeados por engañadores humanos y demoníacos. Se nos sermonea por nuestro fanatismo religioso y se nos anima a considerar los beneficios de transigir. Somos engullidos por las voces que nos tientan a negar a nuestro Señor, abandonar el llamado y volver a la Ciudad de Destrucción.

LA CERTEZA DE LA VICTORIA

Teniendo en cuenta esta oposición implacable del mundo, podríamos preguntar cómo podemos tener algún grado de seguridad que el cristiano vencerá y no caerá. La respuesta es simple: nuestra esperanza no se fundamenta en nuestra fortaleza moral, devoción religiosa o piedad personal, sino en la grandeza de nuestro Salvador y la naturaleza de la salvación que es nuestra en Él. En las palabras del apóstol Pablo: "... somos más que vencedores por medio de Aquel que nos amó" (Ro 8:37).

En 1 Juan 5:4-5, la victoria segura del cristiano se atribuye a tres importantes realidades. Él vence por el nuevo nacimiento, por la fe en la persona y la obra de Cristo y por la grandeza del que habita en él.[7] Es decir, nuestra victoria es segura porque es Su victoria, causada por Su poder y lograda por Su buena voluntad y para Su gloria. La batalla del cristiano es real. Él está llamado a esforzarse,[8] a mantenerse fiel[9] y a luchar[10] con la mayor diligencia y espíritu ferviente.[11] Ahora bien, cuando el polvo se ha asentado y todos los enemigos han sido conquistados, el cristiano admite que la batalla y la victoria fueron del Señor.[12] Si creímos, la victoria fue por la fe que Él nos dio.[13] Si no caímos en la tentación, fue porque Él nos libró.[14] Si nos abrimos paso a través de los laberintos oscuros de la duda y el desaliento, fue porque Él fue nuestra guía.[15] Si en la batalla mostramos las mejores cualidades de carácter,

---

[7] 1 Juan 4:4; 5:4-5.   [8] Lucas 13:24; Romanos 15:30.   [9] 1 Corintios 15:2; 1 Tesalonicenses 5:21; Hebreos 3:6, 14; 4:14; 10:23; Apocalipsis 2:25; 3:11.   [10] Efesios 6:12; 1 Timoteo 1:18; 6:12.
[11] Romanos 12:11; Hebreos 6:11; 2 Pedro 1:5.   [12] 1 Samuel 17:47; 2 Crónicas 20:15; Zacarías 4:6.
[13] Marcos 9:24.   [14] Mateo 6:13; 1 Corintios 10:13; 2 Pedro 2:9.   [15] Salmo 5:8; 31:3; 43:3; 48:14; 139:10.

fue por el carácter que Él creó en nosotros.[16] Si nos mantuvimos firmes, fue porque Él nos mantuvo así.[17] Si hemos trabajado con la mayor diligencia y sacrificio, fue solo por Su gracia.[18] Ningún cristiano que haya conocido esta gracia alguna vez argumentaría en su contra. Ninguno pensaría que a Dios se le ha dado demasiado reconocimiento o que habría presionado para obtener un mayor reconocimiento para Sí mismo. En cambio, ellos exclamarían junto con el rey David y el apóstol Pablo:

> No somos nosotros, Señor,
> no somos nosotros dignos de nada.
> ¡Es Tu nombre el que merece la gloria
> por Tu misericordia y Tu verdad! (Sal 115:1).

"El que se gloría, que se gloríe en el Señor" (1Co 1:31).

Según Juan, la primera realidad que asegura la victoria del cristiano es el nuevo nacimiento: "Porque todo el que ha nacido de Dios vence al mundo" (1Jn 5:4). En todo este estudio, hemos regresado a esta doctrina muchas veces. La doctrina de la regeneración es una obra magnífica de Dios por la cual un ser humano radicalmente depravado, hostil hacia Dios y rebelde a Su voluntad[19] es transformado en una nueva criatura que lo ama, se deleita en Su voluntad y busca Su gloria. Esto explica cómo a los que estaban muertos en sus delitos y pecados Dios les da vida.[20] Esto responde a la vieja pregunta: "… ¿cobrarán vida estos huesos?" (Eze 37:3).

La doctrina de la regeneración podría llamarse la doctrina perdida del evangelicalismo contemporáneo. El fracaso para entenderla o predicarla ha tenido diversas consecuencias. Se ha reducido la gloria de la conversión a tan solo una decisión humana de seguir a Cristo, y casi no se menciona el milagro que se requiere para que tal cosa ocurra. El cristiano no es más que una persona que ha hecho una decisión. Si crece, lleva fruto o continúa, eso depende de otras decisiones personales. Así, él ha obtenido la vida eterna por una decisión correcta por Cristo, pero puede continuar en una vida de carnalidad, mundanalidad e inmoralidad si decide no avanzar. Esta opinión revela ignorancia sobre la

---

[16] Ezequiel 36:26; 2 Corintios 5:17.   [17] Salmo 18:33; 66:9; Ezequiel 37:10; Romanos 14:4.
[18] 1 Corintios 15:10; Efesios 3:7.   [19] Romanos 8:7.   [20] Efesios 2:1-5.

naturaleza de la conversión y somete el ciclo completo[21] de la salvación a la voluntad de una persona cuya naturaleza ha experimentado poca o ninguna transformación.

Sin embargo, si se entiende correctamente la regeneración y la conversión, una persona se arrepiente y cree como resultado de una obra sobrenatural de Dios que transforma su naturaleza, afectos y voluntad. Él es una nueva criatura que ama a Dios, desea complacerlo y anhela conformarse a Su imagen. Él ahora toma la decisión correcta porque posee los afectos correctos, su naturaleza ha sido renovada a la semejanza de Dios en la verdadera justicia y santidad. Así, él vence debido a lo que ha llegado a ser por la milagrosa obra divina de la regeneración.

Segundo, 1 Juan 5:4 atribuye la victoria segura del cristiano a la fe en la persona y la obra de Cristo. La justicia posicional del creyente delante de Dios solo por la fe es la roca firme de la cristiandad. Aparte de la realidad de esta verdad en la vida del creyente, no hay fundamento seguro sobre el cual construir y no puede haber paz o poder para resistir el ataque violento desde adentro y desde afuera. Aparte de la doctrina de la justificación por la fe, la victoria es imposible.

Para convertirse, un individuo debe al menos poseer algún conocimiento de la severidad del estándar justo de Dios y de su fracaso para conformarse a este. Según avanza en su conocimiento de las Escrituras, llegará a estar más convencido de la gran diferencia que hay entre el carácter de Dios y el suyo, entre lo que Dios demanda y lo que él es capaz de lograr. Este conocimiento llevaría al creyente al borde de la desesperación y la derrota si él no estuviera seguro de la justicia inmutable, impecable e innegable que le ha sido imputada por la fe en Cristo. Él puede vencer cada tentación de caer en la desesperación solo porque sabe que ha sido justificado por la fe; que está vestido en la justicia de Cristo, y que su justificación delante de Dios no se fundamenta en su propia virtud o mérito, sino en la virtud y mérito de Aquel que es perfecto e infalible. Él se alza victorioso incluso en medio de la debilidad y el fracaso porque confía en la palabra segura y cierta del evangelio:

> Así, pues, justificados por la fe tenemos paz con Dios por medio de nuestro Señor Jesucristo (Ro 5:1).

---

[21] El ciclo completo de la salvación se refiere a la salvación en su totalidad, o en los tres tiempos verbales: la justificación pasada, la santificación presente y la glorificación futura.

Por tanto, no hay ninguna condenación para los que están unidos a Cristo Jesús, los que no andan conforme a la carne, sino conforme al Espíritu (Ro 8:1).

Los obstáculos del creyente comprenden sus fracasos, su duda y desesperación que surgen dentro de él. También enfrenta las graves acusaciones del acusador de los hermanos, la serpiente antigua que se llama diablo o Satanás, que engaña a todo el mundo, que está lleno de furor porque sabe que su tiempo es breve, y que anda como león rugiente buscando a quien devorar.[22] Él es un enemigo cruel y despiadado que odia a la gente de Dios con odio inimaginable. Él busca su destrucción con una pasión inflamada por el infierno. Aunque el diablo tiene un gran arsenal del cual echar mano, una de sus mejores tácticas es señalar el fracaso del creyente y argumentar que él está fuera de la gracia de Dios. Con un filo de la espada hiere al creyente, con el otro filo corta toda esperanza. Lo hace al exagerar el fracaso y reducir la naturaleza incondicional del amor de Dios hacia Sus hijos.

Si el cristianismo fuera una religión de obras o propagara alguna forma de doctrina que exigiera aun la justicia más mínima de nuestra parte, seríamos empujados a la desesperación. Nos alejaríamos de la fe cristiana sintiéndonos condenados y consideraríamos su enseñanza como una artimaña divina que demanda algo que está más allá de lo que podemos dar. Sería más cruel que la peor prosa de la mitología griega en la que los dioses jugaban con el destino de la humanidad y se deleitaban en su angustia. ¡Y esto es justamente lo que el diablo quiere que creamos!

Pero el cristianismo se encuentra lo más lejos posible de una religión de obras. En realidad, es gracia incólume y pura. Una persona no es justificada por la fuerza combinada de la fe y las obras, sino por la gracia mediante la fe solamente. Las obras del creyente no completan o añaden a la obra perfecta de Cristo sino que fluyen de esta. Los que han sido justificados por la fe también han sido regenerados por el Espíritu; han sido hechos nuevas criaturas, con nuevos afectos preparados para hacer la voluntad de Dios. Aquí es donde el cristianismo se encuentra en su forma más pura: la salvación se declara que es por la fe, pero las obras fluyen de la salvación y son evidencia de esta.

---

[22] 1 Pedro 5:8; Apocalipsis 12:9-10, 12.

El diablo le ha dado vuelta al orden de esta hermosa doctrina al mezclar las obras con la fe y hacernos creer que las obras son un medio y no el resultado de la obra salvífica de Dios. Esta mezcla es una perversión de las Escrituras, que siempre aborda la gracia y las obras como mutuamente exclusivas en términos de la causa de la salvación. Como Pablo escribe a la iglesia en Roma: "Y si es por gracia, ya no es por obras; de otra manera la gracia ya no sería gracia" (Ro 11:6). De nuevo, esto no es una contradicción a lo que escribe Santiago, quien afirma que la fe sin obras es muerta. Nosotros somos justificados por la gracia mediante la fe, pero la evidencia de la justificación y la regeneración son las obras.

La fe es un medio por el cual el creyente vence al mundo y no cede a atractivas tentaciones o ataques brutales. En medio de las batallas dentro y fuera de nosotros, frente a los enemigos y los fracasos, el cristiano descansa en el fundamento firme de solo Cristo. Él se gloría en Cristo Jesús y no pone su "…confianza en la carne" (Fil 3:3). Cuando surgen las dudas y el ataque violento del enemigo está al rojo vivo, el creyente no mira hacia adentro para buscar fortaleza en sí mismo o en alguna virtud; más bien, él rechaza las acusaciones brutales del enemigo al alejar la mirada de sí mismo y dirigirla a Dios en Cristo, y gritar victoriosamente: "¿Quién acusará a los escogidos de Dios? Dios es el que justifica. ¿Quién es el que condenará? Cristo es el que murió; más aun, el que también resucitó, el que además está a la derecha de Dios e intercede por nosotros" (Ro 8:33-34).

Por la fe, el creyente vence las acusaciones de su propio corazón y las del enemigo. Incluso la realidad de su propio fracaso personal no tiene poder para esclavizarlo por el temor o mantenerlo cautivo por la desesperación. Él continúa con una incuestionable confianza en su justificación delante de Dios porque se basa en la persona y la obra de Cristo su Salvador. El escritor de himnos Horatio Spafford maravillosamente resume esta verdad:

> Ya venga la prueba o me tiente Satán,
> No amengua mi fe ni mi amor;
> Pues Cristo comprende mis luchas, mi afán
> Y Su sangre obrará en mi favor.
>
> Oh cuánto me gozo en Su salvación
> Fue pleno Su amor y perdón

Clavó mi pecar, en la cruz lo olvidó
Gloria a Dios. ¡Gloria al Hijo de Dios![23]

Por último, la victoria segura del creyente se atribuye a la grandeza
de Aquel que habita en Él. Juan escribe: "... mayor es el que está en
ustedes que el que está en el mundo" (1Jn 4:4). Una gran verdad para
aprender es que Dios no solo está con nosotros, sino que también habita
en nosotros mediante el Espíritu Santo. Incluso el más piadoso entre
nosotros no ha comprendido cabalmente la comunión íntima que se
comunica por esta verdad.[24] Porque somos hijos, Dios ha enviado al
Espíritu de Su Hijo a nuestros corazones, que clama: "Abba, Padre". Él
es el sello y la prueba de que ya no somos esclavos, sino hijos y here-
deros de Dios.[25] Él nos asegura de nuestra adopción al dar testimonio a
nuestro espíritu de que somos hijos de Dios.[26] Él es la garantía de nuestra herencia hasta que nuestra redención futura sea completa.[27]

Según nuestra necesidad, el Espíritu que habita en nosotros nos
ministra para que el gran propósito de Dios pueda ser cumplido en
nosotros. Él nos permite comprender algo de lo que Dios ha hecho por
nosotros y de lo que nos ha dado en Cristo.[28] Él nos ayuda a guardar
las doctrinas del evangelio que se nos ha confiado para que no nos alejemos de sus verdades ni confundamos a otros con otro evangelio.[29] Él
está en guerra con nuestra carne y nos ayuda en el gran conflicto contra
ella.[30] Él nos fortalece con poder en nuestro ser interior para que podamos conocer el amor de Cristo y seamos llenos con toda la plenitud de
Dios.[31] Él nos protege del engaño, llevamos Su fruto en nuestras vidas,
nos guía y nos capacita para el ministerio.[32] Él, además, "...nos ayuda
en nuestra debilidad, pues no sabemos qué nos conviene pedir...", pero
Él mismo intercede por nosotros con gemidos que las palabras no pueden expresar (Ro 8:26). ¿Cómo no podremos triunfar sobre el mundo,
la carne e incluso sobre todo el infierno, cuando tal Paracleto[33] se nos ha
dado libremente en Cristo?

---

[23] Horatio Spafford, "It Is Well with My Soul" ["Estoy bien con mi Dios"].   [24] 2 Corintios 13:14;
Filipenses 2:1.   [25] Gálatas 4:6-7.   [26] Romanos 8:16.   [27] 2 Corintios 1:22; 5:5; Efesios 1:13-14; 4:30.
[28] 1 Corintios 2:12; 1 Juan 2:20, 27.   [29] 1 Timoteo 6:20; 2 Timoteo 1:14; Gálatas 1:6-7.   [30] Gálatas
5:17.   [31] Efesios 3:16-19.   [32] Hechos 1:8; Romanos 8:14; Gálatas 5:18, 22-23; 1 Juan 2:26-27.
[33] El título "Paracleto" procede de la palabra griega *paráklétos*. Se refiere a uno llamado al lado
para socorrer; un consolador o un abogado. Juan a menudo usa el título para referirse al Espíritu
Santo (Jn 14:16, 26; 15:26; 1Jn 2:1).

Otra gran verdad que aprendemos de este texto es que el Dios que habita en nosotros es infinitamente mayor que todos los enemigos combinados. Todo el universo de hombres y demonios que emprenden un asalto colectivo sobre el trono de Dios tendría menos efecto que un insignificante mosquito golpeando su cabeza sobre una roca de granito. Las naciones son como una gota de agua en un cubo delante de Él. Dios considera que todo el poder combinado de ellas es menos que nada e insignificante. Él extiende los cielos como una cortina, convierte en nada a los gobernantes y hace insignificantes a los jueces de la tierra.[34] Él "… hace lo que Él quiere con el ejército del cielo y con los habitantes de la tierra, y no hay quien pueda impedírselo, ni cuestionar lo que hace" (Dn 4:35). Ante Él no hay sabiduría, ni entendimiento, ni consejo.[35]

Este es el Dios que habita en el cristiano. Él no es un Dios fiel que no puede o un Dios poderoso que no es fiel. Más bien, Él es el Dios fiel que guarda Sus promesas, y lo que Él ha prometido puede cumplirlo.[36] Él, que comenzó una buena obra en nosotros, la perfeccionará. Él es capaz de guardarnos de tropezar, y nos presenta intachables delante de Su gloria con gran alegría.[37] Por eso, el más pequeño y débil entre nosotros puede clamar junto con el apóstol Pablo: "Sin embargo, en todo esto somos más que vencedores por medio de aquel que nos amó. Por lo cual estoy seguro de que ni la muerte, ni la vida, ni los ángeles, ni los principados, ni las potestades, ni lo presente, ni lo por venir, ni lo alto, ni lo profundo, ni ninguna otra cosa creada nos podrá separar del amor que Dios nos ha mostrado en Cristo Jesús nuestro Señor" (Ro 8:37-39).

EL ASUNTO DE VENCER

El cristiano vence al mundo debido al nuevo nacimiento, por la fe en la persona y la obra de Cristo y por la grandeza de Aquel que habita en él.[38] Ahora bien, debemos estar seguros de que tenemos una noción correcta sobre lo que significa vencer para el cristiano. Primero, no significa que vencerá la carne de una vez por todas y que nunca más será molestado por esta. La lucha con la carne será en ocasiones titánica, incluso en la vida del creyente más maduro y santificado.[39] Segundo, no significa que el verdadero creyente vencerá el pecado en esta vida

---

[34] Isaías 40:15-23.   [35] Proverbios 21:30.   [36] Deuteronomio 7:9; Romanos 4:21.   [37] Judas v. 24
[38] 1 Juan 5:4-5.   [39] Gálatas 5:17.

y vivirá en perfección continua sin pecado. Santiago, que era conocido por su piedad entre los apóstoles, se incluyó a sí mismo cuando escribió: "Todos cometemos muchos errores..." (3:2). Y el apóstol amado Juan es aún más severo cuando escribe: "Si decimos que no tenemos pecado, nos engañamos a nosotros mismos, y la verdad no está en nosotros" (1Jn 1:8).

La vida cristiana victoriosa no se refiere a que superamos todo conflicto o derrota en la batalla. La vida cristiana victoriosa se encuentra en la perseverancia y en la resistencia. Vencer se refiere a que pese a nuestro fracaso, proseguimos. Nuestro viaje puede ser una constante serie de dos pasos hacia adelante y un paso hacia atrás, pero seguimos creyendo, arrepintiéndonos y persistiendo. No podemos negar a Cristo como tampoco podemos negar nuestra propia realidad.[40] No podemos regresar al mundo porque sabemos que solo Él tiene palabras de vida eterna.[41] Nos aferramos al evangelio y nos abrimos paso en el reino,[42] no debido a alguna fuerza interna de la voluntad ni a alguna piedad excepcional, sino por pura desesperación. Estamos absolutamente convencidos de nuestra incapacidad y nos aferramos a Cristo como alguien que se está ahogando y se aferra a un salvavidas, o como un alpinista inseguro que se aferra a sus pitones[43] y cuerda. Vencer quiere decir que simplemente seguimos adelante con Cristo y perseveramos en la fe hasta el fin.[44]

Sin embargo, si nos encontramos en una condición de incredulidad, de hacer concesiones y de mundanalidad, tenemos razones para temer. Si estamos de continuo plagados de pecado y no hay evidencia de santificación, tenemos razones para dudar.[45] Si rompemos los mandamientos de Dios y no recibimos disciplina, tenemos razones para cuestionar la legitimidad de nuestro nacimiento.[46] Si nos encontramos en una interminable apatía hacia Dios, Su Cristo y Su evangelio, deberíamos examinarnos a nosotros mismos teniendo en cuenta la Escritura para ver si estamos en la fe.[47] Como en la parábola del sembrador, el asunto de nuestra salvación no se trata tanto sobre cómo comenzamos en el evangelio, sino sobre cómo terminamos.[48] Los que parecen tener un buen inicio, pero al final caen y no dan fruto, dan fuerte evidencia que su fe era falsa desde el principio de la carrera.

---

[40] Pastor Charles Leiter, durante una conversación con el autor.   [41] Juan 6:68.   [42] Lucas 16:16.
[43] Un pitón es un gancho que se clava en la superficie de la roca para apoyar al escalador.
[44] Mateo 24:13.   [45] Hebreos 12:14.   [46] Hebreos 12:8   [47] 2 Corintios 13:5.   [48] Mateo 13:3-9, 18-23.

CAPÍTULO CATORCE

Creyendo en Jesús

Si aceptamos el testimonio de los hombres, mayor es el testimonio de Dios; porque éste es el testimonio que Dios ha presentado acerca de Su Hijo. El que cree en el Hijo de Dios, tiene el testimonio en sí mismo; el que no cree a Dios, lo ha hecho mentiroso, porque no ha creído en el testimonio que Dios ha presentado acerca de Su Hijo. Y éste es el testimonio: que Dios nos ha dado vida eterna, y esta vida está en su Hijo. El que tiene al Hijo, tiene la vida, el que no tiene al Hijo de Dios no tiene la vida.

—1 Juan 5:9-12

A menudo lo mejor se deja para el final. Este es el caso frente a nosotros ahora, mientras nos ocupamos en la última prueba de la conversión: la fe personal en el testimonio de Dios sobre Su Hijo. Según Juan, sabemos que hemos pasado a ser los hijos de Dios porque creemos las cosas que Dios ha revelado sobre Su Hijo, Jesucristo de Nazaret. Tomando la palabra del apóstol Pablo, nosotros nos caracterizamos como cristianos porque nos gloriamos en Cristo y no ponemos nuestra confianza en la carne.[1]

UNA DEVALUACIÓN Y UNA DIRECCIÓN INCORRECTA DE LA FE

Antes que abordemos el texto frente a nosotros, debemos hacer frente a dos opiniones populares pero erróneas sobre la fe salvífica. El primer error tiene que ver con la naturaleza de la fe y nuestra valoración de ella. En gran parte de la evangelización moderna, la fe salvífica ha sido

---

[1] Filipenses 3:3

reducida a nada más que un asentimiento mental y a menudo superficial a unos pocos principios o leyes espirituales. En las mentes de muchos, se ha vuelto una única decisión de la voluntad de aceptar a Cristo a través de una oración recitada de memoria. Aunque el que afirma ser convertido puede vivir el resto de su vida con poca consideración sobre Cristo, él está seguro de su salvación al recordar el momento en el tiempo cuando tomó la decisión correcta e hizo lo correcto. Así, la fe salvífica no se ve como una vida en la que se tiene puesta la mirada en Jesús o una confianza perseverante en las promesas de Dios, sino como una decisión que se tomó alguna vez y a menudo se olvidó.

La Escritura y las grandes confesiones de la iglesia clasifican la fe salvífica entre las "cosas profundas" de Dios, una doctrina de insondable profundidad que debería examinarse y contemplarse con el mayor interés y cuidado. Sin embargo, en nuestros intentos por simplificar el evangelio, hemos reducido la fe salvífica a un poco más que un ritual y le hemos quitado su trascendencia y magnificencia. Hemos reducido este universo de gloria en una pequeña parcela de tierra que puede recorrerse en unos pocos momentos. En su condición redefinida y reducida, ahora se trata como leche para bebés en Cristo que se comprende y se olvida rápidamente para pasar a temas más importantes de la doctrina cristiana. De nuevo, esta devaluación de la fe salvífica en la época moderna es contraria a la Escritura, que pone una gran importancia sobre esta fe y no escatima esfuerzos para definirla y explicarla.[2] Si vamos a devolver al evangelio su esplendor y poder original, debemos recuperar una comprensión bíblica de lo que significa creer el testimonio de Dios sobre Su amado Hijo. Debemos renunciar a las metodologías de la época presente que llevan a la gente a confiar en la oración del pecador, y más bien llevar a la gente a "mirar a Cristo" por la fe.

La segunda opinión errónea sobre la fe tiene que ver con su dirección o fin principal. El evangelicalismo contemporáneo abunda en iglesias de fe, movimientos de fe, conferencias de fe y libros sobre la fe. Sin

---

[2] El escritor de Hebreos identifica "la fe en Dios" como una parte de las enseñanzas "elementales" sobre Cristo (6:1). A primera vista, uno podría pensar que él clasifica la fe salvífica entre las doctrinas más rudimentarias de la fe cristiana. Sin embargo, este no es el caso. La palabra "elemental" se traduce de la palabra griega *arché*, que significa principio, origen o lo primero de una serie. Por eso, la idea que se comunica es que la fe salvífica está entre las doctrinas primarias y fundamentales del cristianismo. Aunque puede con razón llamarse el primer paso de la vida cristiana, es también el último. En realidad, toda la vida cristiana puede describirse correctamente como el camino de la fe. Pues la justicia de Dios se revela a través del evangelio de la fe a la fe.

embargo, esta intensa preocupación está ante todo enfocada con la clase de fe que obtiene bendiciones temporales de Dios y muestra poco interés en la clase de fe que lleva a la justificación eterna. Las librerías cristianas están llenas con instrucción sobre la fe para la victoria, la prosperidad y el poder, pero están prácticamente desiertas en relación con la exposición bíblica sobre la naturaleza y la evidencia de la genuina fe salvífica. Si este énfasis en el materialismo temporal por encima de la redención eterna y la prosperidad personal por encima del conocimiento de Dios es un indicativo del corazón y el alma del evangelicalismo, entonces estamos en una condición aterradora.

Si vamos a restaurar el evangelio a su esplendor y poder original, debemos renunciar a esta preocupación perturbadora en cuanto a lo temporal y poner nuestra atención en lo eterno. Debemos reajustar nuestras escalas para tener una lectura honesta de modo que cuando lo eterno y lo temporal sean colocados en los lados opuestos de la balanza, esta se incline a favor de lo eterno. El apóstol Pedro es pronto para recordarnos que el objetivo de nuestra fe es la salvación de nuestras almas, y no nuestro beneficio temporal: "... la meta [resultado, *telós* en griego] de su fe, que es la salvación" (1P 1:9). Así, *telós*, la gran meta de nuestra fe, va más allá de esta vida mortal y se ocupa del rescate de nuestras almas de la condenación eterna, con la vista puesta en una relación restaurada con Dios y la futura esperanza de gloria. Aunque debemos creer en Dios para lo temporal y lo eterno, establecer lo primero por encima de lo segundo es acumular escoria y dejar atrás el oro.

LA NATURALEZA DE LA FE

Nuestro texto se ocupa ante todo de la fe en el testimonio de Dios sobre Su Hijo. El tema parece lo suficientemente simple, pero la confusión que rodea la naturaleza exacta de la fe es abrumadora. Muchos evangélicos afirman poseer una fe que salva, pero esa fe apenas tiene un impacto real en sus vidas cotidianas. Este mal nos lleva a plantear unas preguntas importantes: ¿Qué significa creer el testimonio de Dios sobre Su Hijo? ¿Qué significa poseer fe? El escritor de Hebreos nos dice: "Ahora bien, tener fe es estar seguro de lo que se espera; es estar convencido de lo que no se ve" (11:1).

Según el escritor de Hebreos, la fe es la convicción que posee una persona sobre la realidad de algo que espera, pero que no ha visto o se ha cumplido. Esta definición nos lleva a plantear unas preguntas importantes: ¿Cómo puede una persona racional hacer eso? ¿Cómo es la fe diferente de una ilusión o la búsqueda absurda de una fantasía personal? La respuesta se encuentra en la integridad de la persona de Dios y la confiabilidad de Su revelación. Una persona puede estar segura de lo que espera y estar convencida de lo que no ha visto porque Dios ha dado testimonio de esto. La vida de Noé con claridad ilustra esta verdad, y el escritor de Hebreos afirma sobre él: "Por la fe, con mucho temor Noé construyó el arca para salvar a su familia, cuando Dios le advirtió acerca de cosas que aún no se veían. Fue su fe la que condenó al mundo, y por ella fue hecho heredero de la justicia que viene por medio de la fe" (Heb 11:7).

Noé construyó un arca porque creyó que el mundo pronto sería destruido por un diluvio. No existían relatos previos sobre diluvios globales sobre los cuales basar su convicción, ni había evidencia presente que semejante evento pronto ocurriría. Él tuvo la seguridad de un diluvio que se aproximaba y dedicó su vida entera a construir un arca solo porque Dios "le advirtió acerca de cosas que aún no se veían". Noé creyó en un diluvio global y actuó en respuesta a su creencia porque Dios había dado testimonio sobre el próximo diluvio.

La vida de Abraham presenta otra ilustración sobre la fe. En cuanto a él, el apóstol Pablo escribe: "Además, su fe no flaqueó al considerar su cuerpo, que estaba ya como muerto (pues ya tenía casi cien años), o la esterilidad de la matriz de Sara. Tampoco dudó, por incredulidad, de la promesa de Dios, sino que se fortaleció en la fe y dio gloria a Dios, plenamente convencido de que Dios era también poderoso para hacer todo lo que había prometido" (Ro 4:19-21).

Según esto, Abraham estaba "plenamente convencido" de que él iba a engendrar un hijo a través de su esposa, Sara. Sin embargo, su gran seguridad no estaba fundamentada en nada que pudiera ver, puesto que Sara y él estaban más allá de los años para tener hijos. Él creyó contra toda esperanza y no dudó, sino que estuvo plenamente seguro de un hijo que todavía no era concebido simplemente debido al testimonio de Dios sobre el asunto. Su seguridad se fundamentó sobre el hecho que lo que Dios había prometido, Él tenía el poder para cumplirlo.

Teniendo en cuenta estos versículos, podemos concluir que la fe genuina es la seguridad personal de lo que esperamos y la convicción de lo que no hemos visto, solo porque Dios ha dado testimonio de ello. Esto es cierto en lo que respecta al Hijo de Dios, sobre quien Él ha dado Su mayor testimonio.

EL TESTIMONIO DE DIOS

El tema principal de 1 Juan 5:9-12 es el testimonio de Dios sobre Su Hijo, Jesucristo de Nazaret. La palabra "testimonio", que se traduce de la palabra griega *marturia*, se usa 113 veces en el Nuevo Testamento. De estos casos, 64 están en los escritos de Juan. En el Evangelio de Juan, el testimonio sobre Jesús es dado por Juan el Bautista,[3] el apóstol Juan,[4] Dios el Padre,[5] el Espíritu Santo,[6] la Escritura,[7] las obras de Jesús[8] y el mismo Jesús.[9] En la primera epístola de Juan, el testimonio es dado por el apóstol Juan;[10] el Espíritu, el agua y la sangre;[11] y por último por Dios el Padre.[12] En el Evangelio de Juan, el propósito del testimonio es que todos crean que Jesús es el Cristo, el Hijo de Dios y que, creyendo, sean salvos.[13] En la primera epístola de Juan, el propósito del testimonio era confirmar la verdad sobre Jesucristo y Su evangelio, y dar seguridad a los verdaderos creyentes que habían sido sacudidos en su fe por los falsos maestros.[14]

Juan comienza presentando un poderoso argumento sobre la confiabilidad de Dios y lo razonable de creer en Él. Él marca un contraste entre los hombres y Dios y luego razona a partir de lo menor a lo mayor. Si recibimos el testimonio inferior de los hombres, ¿cuánto más deberíamos estar inclinados a recibir el testimonio mayor de Dios?[15] En este mundo, a todos se nos pide confiar en todo tipo de testimonios que van desde los más razonablemente creíbles hasta los más falaces. En realidad, si no confiáramos en alguien, pronto encontraríamos imposible funcionar como individuos o sociedades. Así, nosotros creemos en las

---

[3] Juan 1:6-8, 15; 3:26, 32-33; 5:32-34.   [4] Juan 19:35; 21:24.   [5] Juan 5:37; 8:18.   [6] Juan 15:26.
[7] Juan 5:39.   [8] Juan 5:36; 10:25.   [9] Juan 3:11, 32-33; 8:14, 18; 18:37.   [10] 1 Juan 1:2; 4:14.
[11] 1 Juan 5:6-8. La referencia a "agua y sangre" es quizás una alusión al bautismo y la crucifixión de Jesús. Tanto Su bautismo como Su crucifixión sangrienta testifican que Él es el Cristo, el Hijo de Dios y el Salvador del mundo.   [12] 1 Juan 5:9-11.   [13] Juan 20:31.   [14] Para una explicación más completa de este texto, se dirige al lector a *Letters of John* [*Cartas de Juan*], por Colin G. Kruse, 179-184.   [15] 1 Juan 5:9.

personas pese a todo lo que sabemos sobre ellas, en particular su tendencia a distorsionar la verdad.[16] Si, entonces, consideramos razonable creer a los hombres que son propensos a mentir, ¿cuánto más deberíamos creer al Dios de la verdad, de quien la Escritura testifica que no puede mentir?[17] La perfección de Su naturaleza hace imposible que Él mienta.[18] El profeta Samuel declaró: "El Señor, que es la Gloria de Israel, no miente ni se arrepiente" (1S 15:29). E incluso el rebelde Balaam fue obligado a emitir el siguiente reconocimiento:

> Dios no es un simple mortal
> para que mienta o cambie de parecer.
> Si Él habla, ciertamente actúa;
> si Él dice algo, lo lleva a cabo.

Creer al menor (al hombre) y desechar el testimonio del mayor (de Dios) no es solo irracional, sino que revela desconfianza en el carácter de Dios. Incluso dentro del contexto de las relaciones humanas, dudar de la palabra de una persona es denigrar su carácter, y lo que hacemos con las palabras de otro revela lo que pensamos sobre ella como una persona. Si esto es cierto sobre la gente, lo es incluso más en cuanto a Dios, cuyo carácter está estrechamente vinculado a Su Palabra.[19] Por esto, la Escritura ve la incredulidad del hombre en la Palabra de Dios como un crimen atroz, un ataque inexcusable sobre Su carácter y una ofensa terrible. En las palabras de Juan en este texto: "… el que no cree a Dios, lo ha hecho mentiroso" (1Jn 5:10).

Tras haber defendido la veracidad de Dios y la confiabilidad de Su testimonio, Juan ahora revela el objeto del testimonio de Dios: Su Hijo. En el versículo 9, Juan declara que Dios "ha dado testimonio acerca de Su Hijo" (NBLH). El uso que hace Juan del tiempo perfecto denota la posición irrevocable e inmutable de Dios en cuanto a Su Hijo. Él ha dado testimonio sobre Su Hijo, y no lo cambiará. D. Edmund Hiebert afirma: "Dios se ha colocado a Sí mismo para siempre en el registro como quien da testimonio de Su Hijo".[20] Él lo ha hecho a través de los profetas del Antiguo Testamento,[21] Juan el Bautista,[22] las obras del

---

[16] Salmo 116:11; Romanos 3:4.   [17] Salmo 31:5; Isaías 65:16; Tito 1:2.   [18] Hebreos 6:18.
[19] Salmo 138:2.   [20] Hiebert, *Epistles of John* [*Epístolas de Juan*], 241.
[21] Lucas 24:44-47; Juan 5:39.   [22] Juan 1:6-8, 15; 3:26, 32-33; 5:32-34.

Espíritu,[23] Su voz audible,[24] los eventos sobrenaturales y catastróficos que rodearon la crucifixión,[25] la resurrección,[26] el derramamiento del Espíritu en Pentecostés[27] y el testimonio permanente del Espíritu a través de la iglesia.

Teniendo en cuenta este apabullante testimonio divino en cuanto al Hijo, la incredulidad no es una opción. La Escritura nunca consiente al incrédulo ni satisface sus demandas por más información. La incredulidad nunca se perdona ni se disculpa; más bien, es resultado de la negación obstinada del pecador sobre los hechos simplemente porque se niega a someterse a la justicia de Dios. La gravedad y la terrible naturaleza de la incredulidad se revela en la advertencia de Cristo: "El que en Él cree, no es condenado; pero el que no cree, ya ha sido condenado, porque no ha creído en el nombre del unigénito Hijo de Dios" (Jn 3:18).

EL SIGNIFICADO DE LA VIDA ETERNA

Hasta este punto, Juan se ha ocupado en demostrar que Dios ha dado un claro y seguro testimonio sobre Jesús de Nazaret como el Hijo encarnado de Dios que fue crucificado por los pecados de Su pueblo. Él también ha argumentado sobre lo razonable de creer en este testimonio y el crimen en rechazarlo: "… el que no cree a Dios, lo ha hecho mentiroso…" (1Jn 5:10). Por ello, habiendo establecido su argumento, Juan ahora nos dice algo acerca de la naturaleza exacta del testimonio de Dios en cuanto a Su Hijo: "… que Dios nos ha dado vida eterna, y esta vida está en Su Hijo" (1Jn 5:11). No es exagerado afirmar que en estas pocas palabras se encuentran la suma y la esencia del evangelio. Sin embargo, para entender este texto completamente, debemos ocuparnos en dos preguntas importantes: ¿Qué es la vida eterna? ¿Cuáles son el significado y las implicaciones de la frase "en Su Hijo"?

Mucha confusión proviene de un malentendido sobre el tiempo y la naturaleza de la vida eterna. En cuanto al tiempo, muchos parecen ver la vida eterna exclusivamente como una esperanza futura y la consideran como un sinónimo de la glorificación, la vida futura en el cielo. Esta opinión es contraria a la Escritura, que enseña que la vida eterna

---

[23] Juan 5:36; 10:25. [24] Dios habló de manera audible desde el cielo en el bautismo de Cristo (Mt 3:16-17; Mr 1:10-11); en Su transfiguración (Mt 17:5; Mr 9:7; Lc 9:35); y ante la multitud durante la Pascua (Jn 12:27-39). [25] Mateo 27:50-53. [26] Romanos 1:4; 4:25. [27] Hechos 2:1-36.

comienza en el momento de la regeneración y luego dura por toda la eternidad. Del Evangelio de Juan entendemos que "El que cree en el Hijo tiene vida eterna..." (Jn 3:36). El verbo "tiene" se traduce de un verbo griego en tiempo presente que demuestra que la vida eterna es una realidad presente para los que de verdad creen. En 1 Juan 5:11, Juan declara que "Dios nos ha dado vida eterna". La frase "ha dado" se traduce del verbo griego en tiempo aoristo, que demuestra que la vida eterna ya ha sido dada a los que creen en el Hijo. De esto se desprende que aunque la vida eterna es una esperanza futura, es también una realidad presente. Inicia en el momento de la fe inicial en Cristo y nunca acabará por todas las edades de la eternidad.

El primero, y el error más común, es considerar la vida eterna solo como una cantidad de tiempo más que una calidad de vida, e ignorar la naturaleza de esta. Aunque la vida eterna no tiene fin, el gran énfasis está en la *nueva clase* de vida que el creyente ha recibido en Cristo. En el sermón del aposento alto, el Señor Jesucristo describió la vida eterna en esta forma: "Y esta es la vida eterna: que te conozcan a ti, el único Dios verdadero, y a Jesucristo, a quien has enviado" (Jn 17:3).

En este texto, Jesús no considera la vida eterna como una cantidad de tiempo, sino como una calidad de vida en comunión con Dios y con Su Hijo. Para entender la importancia de esta verdad, debemos entender el significado que se le asigna a la palabra "conozcan". Se traduce del verbo griego *ginósko* y se usa a menudo para comunicar la idea hebrea de conocimiento dentro del contexto de una relación personal. En la Escritura, se usa a menudo para describir la intimidad personal y aun física entre un hombre y una mujer. En este texto, se usa para describir la vida eterna como una vida de íntima comunión con Dios. Además confirman este entendimiento del texto las declaraciones finales en su primera epístola: "Pero también sabemos que el Hijo de Dios ha venido y nos ha dado entendimiento para conocer al que es verdadero; y estamos en el Verdadero, en Su Hijo Jesucristo. Éste es el verdadero Dios, y la vida eterna" (1Jn 5:20).

Aquí nuevamente, la vida eterna se equipara con el conocimiento de Dios mediante el Hijo en el contexto de una relación personal e íntima. El orden lógico es el siguiente: Mediante la predicación del evangelio y las obras de regeneración e iluminación del Espíritu, Dios da vida, entendimiento y un corazón dispuesto a Su pueblo. De esta manera, ellos entran en una nueva vida de fe, comunión, alabanza y servicio a Dios. Esta es la vida eterna, no solo la prolongación de los días o la esperanza futura en el cielo, sino una nueva vida en Cristo. La vida eterna no es una realidad imperceptible en cuanto a nuestra relación con Dios ni una conjetura teológica. Es una realidad presente, vivencial y visible en el peregrinaje terrenal del creyente. Es tan real para él como la recuperación de la vista para el ciego, el regalo de la audición para el sordo y la restauración de la vida para el muerto. Aunque la realidad vivencial de esta vida puede variar de creyente a creyente y de día a día, con todo es real.

LA VIDA EN EL HIJO

Ahora dirigiremos nuestra atención a la verdad inagotable que esta vida es "en Su Hijo" (1Jn 5:11). Estas tres palabras se traducen de la frase griega *en to huio*, que revelan una de las verdades más hermosas en toda la Escritura. En el griego la preposición nos ayuda a entender que el sustantivo está en un caso que indica la esfera en que se encuentra la vida eterna. ¡Se encuentra exclusivamente *en el Hijo*! Esto demuestra que el Hijo no es solo todo lo que necesitamos, sino que ¡Él es todo lo que tenemos! Aparte de Él no tenemos parte con Dios. En Él, poseemos todas las bendiciones de Dios para el hombre. Fuera de Él no tenemos nada. Somos como el ángel de la iglesia de Laodicea: "... desventurado, miserable, pobre, ciego y desnudo" (Ap 3:17). Solo Cristo es el fundamento sobre el que cualquier cosa que puede construirse se construye. Él es la bisagra en la que cualquier cosa gira. Él es el mayor factor determinante en todo lo que tiene que ver con una correcta justificación y correcta relación con Dios. Esta verdad inagotable y sus implicaciones no pueden comprenderse totalmente, ni tampoco exagerarse.

Entre las verdades más grandes y fundamentales de la cristiandad es que la vida eterna y todas las demás bendiciones espirituales están exclusivamente *en el Hijo*. Jesús testificó de Sí mismo: "...Yo soy el camino, y la verdad, y la vida; nadie viene al Padre, sino por Mí" (Jn 14:6). Pedro compareció ante los gobernadores de Israel y declaró: "En ningún otro hay salvación, porque no se ha dado a la humanidad ningún otro Nombre bajo el cielo mediante el cual podamos alcanzar la salvación" (Hch 4:12). El apóstol Pablo escribió al joven Timoteo: "Porque hay un solo Dios, y un solo mediador entre Dios y los hombres, que es Jesucristo hombre" (1Ti 2:5). La verdad de que la vida eterna está exclusivamente *en el Hijo* no puede exagerarse. En realidad, el cristianismo se encuentra en su estado prístino cuando reconoce que aparte del Hijo nosotros vivíamos "alejados de la ciudadanía de Israel y [eramos] ajenos a los pactos de la promesa; [vivíamos] en este mundo sin Dios y sin esperanza" (Ef 2:12).

En Efesios 1, la singularidad, la necesidad y la exclusividad de Cristo se presentan de manera inequívoca. En los primeros catorce versículos, Pablo usa la frase "en Cristo" o su equivalente once veces. *En el Hijo*, somos bendecidos con toda bendición espiritual. *En el Hijo*, fuimos escogidos antes de la fundación del mundo. *En el Hijo*, Dios libremente nos concede Su gracia. *En el Hijo*, tenemos redención y el perdón de los pecados. *En el Hijo*, Dios nos da a conocer el misterio de Su voluntad. *En el Hijo*, Dios ha unido todas las cosas en el cielo y en la tierra. *En el Hijo*, somos sellados con el Espíritu Santo de la promesa.[28] ¡Toda bendición espiritual que poseemos, incluyendo la vida eterna, es por causa del amado Hijo de Dios y Su obra a favor nuestro! Por todo esto, Juan concluye con una de las declaraciones más poderosas de la Escritura sobre la singularidad, la supremacía y la centralidad de Cristo en la salvación: "El que tiene al Hijo, tiene la vida, el que no tiene al Hijo de Dios no tiene la vida" (1Jn 5:12).

Para el cristiano, esta verdad supera toda excelencia porque pone toda esperanza del cielo sobre Cristo y reconoce el infinito valor de Su persona y Su obra. El corazón humano que ha sido de verdad regenerado por el Espíritu Santo y justificado por la fe en la sangre de Cristo no se ofenderá cuando todo elogio sea dispensado al Hijo. Al contrario, se deleitará con cada pensamiento o palabra que traiga gloria a Cristo y lo coloque en el lugar más alto. Asimismo, el cristiano se deleita en conocer y proclamar que Cristo es el todo de su salvación. Se gloría en una redención que se obtuvo sin su contribución y en una justificación que se concedió al margen de su propia virtud o mérito. Él incluso se regocijará en tener su propio pecado pintado en el cielo si sobre semejante oscuridad el lucero de la mañana[29] apareciera más glorioso. Si de verdad somos cristianos, nos deleitaremos en dar todo el reconocimiento por nuestra salvación al Hijo, y nos sentiremos consternados si incluso el más mínimo reconocimiento se nos asigna a nosotros.

---

[28] Efesios 1:3-4, 6-7, 9-10, 13.   [29] Una referencia al Mesías. Números 24:17; 2 Pedro 1:19; Apocalipsis 22:16.

En la Escritura, el retrato de Cristo como el único Salvador y mediador entre Dios y los hombres es una verdad preciosa para el cristiano. Ahora bien, para el no creyente este es el mayor escándalo, una piedra de tropiezo y una roca de ofensa.[30] Los no creyentes la condenan como fanatismo arrogante porque pone al cristianismo aparte, como una religión exclusiva que se niega a considerar alguna esperanza de salvación fuera de Cristo. Para el hombre posmoderno, cuya injusticia coacciona a su propia mente para que ceda a la absurda hipótesis de que todas las religiones son igualmente verdad, este es el único pecado imperdonable. Es por eso que los primeros cristianos fueron etiquetados como ateos y quemados sobre cruces, y es por eso que cualquier forma de cristianismo bíblico e histórico se desprecia en nuestra época presente. Si la iglesia renuncia a esta declaración o la modera, podría hacer la paz con el mundo y se reuniría con el resto de la humanidad. Sin embargo, al hacerlo así traicionaría a Cristo y perdería su paz y unión con Dios.

EL TESTIMONIO INTERNO

Según el apóstol Juan, el testimonio de Dios es este: que Dios nos ha dado vida eterna, y esta vida está en su Hijo. Asimismo, Juan afirma que todo aquel que de verdad cree en el Hijo tiene este testimonio en sí mismo.[31]

Esta notable verdad es mucho más difícil de interpretar que lo que uno podría pensar inicialmente. Incluso entre los eruditos dentro de la tradición conservadora reformada, se han presentado varias opiniones. ¿Está Juan afirmando que el que cree ha aceptado e interiorizado el testimonio que Dios ha dado sobre Su Hijo? ¿Está Juan aludiendo al testimonio interno del Espíritu, que habita dentro del creyente? ¿O se refiere al testimonio vivencial de la vida eterna que el creyente posee ahora, la realidad de una nueva clase de vida que se centra en una relación íntima con el Padre y con el Hijo? Quizás el significado es lo suficientemente amplio para incluirlas todas.

Una primera marca que muestra que nos hemos convertido verdaderamente es que hemos aceptado el testimonio de Dios, el cual nos lo comunicó en primer lugar a través de sus testigos oculares, como los apóstoles,[32] y desde entonces se ha comunicado a cada generación a través de

---

[30] Romanos 9:32-33; 1 Pedro 2:8.   [31] 1 Juan 1:10.   [32] 1 Juan 1:1-4.

la predicación fiel del evangelio. Sabemos que somos cristianos porque poseemos y confiamos en el evangelio de Jesucristo que "una vez fue dado a los santos" (Jud 3). Nosotros tenemos nuestro fundamento en las Escrituras y permanecemos dentro de la corriente del cristianismo evangélico histórico. No nos hemos alejado de la esperanza del evangelio, sino que continuamos en la fe firmemente establecida e inalterable.[33]

Es importante notar que una aceptación genuina del testimonio de Dios que resulta en la salvación no es superficial ni banal; por ello, nosotros poco a poco lo asimilamos dentro de cada aspecto de nuestras vidas. Para el verdadero convertido, Cristo se vuelve su carne y su bebida. Jesús les dijo: "De cierto, de cierto les digo: Si no comen la carne del Hijo del Hombre, y beben Su sangre, no tienen vida en ustedes" (Jn 6:53).[34] Sus palabras se convirtieron en el fundamento, el modelo y la meta de la vida. El evangelio se convirtió en una parte de nosotros y la marca distintiva de quienes somos; nos define y fija nuestro rumbo. Está dentro de nosotros y es parte de nuestro ser. Así como no podemos dividir nuestra persona y esparcirla a las cuatro esquinas del globo, así también no podemos separarnos del evangelio. De las profundidades de nuestro ser interior, coincidimos con el evangelio, nos deleitamos en su belleza y anhelamos ser conformados con sus preceptos. ¡Toda proclamación fiel del evangelio que escuchamos o leemos es una confirmación más para nuestros corazones de que Cristo es todo y de que la vida eterna está solo *en el Hijo*!

Una segunda marca que muestra que de verdad somos cristianos es el testimonio interno del Espíritu que habita dentro de nosotros. Del Evangelio de Juan, aprendemos que el Espíritu Santo ha sido enviado para testificar de Cristo, habitar en el creyente y guiarlo a toda verdad.[35] De la epístola de Juan, aprendemos que el Espíritu trabaja dentro del creyente para confirmar y fortalecer su confianza como hijo. Sabemos que somos hijos de Dios y que tenemos una relación permanente con Cristo por medio del Espíritu que Él nos ha dado.[36] El Espíritu de Dios

---

[33] Colosenses 1:23.
[34] La frase "su carne y su bebida" viene de *Olney Hymns* [*Himnario de Olney*], por John Newton, "What Think ye of Christ?" ["¿Qué pensáis de Cristo?"] no. 89.
> *Si me preguntan qué pienso de Cristo*
> *Aun mis mejores pensamientos son deleznables;*
> *Proclamo: Él es mi carne y mi bebida,*
> *Mi vida, mi fuerza y mi provisión.*
[35] Juan 14:16; 15;26; 16:13.   [36] 1 Juan 3:24; 4:13.

da testimonio de la encarnación y de la obra expiatoria de Cristo, y confirma su realidad dentro de nuestros corazones.[37]

Observemos que esta enseñanza sobre el testimonio interno del Espíritu Santo no solo ocurre en los escritos de Juan, sino que es esencial para la perspectiva de Pablo sobre la vida cristiana. El Espíritu Santo y la vida que fluye de Él han sido dados a todo creyente como un tipo de primicias y promesa de la vida que se revela en nuestra glorificación final.[38] Mediante el Espíritu Santo, el amor de Dios se derrama dentro de nuestros corazones en una experiencia real y visible.[39] El Espíritu Santo quita nuestro temor de la condenación que nos esclaviza y lo sustituye con una fuerte seguridad de nuestra condición de hijos, que nos lleva a clamar: "Abba Padre".[40] El Espíritu también nos guía según la voluntad de Dios y nos sostiene en medio de nuestra debilidad.[41] Por último, el Espíritu Santo da testimonio de que somos hijos de Dios a través de la obra permanente de la santificación al conformarnos a la imagen de Cristo y producir la vida fructífera de Cristo dentro de nosotros.[42]

Según Juan y Pablo, esta obra interna del Espíritu será una realidad en la vida de todo hijo de Dios. Sus manifestaciones variarán de creyente a creyente. Y aun en el santo más maduro, habrá tiempos de poda, aridez aparente y una pérdida o atenuación de la presencia evidente de Dios.[43] Ahora bien, la vida de todo creyente mostrará manifestaciones visibles y prácticas de la obra del Espíritu. Este es uno de los derechos de nacimiento de los hijos de Dios y uno de los medios por el que se nos garantiza que lo conocemos.

Una tercera marca que muestra que hemos creído de verdad para salvación es el testimonio de la realidad de la vida eterna dentro de

---

[37] 1 Juan 4:2; 5:6-8.   [38] Romanos 8:23; Efesios 1:13-14.   [39] Romanos 5:5. El lector no debe concluir que estas manifestaciones del amor divino deben experimentarse constantemente o siempre con la misma intensidad. Aunque el amor de Dios es una realidad constante en la vida del creyente, la manifestación visible de ese amor puede incrementarse o disminuir según la necesidad del creyente, su devoción o la sabia providencia de Dios.   [40] Romanos 8:15; Gálatas 4:6. Otra vez, el creyente debería reconocerse que la seguridad sobre su condición de hijo puede variar en fuerza e intensidad. Aunque una firme confianza de nuestra salvación está en la voluntad del Padre, incluso el santo más maduro puede luchar con la duda como lucha contra los enemigos que se levantan en su contra: la carne, el mundo y el maligno.   [41] Romanos 8;14, 26.   [42] Romanos 8:16; 15:13; Gálatas 5:22-23. El testimonio del Espíritu sin duda no está limitado a las emociones ni a lo místico. Él también da testimonio de nuestra condición de hijos mediante las evidencias prácticas y visibles de una vida piadosa y en semejanza a Cristo.   [43] Si bien Dios es omnipresente, no siempre manifiesta Su presencia, ni es siempre perceptible para el creyente. Aun el creyente más maduro y piadoso puede experimentar tiempos cuando no siente la presencia de Dios en su vida. Estos tiempos sirven para enseñarle a caminar por la fe y a confiar en Dios aun en la oscuridad.

nosotros. Entender esta declaración exige que recordemos la verdadera naturaleza de la vida eterna. No es solo un infinito número de días, sino una calidad de vida que se fundamenta y fluye de un conocimiento íntimo y de la comunión con Dios y con Su Cristo.[44] Si la vida eterna se refiere solo a una vida sin fin o a una realidad futura en el cielo, entonces aun la persona más carnal y mundana puede afirmar que la posee, y ninguno podrá refutarla. Sin embargo, si la vida eterna es una nueva clase de vida que se manifiesta por un conocimiento real de Dios y la comunión con Él, entonces la confianza de la persona carnal y mundana queda expuesta como débil en el mejor de los casos y como totalmente falsa en el peor de ellos.

Una máxima que es popular y bíblica existe dentro del cristianismo evangélico: "Sabemos que tenemos vida eterna porque creemos". No obstante, también podemos cambiar el orden de las palabras y crear una nueva máxima que es igualmente bíblica: "Sabemos que hemos creído porque tenemos vida eterna". Es decir, sabemos que hemos creído de verdad en Cristo y que somos justificados por esa fe debido a la realidad permanente y visible de una nueva clase de vida dentro de nosotros que empezó en la conversión. Sabemos que hemos creído para salvación porque hemos entrado en una comunión real, vital y permanente con el único Dios verdadero y Jesucristo a quien Él ha enviado.[45] ¡Esta es la vida eterna! ¿Es esto verdad en nosotros?

RESUMEN

Para concluir nuestro estudio, consideraremos con brevedad las características o marcas de un verdadero hijo de Dios que se nos presentan en 1 Juan. Es nuestra esperanza que el creyente pueda crecer en la seguridad de su salvación y que el no creyente pueda darse cuenta de que aún no ha conocido a Cristo.

Prueba 1: Sabemos que somos cristianos porque vivimos en la luz (1Jn 1:4-7). Nuestro estilo de vida se conformará poco a poco con lo que Dios nos ha revelado sobre Su naturaleza y Su voluntad.

---

[44] Juan 17:3.   [45] Juan 17:3; 1 Juan 5:20.

Prueba 2: Sabemos que somos cristianos porque nuestras vidas se caracterizan por la sensibilidad al pecado, el arrepentimiento y la confesión (1Jn 1:8-10).

Prueba 3: Sabemos que somos cristianos porque obedecemos los mandamientos de Dios (1Jn 2:3-4). Deseamos conocer la voluntad de Dios, esforzarnos en obedecerla y lamentar nuestra desobediencia.

Prueba 4: Sabemos que somos cristianos porque andamos como Cristo anduvo (1Jn 2:5-6). Deseamos imitar a Cristo y crecer en conformidad con Su imagen.

Prueba 5: Sabemos que somos cristianos porque amamos a otros cristianos, deseamos estar en comunión con ellos y buscamos servirlos con obras y según la verdad (1Jn 2:7-11).

Prueba 6: Sabemos que somos cristianos por nuestro desprecio cada vez mayor hacia el mundo y por nuestro rechazo a todo lo que contradice y se opone a la naturaleza y voluntad de Dios (1Jn 2:15-17).

Prueba 7: Sabemos que somos cristianos porque perseveramos en las doctrinas históricas y prácticas de la fe cristiana y permanecemos en la comunión con otros que hacen lo mismo (1Jn 2:18-19).

Prueba 8: Sabemos que somos cristianos porque profesamos que Cristo es Dios y lo tenemos en la más alta estima (1Jn 2:22-24; 4:1-3, 13-15).

Prueba 9: Sabemos que somos cristianos porque nuestras vidas se caracterizan por el anhelo y la búsqueda de la santidad personal (1Jn 3:1-3).

Prueba 10: Sabemos que somos cristianos porque practicamos la justicia (1Jn 2:28-29; 3:4-10). Estamos haciendo aquellas cosas que se conforman al estándar o a la norma de la justicia de Dios.

Prueba 11: Sabemos que somos cristianos porque vencemos al mundo (1Jn 4:4-6; 5:4-5). Aunque a menudo nos sentimos presionados y agotados, seguimos adelante en la fe. Seguimos de cerca a Cristo y no damos marcha atrás.

Prueba 12: Sabemos que somos cristianos porque creemos las cosas que Dios ha revelado en cuanto a Su Hijo, Jesucristo. Tenemos vida eterna solamente en Él (1Jn 5:9-12).

Si tenemos estas cualidades, y son cada vez mayores en nosotros, tenemos pruebas que hemos llegado a conocer a Dios y llevamos el fruto de un hijo de Dios. Sin embargo, si estas cualidades están ausentes de nuestras vidas, deberíamos tener suma preocupación por nuestras almas. Deberíamos ser diligentes en buscar a Dios respecto a nuestra salvación. Deberíamos reexaminarnos a nosotros mismos para ver si estamos en la fe. Deberíamos ser diligentes en fortalecer nuestro llamado y elección.[46]

---

[46] 2 Corintios 13:5; 2 Pedro 1:8-11.

PARTE DOS

Advertencias del evangelio, para los que hacen una confesión vacía

Tú crees que Dios es uno, y haces bien. ¡Pues también los demonios lo creen, y tiemblan!

—Santiago 2:19

Entren por la puerta estrecha, porque ancha es la puerta y espacioso el camino que lleva a la perdición, y muchos son los que entran por ella. Pero estrecha es la puerta y angosto el camino que lleva a la vida, y pocos son los que la encuentran.

—1 Juan 5:13

CAPÍTULO QUINCE

La reducción del evangelio

Tú crees que Dios es uno, y haces bien.
¡Pues también los demonios lo creen, y tiemblan!
—Santiago 2:19

Dos cosas que se ven por separado pueden parecer casi idénticas hasta que son puestas una junto a la otra. Lo que parecían ser solo diferencias aparentes o ligeras divergencias se convierten en contrastes fuertes. Establecer comparaciones o contrastes ha demostrado ser provechoso en casi cada disciplina de investigación, también lo es en el estudio de las Escrituras y la formación de la teología sistemática. La iglesia y los creyentes siempre se han beneficiado al comparar y contrastar sus creencias y prácticas con el estándar perfecto de la Escritura y con el inferior, pero todavía útil, estándar de la historia de la iglesia. Hoy en día, sería recomendable que la comunidad evangélica siguiera este proceder por muy doloroso que fuera el proceso o lo que este pudiera revelar. El descubrimiento de la enfermedad más espantosa no es una mala noticia si todavía hay tiempo para curarla.

Una mínima reseña de la historia del pensamiento cristiano desde los reformadores hasta el presente revela que hay un marcado contraste entre el evangelio del cristianismo contemporáneo y el de nuestros padres. Este contraste no está confinado a las comunidades liberales que niegan las doctrinas mayores de la ortodoxia, sino que se encuentra incluso en las iglesias más conservadoras y evangélicas. Tomados de las manos, "...hemos llevado el glorioso evangelio del Dios bendito..." y lo hemos reducido a un credo superficial (1Ti 1:11), y cualquier persona que profesa este credo es declarado nacido de nuevo y cristiano a cabalidad.

LAS RESPUESTAS CORRECTAS A LAS PREGUNTAS EQUIVOCADAS

El apóstol Santiago parecía estar impulsado por una gran preocupación: el establecimiento de una "religión pura y sin mancha" delante de Dios (Stg 1:27). Por esto, su carta general es extremadamente directa y a menudo cortante. Él pinta con grandes trazos y usa poca sutileza. Nos dice con claridad que no está impresionado por nuestras profesiones de fe, y demanda la piedad. Él exige mayores evidencias y quiere ver que nuestra fe se demuestre con nuestras acciones.

En el texto que estamos considerando, Santiago golpea directo al corazón de sus compatriotas judíos que habían profesado la fe en Cristo tan solo de palabra. Ellos habían caído en el hoyo mortal de un exagerado énfasis en los credos. De alguna manera habían aprobado mentalmente las grandes doctrinas de la fe cristiana, pero no se habían convertido. Para corregir la situación, Santiago recuerda la máxima confesión doctrinal de Israel, el *Shema*: "Oye, Israel: el Señor nuestro Dios, el Señor es uno" (Dt 6:4).[1] Luego, con sarcasmo mordaz, argumenta que estar de acuerdo con el mayor de todos los credos, y que la confesión de este no vale nada si no va acompañado de una fe genuina que conlleva una conducta consecuente. Una persona que cree en un solo Dios verdadero ha hecho bien. Sin embargo, si esta creencia resulta en nada más que una confesión verbal, está en peores condiciones que los demonios, pues estas criaturas malignas y condenadas también creen la misma verdad, pero por su temblor demuestran una mayor reverencia hacia Dios que aquel que confiesa la fe y sigue indiferente ante esta verdad.

De Santiago, aprendemos que nuestra confesión pública de la fe en Cristo y nuestra aceptación verbal a las antiguas declaraciones doctrinales no son evidencia concluyente de la salvación. Los demonios creen toda clase de cosas correctas sobre Dios, y las Escrituras incluso las registran cuando estos hacen declaraciones públicas sobre Cristo: "Cuando los espíritus impuros lo veían, se arrodillaban delante de Él y a gritos le decían: '¡Tú eres el Hijo de Dios!'" (Mr 3:11). Con todo, estos demonios no eran redimidos. Aunque creían grandes verdades, demostraron comprender grandes doctrinas y profesaron grandes cosas, todavía eran espíritus demoníacos propensos al mal, opuestos a la justicia y

---

[1] *Shema* es derivado de la palabra hebrea "oír".

en enemistad con Dios. Del mismo modo, aunque una persona crea en las cosas correctas sobre Dios y las profese públicamente, puede que no esté en mejores condiciones que un demonio.

Lo que Santiago estaba combatiendo hace casi dos mil años sigue vigente en el cristianismo contemporáneo. Los judíos habían reducido la antigua fe de Israel a una profesión pública de la fe en el monoteísmo. Hemos reducido la fe cristiana a nada más que una respuesta positiva a unas preguntas simples. Una presentación moderna del evangelio a menudo comienza con esta pregunta: "¿Sabes que eres pecador?". Si la persona responde positivamente, entonces se le pregunta: "¿Quieres ir al cielo?". Si la persona da una segunda respuesta positiva, entonces se le anima a orar y a pedirle a Jesús que entre en su corazón. Si oró since-ramente, entonces se le asegura su salvación y se le da la bienvenida a la familia de Dios.

En este capítulo, examinaremos de cerca este popular método de evangelización y descubriremos que no solo es inadecuado, sino que es extremadamente peligroso. Millones de personas que se sientan en las bancas de las iglesias no se han convertido, pero están seguras de su salvación porque una vez dieron las respuestas correctas a las pregun-tas equivocadas.

"¿ERES PECADOR?"

El nuestro es un mundo caído, y nosotros somos una raza caída. Según la Escritura, la imagen de Dios en el hombre ha sido gravemente des-figurada, y la corrupción moral ha contaminado todo su ser: cuerpo,[2] razón,[3] emociones[4] y voluntad.[5] ¿Cómo puede, entonces, una persona, aparte de las Escrituras y la obra del Espíritu, siquiera entender cuando se le pregunta si es pecadora? Si ella solo dice sí, ¿qué significa? ¿Qué aprendemos sobre esa persona? Nuestra cultura "…apaga su sed co-metiendo maldad" (Job 15:16). El pecado se disfruta, se valora, se pro-mueve y se propaga. No solo pecamos, sino que también nos jactamos del alcance de nuestro pecado y nuestra falta de vergüenza. Por eso, cuando una persona solo reconoce que es pecadora, esto significa muy poco. El diablo nos diría que es un gran pecador, pero su profesión no

---

[2] Romanos 6:6, 12; 7:24; 8:10, 13.   [3] Romanos 1:21; 2 Corintios 3:14-15; 4:4; Efesios 4:17-19.
[4] Romanos 1:26-27; Gálatas 5:24; 2 Timoteo 3:2-4.   [5] Romanos 6:17; 7:14-15.

lo traería más cerca de Dios ni demostraría que Dios estaba obrando en su corazón. Nosotros podemos decir lo mismo de una persona.

Sabiendo esto, sería recomendable que reconociéramos que la pregunta correcta no es si una persona sabe que es pecadora, sino más bien si Dios ha tratado de tal manera con su corazón mediante la predicación del evangelio que su opinión sobre el pecado y la disposición hacia este ha cambiado. ¿Está comenzando a ver el pecado como Dios lo ve y como las Escrituras hablan de él? ¿Se considera a sí misma totalmente desprovista de todo mérito y digna del juicio de Dios? ¿Su amor hacia sí misma y hacia el pecado ha sido sustituido por el disgusto y la vergüenza? ¿Anhela ser perdonada, liberada y limpiada?

Una cosa es que una persona diga que es pecadora o incluso protestar contra el pecado, pero es otra cosa muy distinta que una persona odie su pecado y se avergüence de él. Según la Escritura, no es una declaración pública del pecado, sino un cambio interno del corazón hacia el pecado lo que demuestra que Dios ha realizado una obra de salvación en el corazón de esa persona.

El progreso del peregrino de John Bunyan nos ofrece un ejemplo excelente de la diferencia entre alguien que solo reconoce que es pecador y alguien que se ha vuelto contra el pecado. Vemos esto en una conversación entre el verdadero creyente Fiel y el falso convertido Locuaz:

> *Locuaz*: Es decir, que vamos a hablar sobre el poder de la gracia. Excelente cuestión, y estoy dispuesto a responderle. Primero, cuando existe la gracia de Dios en el corazón, causa en él un gran clamor contra el pecado...
>
> *Fiel*: ¡Espere un momento! Consideremos una cosa a la vez. Me parece que debería decir que la gracia se manifiesta al causar que el alma aborrezca su propio pecado.
>
> *Locuaz*: ¿Y qué? ¿Qué diferencia hay entre el clamor contra el pecado y aborrecerlo?
>
> *Fiel*: ¡Oh! Muchísima. Un hombre, por política, puede clamar contra el pecado, pero no puede aborrecerlo a menos que tenga un aborrecimiento piadoso hacia él.[6]

---

[6] John Bunyan, *The New Pilgrim´s Progress: John Bunyan´s Classic. Revised for Today with Notes by Warren Wiersbe* (*El nuevo progreso del peregrino: el clásico de John Bunyan, revisado para hoy, con notas de Warren Wiersbe*). Grand Rapids:Discovery House Publishers, 1989, 99.

El pobre y engañado Locuaz sabía decir las cosas correctas, pero ninguna de ellas era una realidad en su corazón. Sabía que era correcto que una persona reconociera el pecado en su vida y aun hablar en su contra, pero en su corazón no existía verdadero aborrecimiento hacia el pecado ni vergüenza por su participación en él.

De este breve intercambio entre Locuaz y Fiel aprendemos que debemos ser cuidadosos de no tratar superficialmente con el pecado ya sea en la predicación del evangelio o en la consejería con aquellos que están buscando. No es suficiente preguntarles si son pecadores basados en sus definiciones del término o en sus opiniones sobre ellos mismos. Debemos agotar todo recurso que provee la Escritura hasta que los que están buscando tengan un entendimiento bíblico del pecado, comprendan algo de su propia pecaminosidad y muestren evidencia de una nueva disposición hacia él. Solo entonces podemos dejar atrás la discusión sobre el pecado y avanzar hacia otros asuntos del evangelio.

"¿QUIERES IR AL CIELO?"

A menudo con los métodos contemporáneos de evangelización, si una persona responde positivamente a la primera pregunta en cuanto a su pecado, entonces se le confronta con la segunda: "¿Quieres ir al cielo?". A estas alturas debemos preguntarnos algo muy importante: si la persona responde negativa o positivamente, ¿nos dice algo su respuesta sobre la verdadera condición de su corazón? Si una persona escoge el infierno por encima del cielo, esto significaría simplemente que no comprende los terrores del infierno o que es lunática. Sin embargo, si ella declara su preferencia por el cielo, ¿demuestra que Dios está obrando, que hay arrepentimiento o que tiene fe salvífica? Las personas pueden y desean ir al cielo por un casi infinito número de razones, la mayoría egoístas.

Primero, las personas pueden desear ir al cielo solo por los beneficios que el cielo da. El humanismo secular y sus reformas sociales nos han enseñado que todos los hombres tienen un deseo innato de una utopía, un lugar idealmente perfecto. ¿Quién, sino el loco o el criminal demente escogería el caos por encima del paraíso? Todas las personas quieren un mundo perfecto donde todo es hermoso, donde no existe el temor, donde se ha derrotado a la muerte y donde todo sueño se hace realidad. No obstante, ¿indica ese deseo una obra de conversión en el corazón de una persona? El deseo de ir al cielo "por los beneficios que el cielo da" no significa nada.

Segundo, las personas pueden desear ir al cielo porque la única alternativa es el infierno. En determinadas épocas de cada año en las junglas del norte de Perú, los granjeros prenden fuego a sus campos de arroz para quemar todo el tamo. Las llamas son intensas y el mundo parece envuelto en humo y cenizas. Al mirar de cerca, se ve toda clase de víboras y bichos que huyen de las llamas. Son impulsados por el instinto de supervivencia. Se deslizan y se arrastran fuera del campo lo antes posible, pero cuando llegan a lugar seguro, son todavía víboras y bichos. No son nuevas criaturas. Sus deseos no han cambiado. Aún anhelan la oscuridad y las ciénagas lóbregas que han dejado y no tienen ningún deseo de estar en las tierras altas a las que han huido. Su único deseo al dejar uno y huir al otro es el de la supervivencia.

Del mismo modo, el deseo de ir al cielo nacido de un temor hacia el infierno no nos dice nada sobre si Dios ha causado algún cambio en su corazón. Aunque es verdad que el temor del infierno es una motivación bíblica para la salvación, nunca es la motivación exclusiva o primaria. Juan el Bautista advirtió a los hombres a huir de la ira venidera.[7] Jesús declaró a la gente que temieran al que puede destruir el cuerpo y el alma en el infierno.[8] En el día de Pentecostés, el apóstol Pedro exhortó a sus oyentes a que se salvaran de una generación perversa.[9] Incluso en *El progreso del peregrino*, Cristiano huye hacia la Ciudad Celestial porque él vio la destrucción que se aproximaba sobre su presente morada. Sin embargo, en la verdadera conversión, el temor de una persona al infierno y un sentir de supervivencia pronto son eclipsados por su amor a Dios y un deseo por la justicia. En la verdadera conversión, las personas no solo huyen de algo que temen, sino que corren hacia algo que desean: una perla de gran precio,[10] el reino de Dios y Su justicia.[11] ¡Temen estar perdidos porque no quieren perder el encontrarse con Jesús![12] Sin embargo, el deseo singular y sincero de una persona de salvarse no demuestra una obra de conversión en su corazón.

Tercero, las personas pueden desear un cielo sin Dios. Como ya hemos señalado, la mayoría de las personas quieren un cielo, pero discrepan sobre cómo debería ser y cómo debería gobernarse. Muchas

---

[7] Mateo 3:7.   [8] Mateo 10:28.   [9] Hechos 2:40.   [10] Mateo 13:45-46.   [11] Mateo 6:33.
[12] Pensamiento del pastor Charles Leiter.

personas creen que el cielo es un lugar donde todos obtienen exactamente lo que quieren. Sin embargo, con tantas ideas y deseos conflictivos entre sus habitantes, ¿cómo podría tal lugar existir? Exigiría que a cada individuo se le diera su propio cielo privado donde este haría todas las reglas y gobernaría con absoluta soberanía. ¿El Dios de las Escrituras se ajusta a este sistema? Debemos reconocer que cuando la gran mayoría reitera su deseo por el cielo, ellos no están pensando en un lugar donde Dios es el epicentro de todo pensamiento, deleite y adoración. Un reino donde solamente Dios es el absoluto soberano y Su voluntad es la única ley no solo es extraño a sus pensamientos, sino ofensivo.

Un filme titulado *Más allá de los sueños* trata sobre un doctor agnóstico que muere y va al cielo. Mientras está parado allí, pasmado ante la realidad de la vida después de la muerte, un ángel se le acerca. En el intercambio que se desarrolla, el buen doctor razona: "¿Si existe un cielo, existe también un Dios?". El ángel responde afirmativamente, y el buen doctor pregunta: "¿Dónde está Él?". El ángel señala hacia arriba y responde: "Él está allá arriba".

Este simple intercambio nos dice mucho sobre el hombre y su enemistad con Dios. Al encontrar imposible negar la existencia de Dios, el hombre ha hecho todo lo que está en su poder para suprimir lo que conoce que es verdad sobre Él.[13] En las décadas pasadas, el hombre ha buscado eliminar a Dios de todo aspecto de la vida sobre la tierra (la cultura, el gobierno, la educación, incluso la religión) y convenientemente lo ha relegado al cielo, donde permanece sin ser visto y sin involucrarse en nada. Ahora parece que el hombre ha hecho un monumental avance en su guerra con Dios al sacarlo del cielo y relegarlo a un plano aún más elevado. Como un maestro que gradúa a un estudiante fastidioso solo para sacarlo de su clase, la humanidad ha colocado a Dios en un plano más elevado solo para deshacerse de Él. Todo esto demuestra una verdad poderosa e irrefutable: todos quieren ir al cielo, pero la mayoría no quiere que Dios esté allí.

Otra prueba de que la mayoría de la gente desea un cielo sin Dios es que los deseos y las ambiciones de la mayoría, aquí en la tierra, son totalmente contrarios a los del cielo. ¿Por qué una persona que no tiene ningún deseo de adorar en la tierra desearía ir al cielo donde todo es

---

[13] Romanos 1:18.

adoración? ¿Por qué los que aman el pecado desearían ir a un lugar donde no pueden encontrarse con él? ¿Por qué alguien apático en cuanto a la justicia desearía ir a un lugar donde habita la justicia perfecta? ¿Por qué alguien que no tiene interés en hacer la voluntad de Dios desearía ir a un lugar donde la voluntad de Dios es todo?

Todos los hombres quieren ir al cielo, pero el cielo que quieren es diferente del que se revela en la Escritura. Por eso, la pregunta si una persona quiere ir al cielo sería mejor reformularla de esta manera: ¿Dios ha tratado de tal manera con su corazón mediante la predicación del evangelio que hay ahora un anhelo real y claro por Él? ¿El Dios en quien no tuvo interés y por quien no sintió ningún deseo se ha convertido en el objeto de su deseo? ¿Se ha despertado el amor hacia Dios en su corazón? ¿Hay nuevos afectos que lo atraen irresistiblemente hacia Él? La pregunta no es si alguien quiere ir al cielo, sino si él quiere a Dios. Como lo declaró Jesús: "Y ésta es la vida eterna: que te conozcan a Ti, el único Dios verdadero, y a Jesucristo, a quien has enviado" (Jn 17:3).

"¿QUIERES ORAR?"

En buena parte de la evangelización moderna, si una persona responde afirmativamente a la primera pregunta sobre su pecado y a la segunda pregunta sobre el cielo, entonces se le confronta con una tercera y última pregunta: "¿Quieres orar y pedirle a Jesús que entre en tu corazón?". Si una persona titubea en cuanto a orar por su cuenta, puede ser guiada a repetir la oración del pecador, que con frecuencia aparece al final de los tratados de evangelización. Después de la oración, se le asegura a la persona que si oró sinceramente entonces Dios le ha salvado y Jesús ha venido a su corazón.

Aunque este se ha convertido en *el* método de evangelización del cristianismo contemporáneo, todavía debemos hacernos las siguientes preguntas: ¿Existe precedente bíblico para este método? ¿Se encuentra en las enseñanzas y el ejemplo de Cristo o de los apóstoles? Si bien la Escritura enseña que los hombres deben recibir a Cristo como su Salvador y Señor,[14] sería equivocado asumir que este requisito bíblico se cumple solo porque alguien ha hecho una decisión por Cristo o ha

---

[14] Juan 1:12.

repetido la oración del pecador, en particular porque Cristo y Sus apóstoles nunca ofrecieron esa invitación. En realidad, su manera de invitar
a la gente para ser salva era bastante diferente de las invitaciones que
se ofrecen hoy:

> Después de que Juan fue encarcelado, Jesús fue a Galilea para pro-
> clamar el evangelio del reino de Dios. Decía: "El tiempo se ha cum-
> plido, y el reino de Dios se ha acercado. ¡Arrepiéntanse, y crean en
> el evangelio!" (Mr 1:14-15).

> También saben que no me he negado a serles útil, y que en público
> y en las casas he anunciado y enseñado a los judíos y a los no judíos
> que deben volverse a Dios, y tener fe en nuestro Señor Jesucristo
> (Hch 20:20-21).

Vale la pena señalar que en ninguna parte de las Escrituras vemos a
Cristo, a los apóstoles o a alguien más llamando a las personas a repetir
la oración del pecador o a abrir su corazón y pedirle a Jesús que entre
en él. Más bien, vemos repetidas veces un llamado al arrepentimiento
y a la fe genuina en Jesucristo. La pregunta entonces no es si una persona quiere orar y pedirle a Jesús que entre en su corazón, sino si Dios
ha tratado de tal manera con su corazón mediante la predicación del
evangelio que él está arrepentido de su pecado y cree en Jesucristo para
la salvación de su alma.

Si un individuo hace una profesión de fe en Cristo, es apropiado
regocijarse con él, pero no sin una amonestación y advertencia más a
fondo. Él debe ser animado por la verdad de que si se ha arrepentido
genuinamente y ha creído, es salvo. Sin embargo, también debe ser instruido en que si la conversión es genuina, esta será validada posteriormente al perseverar en las cosas de Dios. Él debe saber que la salvación
no es una vacuna única que ya no requiere atención. Si un individuo se
ha arrepentido de verdad para salvación, continuará arrepintiéndose y
creciendo en un arrepentimiento cada vez más profundo a lo largo de
su vida. Si él ha creído de verdad para salvación, continuará creyendo
y creciendo en su dependencia de Dios. Es decir, la evidencia que Dios
de verdad ha comenzado una obra en la vida de una persona mediante
la conversión es que Él continuará obrando durante toda la vida de esa

persona. Si después de una supuesta conversión un individuo vuelve a la apatía en las cosas de Dios, no avanza en la santidad y abandona la comunidad de fe, no tiene fundamento bíblico para confiar que su conversión fue genuina o que alguna vez fue hijo de Dios. Es un error enorme y peligroso dejar ir a los nuevos convertidos sin darles esta advertencia.

LAS PREGUNTAS EQUIVOCADAS Y LA CONFIANZA SIN FUNDAMENTO

Ninguno argumentará que muchos individuos en la calle y en las bancas han reconocido su pecado, tomado una decisión y orado para recibir a Cristo, pero muestran poco o ningún fruto de una conversión genuina. Aunque las Escrituras enseñan que hay profesiones falsas de fe, incluso con la mejor de las predicaciones,[15] el elevado número de cristianos que profesan la fe pero continúan como carnales es apabullante. ¿Cuál podría ser la razón para este mal?

Cuando estudiamos la vasta extensión del cristianismo evangélico y examinamos las metodologías más populares de evangelización personal y masiva, debemos concluir que solo estamos recogiendo la cosecha de un evangelio superficial e incluso de una invitación aún más superficial a pecadores para que "reciban" a Cristo. Por ello, la mayoría de los que han levantado la mano, caminado por el pasillo central, tomado una decisión y repetido la oración del pecador nunca se convirtieron de verdad. Ellos solo respondieron correctamente a las preguntas equivocadas y los administradores del evangelio, que deberían haber hecho algo mucho mejor, les concedieron falsas garantías. Su fundamento es arena y su fin la destrucción. Debemos decirles que las personas no se salvan solo por tomar decisiones y repetir oraciones, sino por mirar a Cristo. Debemos advertirles que la evidencia de la conversión pasada es la continuidad de la obra de conversión en el presente: el Dios que salva también santifica. Si su decisión pasada no repercute en su vida presente, ¡quizás su esperanza es en vano!

---

[15] Mateo 13:3-23.

CAPÍTULO DIECISÉIS

La puerta estrecha

Entren por la puerta estrecha, porque ancha es la puerta y espacioso el camino que lleva a la perdición, y muchos son los que entran por ella. Pero estrecha es la puerta y angosto el camino que lleva a la vida, y pocos son los que la encuentran.

—Mateo 7:13-14

Muchos consideran el sermón del monte como el manifiesto cristiano. En él se encuentran algunas de las más hermosas enseñanzas de Cristo, las virtudes más elevadas de la fe cristiana y las demandas más radicales del discipulado cristiano. Es un sermón excepcional, de más peso que lo que ninguno de nosotros podremos jamás comprender en toda una vida.

Mateo 7:13-14 marca el principio del fin de este magnífico sermón. Es una conclusión apropiada, una advertencia directa, incluso punzante en cuanto a la gravedad de las palabras de Cristo y sus implicaciones eternas. Nos demuestran que este sermón no está tratando con nimiedades, sino con los asuntos de mayor trascendencia de la existencia humana. La eternidad está impresa en cada palabra cuando Cristo se sube al estrado y trata con los temas del cielo y el infierno, la vida eterna y la destrucción eterna. Él habla con una terrible solemnidad, como uno que tiene la máxima autoridad para tratar con estos asuntos eternos.[1] Cuando lo leemos, nos sorprende[2] y estamos convencidos de que nunca hubo un mejor tiempo para nosotros para escuchar el testimonio del Padre en cuanto a Su Hijo: "Éste es Mi Hijo amado. ¡Escúchenlo!" (Mr 9:7).

En este texto y los que siguen en Mateo 7 se nos confronta con una serie de contrastes. Descubrimos que hay dos puertas que presentan

---

[1] Mateo 7:29. [2] Mateo 7:28.

dos caminos: uno que lleva a la vida y otro que lleva a la destrucción. Encontramos dos clases de predicadores: uno que alimenta a las ovejas y otro que las destruye (v. 15). Nos toparemos con dos clases de árboles: un buen árbol que lleva buen fruto y es podado, y un mal árbol que lleva mal fruto y es cortado y tirado al fuego (vv. 16-20). Se nos presentan dos clases de cristianos que han profesado la fe: uno que reconoce el señorío de Cristo y entra en el reino de los cielos, y otro que confiesa al mismo Señor, pero que se le niega la entrada y es arrojado al infierno (vv. 21-23). Por último, nos enfrentamos con dos constructores: uno que construye sobre la roca y es salvo del embravecido diluvio de la ira de Dios, y otro que construye sobre la arena y es engullido en el juicio final e irrevocable.

LA PUERTA ES CRISTO

Nuestro texto comienza con la solemne y firme exhortación "entren por la puerta estrecha". Hay solo cinco palabras en este mandato, pero son inconmensurables y demandan nuestra completa atención. Al escucharlas, nos encontramos nosotros mismos en el centro de la atención sin ninguna oportunidad de escape. Estamos en una encrucijada, un punto decisivo. No podemos pretender que no hemos escuchado ni podemos aplazar la elección, ni relegarla a la autoridad de otro. Debemos resolver entre la vida y la muerte, entre el cielo y el infierno, entre Cristo y cualquier otra supuesta puerta trasera que lleve a Dios. Mientras estamos parados en el "valle de la decisión", estamos rodeados por muchas puertas, cada una con su propio vendedor compitiendo por nuestra atención, pero entre el ruido escuchamos la gran voz de Cristo (Jl 3:14). Él nos está dirigiendo hacia Sí mismo, la única puerta verdadera, la única brecha en la pared de la prisión a través de la cual podríamos pasar hacia la libertad. Él ha hecho la brecha; Él es la brecha; la puerta a través de la cual uno entra y es salvo.[3] Debemos tomar una decisión. ¿A quién escucharemos? ¿A quién creeremos? Las palabras de Dios el Padre resuenan en nuestros oídos: "¡Escúchenlo!" (Mt 17:5).

Una verdad innegable que está por encima de todo debate en el Nuevo Testamento es que Jesús de Nazaret es "el camino, y la verdad,

---

[3] Juan 10:9

y la vida" y que "nadie viene al Padre, sino por [Él]" (Jn 14:6). "Porque hay un solo Dios, y un solo Mediador entre Dios y los hombres, que es Jesucristo hombre" (1Ti 2:5). "En ningún otro hay salvación, porque no se ha dado a la humanidad ningún otro Nombre bajo el cielo mediante el cual podamos alcanzar la salvación" (Hch 4:12). Esta es la gran verdad y el escándalo de Cristo y el cristianismo. Jesús de Nazaret se para ante todo el mundo y exclama: "Sólo Yo soy el Señor, y fuera de Mí no hay quien salve" (Is 43:11). Poco importa que el mundo se tape los oídos, se rasgue las vestiduras y rechine los dientes. Dios resolvió el asunto hace mucho en el eterno y secreto consejo de Dios.

El cristianismo solo necesita moverse unos centímetros hacia una posición más ecuménica para convertirse en una de las religiones más amadas sobre la faz de la tierra. Solo una pequeña alteración se requiere para terminar la guerra entre el cristianismo y la mente moderna y abrirle la puerta a una era de dichosa convivencia y afirmación mutua: debemos cambiar el determinante definido *la* por el determinante indefinido *una* y proclamar a Cristo como *un* salvador del mundo y no como *el* Salvador con la exclusión de todos los demás. Si cediéramos en este asunto, Cristo tendría una mayor audiencia, y nosotros nos convertiríamos en el deleite de los que ahora se nos oponen y nos condenan como intolerantes y enemigos públicos de la comunidad global. Si hiciéramos esta única y aparentemente pequeña concesión, podríamos incluso suponer que el mundo permitiría que Jesús se sentara a la cabecera de su panteón de salvadores y nos haría miembros importantes de su gabinete. ¿Por qué, entonces, los cristianos no ceden en este asunto tan aparentemente trillado? ¿Por qué eligen la marginación social, la persecución y la muerte y no abandonan su exclusividad? Esto es suficiente para confundir y enfurecer las mentes posmodernas más tolerantes.

Sin embargo, la respuesta es simple: el cristianismo es una religión de todo o nada. El hombre Jesús de Nazaret fue el Hijo de Dios, o un blasfemo; la máxima revelación de la verdad, o el mayor mentiroso que caminó por el planeta; el Salvador del mundo, o un charlatán sinvergüenza. A diferencia de otras religiones, el cristianismo no es principalmente una religión que gira en torno a enseñanzas o códigos éticos que los seguidores pueden seguir en parte o en su totalidad: es una religión que se fundamenta en una persona que es o no es quien dice ser. En el famoso trilema de C. S. Lewis, Jesús de Nazaret es un lunático, es un mentiroso, o es Señor. No hay espacio permitido para una actitud de condescendencia hacia Su persona ni para encontrar un punto medio entre lo que las Escrituras afirman sobre quien es Él y cualquier otra opinión, no importa cuán pequeña sea la desviación.[4]

Para ser cristianos, debemos ser firmes en este punto. Ni la persona de Cristo ni sus enseñanzas nos permiten hacer concesiones. Si deseamos la aprobación del mundo, entonces debemos perder la aprobación de Cristo. Si procuramos ganar nuestra vida en este siglo, debemos renunciar a la próxima.[5]

Si somos de verdad cristianos, reconocemos el peligro de ceder a cualquier demanda que el mundo pudiera hacernos sobre la singularidad de la persona y la obra de Cristo. Además, reconocemos que no hay buenas razones para hacerlo, aparte de nuestra propia supervivencia, o para hacernos más aceptables a este siglo malo.[6] El Cristo que conocemos y servimos no necesita hacer un trato con este mundo o cabildear para tener una posición entre los otros supuestos salvadores y señores. Él es el Salvador del mundo y el Señor de todo.[7] De las Escrituras, sabemos que Dios ha hecho a este Jesús, a quien crucificamos, Señor y Cristo; que lo ha sentado a Su diestra, que lo ha puesto por encima de todo principado, autoridad, poder y señorío, y por encima de todo nombre que se nombra, no solo en este siglo sino también en el venidero; que Él ha declarado que toda rodilla se doblará y toda lengua confesará que Jesús de Nazaret es Señor.[8] Aunque todo el mundo se enfurece contra esta verdad, el decreto de Dios permanece inalterado. Dios ha declarado que Cristo es Su Hijo por Su palabra y poder.[9] Él lo ha establecido como Salvador y Rey en Sión, y le ha dado todas las naciones como Su herencia y los confines de la tierra como Su posesión.[10]

---

[4] C. S. Lewis escribió: "Aquí, estoy tratando de evitar que alguien diga la mayor de las tonterías que a menudo se han dicho en cuanto a Él: 'Estoy dispuesto a aceptar a Jesús como un gran maestro de moral, pero no acepto su afirmación de que era Dios'. Esto es algo que no deberíamos decir. El hombre que sin ser más que un hombre haya dicho la clase de cosas que Jesús dijo, no es un gran moralista. O era un lunático —o un hombre ambiguo— o el mismo demonio del infierno. Debes hacer tu elección. Este hombre era, y es el Hijo de Dios; o era un loco o algo peor… Escarnécelo como a un insensato, escúpelo y mátalo como a un demonio; o cae a sus pies y proclámalo como Señor y Dios. Pero no asumamos la actitud condescendiente de afirmar que fue un gran maestro de la humanidad. Él no ha dejado esa opción abierta para nosotros. Él no tuvo esa intención". *Mere Christianity* (Westwood, N. J.: Barbour and Company, 1943), 45.
[5] Mateo 10:33, 39; 2 Timoteo 2:12.   [6] Gálatas 1:4.   [7] Juan 4:42; Hechos 10:36; Romanos 10:12.
[8] Hechos 2:36; Efesios 1:20-22; Filipenses 2:10-11.   [9] Salmo 2:7; Mateo 3:17; 17:5; Romanos 1:4.
[10] Salmo 2:6, 8.

La comunidad evangélica aún tiene grandes motivos para regocijarse sobre la proclamación de Cristo como la puerta estrecha de la salvación. La mayoría de los que confiesan las creencias cristianas evangélicas se aferran a uno de los mayores y esenciales pilares de la fe cristiana:
solus Christus, Cristo solamente. Aunque los evangélicos están a menudo en desacuerdo sobre muchas cosas, algunas triviales y algunas de
enorme importancia, podemos regocijarnos en que la mayoría estamos
convencidos y dispuestos a sufrir por esta gran verdad: la singularidad
de la persona y el ministerio de Cristo. Cristo es Señor, y no hay salvador aparte de Él.[11]

No obstante, debemos estar siempre vigilantes, pues algunas marcas
de erosión indican que se han hecho concesiones, incluso entre los que
confiesan las creencias cristianas evangélicas. Para la mente posmoder-
na, nada es más escandaloso que afirmar una verdad en detrimento de
las demás. Cada ámbito de la cultura, la educación, la política, la econo-
mía e incluso de la mayoría de las religiones han llegado a creer que una
convivencia pacífica es solo posible en una sociedad donde todos están
de acuerdo o al menos ninguno está equivocado. Por lo tanto, cualquier
individuo o comunidad que tenga un estándar absoluto de la verdad y
que busque que otros lo observen es intolerante, discriminador, merece-
dor de burla y censura. No deberíamos subestimar el poder de este nuevo espíritu de la época. A medida que crece no solo tratará de distorsionar los hechos y marginará a los que predican a Cristo solamente, sino
que también buscará coaccionarlos y censurarlos al punto del silencio.

Como cristianos, debemos entender que el reino de los cielos tiene
que ver con la mente, el corazón y la consciencia. Nunca debemos opo-
nernos a la cultura hostil que nos rodea con nada más que la verdad del
evangelio, el poder de la oración, y la influencia de una vida justa. Al
mismo tiempo, no debemos ceder ante la oposición cada vez mayor o la
tentación de la supervivencia. Asimismo, no debemos creer la mentira,
que ha llegado a ser frecuente entre los evangélicos, que afirma que podemos reempacar el evangelio para hacerlo menos ofensivo, sin perder
su contenido esencial. Este es un gran engaño presentado por la gente
cuya débil teología no les enseña a temer a Dios ni a la amonestación
que advierte: "Pero si aun nosotros, o un ángel del cielo, les anuncia

---

[11] Isaías 43:11.

otro evangelio diferente del que les hemos anunciado, quede bajo maldición" (Gá 1:8). Aunque nuestra posición es intolerable para una cultura que se enorgullece de su tolerancia, aunque representa para nosotros los mayores sufrimientos y aunque nos expone a la recriminación de la mayoría, debemos avanzar contra la corriente. Al igual que los santos fieles que murieron antes que nosotros, no podemos someter nuestra proclamación al consejo de una cultura atea. Debemos apoyarnos en la Escritura. Debemos defender a Cristo. No podemos ni debemos retractarnos.[12] Reducir la supremacía y la singularidad de Cristo es negarlo.

UNA ENTRADA VIOLENTA

Cristo es la puerta estrecha que lleva a la salvación, y debemos considerar nuestra respuesta a esta verdad. Se nos ordena entrar a través de Él. El mandato se traduce de la palabra griega *eisérchomai*, que denota el acto de entrar en algo. El verbo es un mandato y requiere obediencia por parte del oyente. También se encuentra en el tiempo aoristo, que denota una acción única más que una continua. La idea es que los oyentes deben tomar una decisión, o actuar con decisión en relación con la enseñanza de Cristo. Sería recomendable que recordáramos que Cristo no es un filósofo sobre el cual meditar, sino el Señor encarnado que demanda ser escuchado y obedecido. Solo *una* puerta que lleva a la salvación se ha abierto para la humanidad por un tiempo limitado. Por eso, se exhorta a las personas a entrar por esta con la máxima urgencia y diligencia. Si nos pudiéramos imaginar la diligencia, incluso la violencia, con la que las personas lucharon por entrar en el arca si hubieran creído el informe de Noé, entonces ¡tendríamos alguna idea de la urgencia con la que las personas deberían buscar entrar por la puerta estrecha!

La urgencia y la diligencia en nuestro texto se hacen aún más evidentes a la luz de una exhortación similar que da Jesús en el Evangelio de Lucas. Las Escrituras nos dicen que mientras Jesús estaba enseñando en todas las aldeas, alguien le dijo: "Señor, ¿son pocos los que se

---

[12] De la famosa declaración de Martín Lutero en la Dieta de Worms en 1521: "A menos que sea convencido por la Escritura y por la plena razón —no acepto la autoridad de papas ni concilios, porque ellos se han contradicho unos a otros y han errado continuamente—, mi consciencia está cautiva a la Palabra de Dios. No puedo y no me retractaré de nada, porque el ir contra la consciencia no es ni correcto ni sano. Aquí permanezco, no puedo hacerlo de otro modo. Que Dios me ayude. Amén".

salvan?" (Lc 13:23, LBLA). Él respondió con una afirmación indirecta pero inequívoca a través de la siguiente exhortación: "Esforzaos por entrar por la puerta estrecha, porque os digo que muchos tratarán de entrar y no podrán" (Lc 13:24, LBLA).

Las palabras de Jesús conllevan tanto una exhortación como una advertencia. Primero, Él nos exhorta a "[esforzarnos] por entrar por la puerta estrecha". "Esforzaos" se traduce del verbo griego *agonizomai*, del que se deriva la palabra agonizar, que significa luchar, pelear, trabajar fervientemente, esforzarse en hacer algo con intensa dedicación. Originalmente se refería a entrar en una competencia o competir en los juegos de gimnasia, y se usó a menudo en relación con el combate contra los adversarios o la lucha contra las dificultades y peligros. Un término relacionado, *agonía*, se usa para describir la lucha de Cristo en Getsemaní.[13] De esto podemos justamente concluir que entrar en el reino por la puerta estrecha, que es Cristo, no será nada fácil. Aunque entramos por el arrepentimiento y la fe, será una lucha e implicará esfuerzo.

Segundo, Jesús no solo nos exhorta a entrar con el mayor esfuerzo, sino que, además, nos advierte que "muchos tratarán de entrar y no podrán". Esta es una verdad relevante que a menudo se ha malinterpretado. Jesús no está enseñando que muchos querrán ser salvos pero no son suficientemente buenos. Más bien, Él está explicando que aunque muchos desearán las promesas y beneficios del reino, serán disuadidos de responder al llamado de salvación debido a su apatía, dureza de corazón, deseo de supervivencia y amor por el mundo. La abnegación que se requiere y las pruebas, las persecuciones y las dificultades asociadas con el reino, desalentarán a todos excepto a los más desesperados por entrar. John MacArthur capta algo del significado de las palabras de Cristo cuando escribe:

Cristo no está sugiriendo que alguien podría merecer el cielo por esforzarse para alcanzarlo. No importa cuán rigurosamente hayan trabajado, los pecadores nunca podrán salvarse a ellos mismos. La salvación es solo por gracia, no por obras. Pero entrar por la puerta estrecha es al fin y al cabo difícil porque cuesta en términos de orgullo por

---
[13] Lucas 22:44.

parte del hombre, debido al amor natural hacia el pecado por parte del pecador y por la oposición del mundo y de Satanás a la verdad.[14]

La idea de que es fácil ser salvo es totalmente ajena a las Escrituras y a la mayoría de los más respetados teólogos y ministros de la historia de la iglesia. William Hendriksen escribe:

> Es claro, por lo tanto, que nuestro Señor no sigue el método que usan ciertos predicadores evangelistas, que hablan como si el "salvarse" fuera una de las cosas más fáciles en el mundo. Jesús, por el contrario, describe la entrada en el reino como algo que, por una parte, es lo más deseable; pero, por la otra, no es nada fácil. La puerta de entrada es estrecha. Debe ser "hallada". Y el camino con que está conectada es "angosto"... ¿No es cierto que los evangelizadores verdaderamente grandes —piénsese en Whitefield, Spurgeon y sus dignos sucesores hoy— enfatizaron y enfatizan esta misma verdad?[15]

No solo no es fácil ser salvo, sino que es imposible aparte del poder de Dios. En realidad, es más fácil para un camello pasar a través del ojo de una aguja a que un hombre se convierta.[16] Aunque todas las experiencias de conversión son distintas y varían en niveles de lucha personal, la Escritura describe la conversión como una cosa difícil que requiere una enorme determinación y decisión por parte *del que busca.* Los siguientes textos son útiles en particular para ilustrar esta verdad:

> Desde los días de Juan el Bautista hasta ahora, el reino de los cielos sufre violencia, y los violentos lo arrebatan (Mt 11:12).[17]

> La ley y los profetas llegan hasta Juan. Desde entonces se anuncian las buenas noticias del reino de Dios, y todos se esfuerzan por entrar en él (Lc 16:16).

---

[14] John MacArthur, *MacArthur Study Bible* [*Biblia de estudio MacArthur*], 1542.   [15] William Hendriksen, *New Testament Commentary: Exposition of the Gospel According to Matthew* [*Comentario del Nuevo Testamento: Exposición del evangelio según Mateo*] (Grand Rapids: Baker, 1973), 367. [16] Mateo 19:24; Marcos 10:25; Lucas 18:25.   [17] El debate continúa sobre el significado exacto de las palabras de Cristo en este texto y Lucas 16:16. Aunque se han planteado una variedad de interpretaciones, la más frecuente es la que se aplica aquí: que aquellos que entran verdaderamente en el reino se caracterizan por la sinceridad, la determinación, y un fervor que nace de la desesperación por salvarse.

A medida que avanza el reino en todo el mundo y en cada generación, algunas personas buscan reprimirlo con violencia, y otros buscan entrar a él con la misma violencia, o si no mayor. La verdad que deberíamos deducir es que el reino de los cielos no pertenece a los pasivos, apáticos ni despreocupados, sino a los que con sinceridad y decisión quieren y actúan para entrar a él por la fe. Esto no se refiere a que las personas ganan el reino por la fuerza de voluntad ni el vigor de la autodisciplina y la determinación. Jesús no está enseñando que Su reino pertenece solo a los fuertes; en realidad, Él está enseñando lo opuesto.

La urgencia, la sinceridad e incluso la violencia por las que las personas entran al reino es el resultado de una doble obra del Espíritu de Dios. Primero, el Espíritu despierta a la persona a su total incapacidad para salvarse a sí misma, por eso produce en ella una violenta desesperación por tener al único que puede salvarla: Jesucristo. Bajo circunstancias normales, un hombre físicamente débil y de complexión pequeña supone poco peligro para tres atletas fornidos y bien entrenados. Sin embargo, si el hombre se estuviera ahogando en el mar y hundiéndose, él supondría el mayor peligro para los tres. Por pura desesperación, teniendo en cuenta su muerte inminente, el débil tendría la fuerza y la determinación de aferrarse a quien estuviera a su alcance. Impulsado por el miedo, se agarraría con una violencia que el hombre más fuerte no podría vencer. Su implacable tenacidad no sería el resultado de alguna cualidad física ni alguna virtud en su carácter, sino el resultado de la necesidad. En medio del ahogamiento y la muerte segura, ha encontrado una esperanza de salvación de la cual no podría jactarse, pese a la gran violencia.[18] De la misma manera, es el reconocimiento de una persona de su debilidad o total incapacidad de salvarse a sí misma lo que la hace luchar contra todos y cada uno que se le oponga para entrar por la puerta estrecha.

Segundo, el Espíritu de Dios regenera el corazón y la mente de una persona de modo que vea a Cristo como alguien que supera en valor y hermosura a todas las demás cosas combinadas, por eso genera en él una violenta desesperación por tenerlo a Él sobre todo lo demás. Por los nuevos y santos afectos, una persona es impulsada a poseer lo que se ha convertido para ella en la belleza irresistible de Cristo. ¡Él debe tener a Cristo y solo a Cristo! Aunque le fuera dada vida eterna en un estado

---

[18] Pastor Charles Leiter, en una conversación con el autor.

perfecto y se le concediera toda belleza creada para su disfrute eterno, si Cristo está ausente se vería a sí misma como condenada a la miseria del infierno eterno. Por la obra de la recreación y la regeneración del Espíritu de Dios, ella ha despertado a la excelencia de Cristo, y nada más, incluso en los cielos más altos, pueden ahora satisfacerla. Todo está torcido, ensombrecido y manchado en comparación con Cristo. En las palabras de John Flavel:

> ¡Oh, bello sol, y bella luna, y las estrellas bellas, y las flores bellas, y las rosas bellas, y los bellos lirios y las bellas criaturas! Pero, ¡Oh diez mil veces mil es más bello el Señor Jesús! Ay de mí, le he ofendido al compararlo así. ¡Oh negro sol y negra luna; pero, oh bello el Señor Jesús! ¡Oh negras flores, y negras rosas y los lirios también; pero, ¡oh bello, mucho más bello el Señor Jesús! ¡Oh, todas las cosas bellas son negras, deformadas, y sin belleza, cuando las ponéis al lado del más bello, el Señor Jesús! ¡Oh, cielo negro, pero, oh bello el Señor Jesús! ¡Oh negros ángeles, pero, oh extraordinariamente bello el Señor Jesús![19]

Por obra del Espíritu, una persona se vuelve violenta, incluso temerariamente violenta, por dos motivaciones que no podrían ser más completamente opuestas: una es un terror repulsivo y la otra es una belleza irresistible. Pero, al final, la persona preferiría los terrores del infierno si pudiera solo contemplar el rostro de Cristo más que tener las glorias del cielo sin poder avistar ese rostro.

Antes de que Dios tratara con nosotros, éramos indiferentes a las grandes realidades de la religión. Entonces, a través de las circunstancias o la predicación, o ambas, despertamos a nuestro pecado y a lo vacío de nuestras vidas. Nos vimos incapaces de cumplir con las demandas de la ley y sin el poder para liberarnos del juicio seguro. En ese momento el Espíritu de Dios nos mostró a Cristo, y lo vimos como una perla de gran precio que teníamos que poseer a cualquier costo. No pensamos en negociar un menor precio, sino que estuvimos dispuestos a perder todo, a renunciar a todo, para que pudiéramos tenerlo a Él.[20] Ahora que somos suyos y Él es nuestro y hemos probado y visto que Él es bueno, no

---

[19] "The Life of John Flavel", en *The Works of John Flavel* [*Las obras de John Flavel*] (Londres: Banner of Truth, 1968), 1: ixx-xx.   [20] Mateo 13:45-46.

podemos y no lo dejaremos ir.[21] La realidad de nuestra incapacidad total de salvarnos a nosotros mismos, combinada con nuestro conocimiento de que solo Él tiene palabras de vida eterna, nos hace aferrarnos a Él con una férrea violencia.[22] Nos soltaríamos deprisa de lo que estamos agarrados y caeríamos en picada en un abismo rocoso antes que soltarnos de Cristo. Preferiríamos estar a la deriva sin ayuda en medio del océano que estar por un momento sin Él. Sabemos que las rocas más afiladas y los mares más violentos no son nada comparados con la ira de Dios que espera a aquellos que no tienen a Cristo. Asimismo, ahora que hemos probado y visto que el Señor es bueno, ahora que hemos contemplado Su belleza, ya no es el temor a la ira lo que nos hace aferrarnos a Él, sino la magnificencia y excelencia de Su persona.[23] Nuestro corazón regenerado y los recién hallados y santos afectos deben tenerlo. No podemos simplemente vivir sin Él excepto en la más grande de las miserias. Por eso, nuestra violencia viene de la desesperación, y nuestra desesperación viene de nuestra necesidad y deseo de Él.

ABRIÉNDONOS PASO

Hasta aquí hemos considerado lo que produce una violencia santa, sincera y urgente en los corazones de los que están verdaderamente buscando la salvación, pero ahora debemos considerar por qué estas cosas son tan necesarias. La respuesta es que hay enemigos formidables y obstáculos enormes que se interponen entre el pecador que ha despertado y la puerta estrecha por la que debe pasar.

Esta verdad se ilustra bella y poderosamente en *El progreso del peregrino*. Cristiano, el personaje principal, se despierta al destino aciago que es caer en la Ciudad de Destrucción. En medio de su desesperación, es dirigido por Evangelista a la casa del Intérprete, donde se le muestran escenas maravillosas, una de las cuales esclarece las verdades importantes que estamos considerando ahora. Bunyan escribe:

> Enseguida llevó a Cristiano a un sitio muy delicioso, donde había un soberbio y bellísimo palacio, en cuya azotea había algunas personas vestidas de oro y a cuya puerta vio una gran muchedumbre,

---

[21] Salmo 34:8. [22] Juan 6:68. [23] Salmo 27:4.

muy deseosos, al parecer, de entrar, pero que no se atrevían. Vio también a poca distancia de la puerta un hombre sentado a una mesa, con un libro y recado de escribir, y tenía el encargo de ir apuntando los nombres de los que entraban. Además, vio en el portal muchos hombres armados para guardar la entrada, resueltos a hacer todo el daño posible a los que intentasen entrar. Mucho sorprendió esto a Cristiano; pero su asombro subió de punto al observar que mientras todos retrocedían, por miedo a los hombres armados, uno que llevaba retratada en su semblante la intrepidez se acercó al que estaba sentado a la mesa, diciéndole: "Apunte usted mi nombre", y luego desenvainando su espada y con la cabeza resguardada por un yelmo acometió por medio de los que estaban puestos en armas, y a pesar de la furia infernal con que se lanzaron sobre él, empezó a repartir denodadamente tajos y golpes. Su intrepidez fue tal que, aunque herido y habiendo derribado a muchos que se esforzaban desesperadamente por detenerle, se abrió paso y penetró en el palacio, a tiempo que los que habían presentado la lucha desde la azotea, le vitoreaban, diciéndole: "Entrad, entrad y lograréis la gloria eternal". Después de lo cual, le recibieron gozosos en su compañía y le vistieron con vestiduras resplandecientes, semejantes a las suyas.[24]

En esta escena de la casa del Intérprete, Bunyan nos da una descripción vívida de la determinación que se requiere para entrar en el reino. Impulsado por una necesidad desesperada de salvación y por un deseo insaciable por Cristo, el pecador despierto debe luchar contra lo que se le oponga y asirse de Cristo por la fe. Esto es lo que Cristo quiere decir cuando exhorta a las personas que se salven al procurar entrar por la puerta estrecha y esforzarse con violencia.[25]

La idea de entrar con esfuerzo en el reino estuvo presente en los sermones de los reformadores, los puritanos y los primeros evangélicos. Sin embargo, este lenguaje es ahora extraño para el cristianismo contemporáneo. La salvación y la conversión se describen ahora solo en términos de las metáforas más aceptables para la mente carnal, las que presentan la salvación como un don que se recibe fácilmente como

---

[24] Bunyan, *El nuevo progreso del peregrino*, 43-44.   [25] Mateo 11:12; Lucas 13:24; 16:16.

tomar una manzana de una rama o desenvolver un regalo en Navidad. Aunque debemos defender rotundamente y con valentía proclamar que la salvación es un don gratuito que lo reciben todos, esas metáforas están incompletas si están solas. Una moneda debe tener ambas caras si va a tener algún valor. De la misma manera, la libre oferta del evangelio debe también estar acompañada de ciertas y específicas exhortaciones que insten a las personas a esforzarse para entrar en el reino por la fe hasta que sepan con suma certeza que han pasado por la puerta y han obtenido el premio. Respecto a este asunto, Charles Spurgeon escribe:

> Entonces, nuestro Salvador, cuando presenció los forcejeos de la gente alrededor para acercarse a Él, dijo: "Esta es solo una imagen de lo que hacen espiritualmente los que serán salvos. Cuando me aprietan y me oprimen, y se empujan unos a otros para escuchar Mi voz, así debe ser si quieren ser salvos. Pues el reino de los cielos sufre violencia, y los violentos lo conquistan por la fuerza"... Cristo se imaginó para Sí mismo una multitud de almas deseando llegar al Salvador vivo. Él vio una multitud que presionaba, oprimía, se amontonaba, se pisaba entre sí en su desesperación por llegar a Él. Él advirtió a Sus oyentes que, a menos que tuvieran esta sinceridad en sus almas, ellos nunca llegarían a Él para salvación... Alguien puede decirme: "¿Quiere usted, entonces, que entendamos que si un hombre quiere salvarse, debe usar la violencia y la sinceridad vehemente para obtener la salvación?". Sí, eso quiero que entienda, con toda certeza, pues esta es la doctrina del texto. Alguien puede responder: "Pensé que todo era obra de Dios". Así es, de principio a fin. Y cuando Dios ha comenzado la obra en el alma, el efecto constante de esta obra en nosotros es ponernos a trabajar; y cuando el Espíritu de Dios está esforzándose verdaderamente con nosotros, comenzaremos a esforzarnos también. Esta es solo una prueba por la cual podemos distinguir a los hombres que han recibido el Espíritu de Dios de los que no lo han recibido. Los que han recibido el Espíritu en verdad son violentos. Tienen una desesperación violenta por salvarse, y ellos violentamente se esfuerzan para entrar por la puerta estrecha.[26]

---

[26] C. H. Spurgeon, *The New Park Street Pulpit* [*El púlpito de la Capilla New Park Street*] (Pasadena, Tex.: Pilgrim Publications, 1981), 1:217-18.

Los que serán salvos deben caracterizarse por la sinceridad y la determinación que tanto Bunyan como Spurgeon describen, porque si bien la salvación es gratuita, no es fácil. Muchos obstáculos dentro de nosotros y enemigos fuera de nosotros desalientan a los pecadores a que vengan a Cristo. Ellos deber ser confrontados y vencer con una santa violencia. Aunque estos obstáculos son casi innumerables, consideraremos unos pocos de los más comunes.

Primero, los que vengan a Cristo deben luchar contra el gran veneno de la salvación: su fariseísmo. La salvación se concede solo a los que reconocen su pobreza absoluta de mérito para salvación y su total incapacidad de justificarse delante de Dios. Las obras y la gracia, el fariseísmo y la fe humilde salvífica, son diametralmente opuestos. Los que solo llegan a medio camino y buscan la ayuda de Cristo como un complemento para su propia virtud están tan lejos de la salvación como el fariseo que afirma que no necesita ninguna ayuda. En este asunto no puede haber vacilación. A los santos de la antigüedad les gustaba decir que una persona puede entrar al reino pese a muchas faltas y fechorías; sin embargo, ella no entrará incluso con un ápice de fariseísmo sobre su espalda. Para entrar, una persona debe oponerse a todo intento de blanquear su tumba. Debe luchar contra el engaño de su propio corazón y destrozar este engaño, debe luchar contra la carne, el maligno e incluso contra la comunidad evangélica contemporánea que le dirá que ella no es tan mala como lo afirmaría la anticuada predicación de los puritanos.

Segundo, los que vengan a Cristo deben luchar contra el deseo por la autonomía. Las Escrituras no conocen de una salvación que no confiese a Jesús como Señor[27] ni reconozca una confesión genuina que no demuestre una sumisión nueva y progresiva a la voluntad de Dios.[28] Los que vienen a Cristo deben someterse a Su demanda de absoluto señorío y a Sus exigencias radicales de discipulado. Los que serán salvos deben luchar por abrirse paso a través de algunas opciones devastadoras. Lucas nos dice que cuando Jesús vio las grandes multitudes que los acompañaban, dijo: "Si alguno viene a Mí, y no renuncia a su padre y a su madre, ni a su mujer y sus hijos, ni a sus hermanos y hermanas, y ni siquiera a su propia vida, no puede ser Mi discípulo. Y el que no toma su cruz y me sigue, no puede ser Mi discípulo".[29] Hacer tales demandas

---

[27] Romanos 10:9.   [28] Mateo 7:21.   [29] Lucas 14:26-27.

a Sus posibles seguidores fue una práctica común en la metodología evangelizadora de Jesús.[30] Fue Su método de seleccionar a la multitud y revelar a los violentamente desesperados que tenían que tenerlo a Él a cualquier costo. Puesto que la evangelización de la época moderna parece ignorar estas demandas, los oyentes no tienen motivos para lidiar con estas titánicas opciones. Entonces, multitudes confiesan a Cristo y afirman que son salvas, pero que no han tomado en cuenta el costo y no se han entregado a Su absoluto señorío. Por esto, el evangelio moderno proclama una salvación que no es tanto gratuita como barata.

Tercero, los que vengan a Cristo deben luchar contra el deseo de aferrarse a ciertos pecados. Mateo narra sobre un joven rico que era sincero en su religión y moral en extremo. Él honestamente deseaba la vida eterna, pero el discernimiento infalible de nuestro Señor vio que él deseaba una cosa más que incluso la salvación de su alma: sus riquezas. Un único pecado que no reconocería ni condenaría lo mantendría alejado del cielo y condenaría su alma al infierno. Al igual que el águila se ahoga en las profundidades del lago porque no dejará ir el gran pez que codicia, pero que no puede levantar, ¡así el pecador se ahogará en el infierno por causa del pecado que él no condenará! Es importante observar que Cristo no le estaba exigiendo perfección al joven rico. Él no demanda que el pecador erradique su pecado antes que sea salvo, sino que reconozca su pecado, lo odie, luche contra él, con violencia se desprenda de sus enredos y corra hacia Cristo. Abraham tuvo a su Isaac a quien sacrificar, y el joven rico tenía su riqueza la cual entregar. Todos los que entren por la puerta estrecha deben violentamente condenar incluso su más preciado vicio y, al hacerlo, se demuestra su sinceridad.

Cuarto, los que vengan a Cristo deben luchar contra la atracción del mundo. En las ciencias físicas, cuanto mayor es la masa de un objeto, mayor es su atracción gravitacional. Podemos también aplicar esta verdad al ámbito espiritual. La gran masa de la humanidad caída, con sus ideas, actitudes y acciones, ejerce una gran influencia sobre *el que está buscando*. Si él ha de venir a Cristo, debe desprenderse con violencia de todo aquello en el mundo que se le oponga. Él debe nadar contra la corriente, mientras los que están a la deriva en la dirección opuesta le extienden la mano para traerlo de vuelta. Bunyan maravillosamente ilustra

---

[30] Mateo 10:39; 16:24-26; Marcos 8:34-38; Lucas 9:23-26.

esta verdad en *El progreso del peregrino*. Tan pronto como Cristiano había determinado escapar de la Ciudad de Destrucción, su familia, amigos y conciudadanos buscaron disuadirlo con extensos e ingeniosos argumentos. Cuando viajaba hacia la puerta estrecha, se encontró con varios personajes que buscaron traerlo de vuelta al mundo y apartarlo del camino que culminaba con la cruz. Cristiano habría sido totalmente vencido si no hubiera sido por la providencia de Dios y la llegada de Evangelista, quien le advirtió que no escuchara y le regañó cuando lo hizo.

Del mismo modo, los que procuren ser salvos por la fe en Cristo deben abrirse camino a través de las tentaciones engañosas y las presiones de la era presente. Si van a aferrarse a Cristo, deben deshacer toda alianza con el mundo, pues las dos cosas se excluyen entre sí y son considerablemente opuestas. Las Escrituras nos advierten con claridad que la amistad con el mundo es hostilidad hacia Dios, y quienquiera que desee ser amigo del mundo se hace a sí mismo enemigo de Dios.[31] Así, el dicho a menudo repetido para los que desean la salvación es: "Porque ¿de qué le sirve a uno ganarse todo el mundo, si pierde su alma?".[32]

Quinto, los que vengan a Cristo deben luchar contra las mentiras del enemigo el diablo. Según las Escrituras, toda persona nace enredada en sus trampas y se encuentra cautiva por él para hacer su voluntad.[33] Cuando, por la gracia de Dios, una persona entra en razón y busca escapar, el maligno viene tras él como un león rugiente, buscando devorar.[34] Si alguno piensa que la persecución del diablo es solo un espectáculo, debería comprender que la guarida del diablo está cubierta con los huesos secos y esqueletos de un sinnúmero *de los que buscan* que prestaron atención a sus mentiras y murieron para siempre.[35] Él ha sido un homicida desde el principio, y su número de víctimas aumenta cada día. Él es un mentiroso y padre de mentira y el acusador de Dios y de cualquiera que se ha reconciliado con Él.[36] Él tiene casi una ilimitada reserva de veneno preparada para todos los que se proponen buscar a Cristo. Sus dardos destilan veneno y están inflamados con el fuego del infierno.[37] ¿Cómo podría alguien entretener la idea de que la salvación sería fácil con semejante enemigo de las almas al acecho? Al igual que los líderes religiosos corruptos de los días de Jesús, el maligno trabaja para cerrar el reino de los cielos en la cara de las personas y oponerse

---

[31] Santiago 4:4.   [32] Marcos 8:36.   [33] 2 Timoteo 2:26.   [34] 2 Timoteo 2:25-26; 1 Pedro 5:8.
[35] Mateo 13:19; Marcos 4:15.   [36] Génesis 3:1; 4-5; Juan 8:44; Apocalipsis 12:10.   [37] Efesios 6:16.

a los que tratan de entrar a él.[38] Vencer ese tipo de oposición violenta requiere de la gracia de Dios, la Palabra de Dios y una santa violencia para afrontarlo y abrirse paso.[39]

Por último, los que vengan a Cristo deben luchar contra la tentación de abandonar la búsqueda debido a la dificultad del evangelio. Esta verdad es casi desconocida hoy, entonces debe explicarse con cuidado. Cómo actúa la providencia de Dios en la salvación de los pecadores seguirá siendo un misterio hasta la eternidad, cuando Dios escoja revelarlo. Algunas personas escuchan el evangelio y lo entienden casi de inmediato. Lo toman como suyo con total seguridad desde el primer día que lo escuchan. Sin embargo, otros encuentran un camino mucho más difícil. Escuchan el evangelio, se sienten atraídos a él con gran sinceridad. Aun así, luchan para entenderlo y se sienten intimidados por sus demandas. Buscan el genuino arrepentimiento y la fe y se preguntan si poseen cualquiera de las dos. Estudian la Escritura, claman a Dios y se examinan a sí mismos para ver si están en la fe. Se gastan al punto del agotamiento con poco o ningún progreso. Al igual que el peregrino de Bunyan, pueden a menudo hallarse en el Pantano de Desconfianza, abrumados por la duda y la desesperación. En este caso, se les debe aconsejar con cuidado y paciencia. El evangelizador debe conocer cuándo acercarse a esas personas con una palabra y cuándo dejarlas solas con Dios. No atreverse a buscar aliviar su lucha al darles algo que hacer, como repetir la oración del pecador, y luego declararlas salvas porque la han repetido.[40] Él debe animarlas a escudriñar las promesas y buscar a Dios en oración hasta que Cristo les abra el entendimiento para entender las Escrituras;[41] hasta que el Padre derrame Su amor en sus corazones y los declare hijos;[42] hasta que el Espíritu dé testimonio a su espíritu de que son hijos de Dios.[43] Así, él debe animarlas para que se esfuercen para entrar por la fe por la puerta estrecha; para que se esfuercen para entrar en su descanso en Cristo, como lo testifica el autor de Hebreos:

Por eso, temamos a Dios mientras tengamos todavía la promesa de entrar en Su reposo, no sea que alguno de ustedes parezca haberse

---

[38] Mateo 23:13.   [39] 2 Timoteo 2:25-26; 1 Juan 2:14.   [40] La práctica de guiar a *los que están buscando* en la oración del pecador y declararlos salvos se basa sobre una interpretación incorrecta de textos como Juan 1:12; Romanos 10:8-9 y Apocalipsis 3:20.   [41] Lucas 24:45.   [42] Romanos 5:5; 8:15; Gálatas 4:6.   [43] Romanos 8:16; 1 Juan 5:10.

quedado atrás. Porque la buena nueva se nos ha anunciado a nosotros lo mismo que a ellos; pero de nada les sirvió a ellos el oír esta
palabra porque, cuando la oyeron, no la acompañaron con fe. Pero
los que creímos hemos entrado en el reposo, conforme a lo que Él
dijo: "Por eso, en mi furor juré: 'No entrarán en Mi reposo'", aun
cuando sus obras estaban acabadas desde la creación del mundo.[44]

El evangelista debe mantener un delicado balance. Por un lado,
algunas personas tratan la salvación superficialmente y viven toda su
vida con una falsa seguridad que resultará en su condenación final.
Ellas muestran poca evidencia de un arrepentimiento genuino en su
conversión, y su fe es superficial y equivocada. Además, no muestran
una evidencia continua de santificación o de algún crecimiento visible
en la gracia. Ellas solo continúan en su religión evangélica con poca
preocupación real por la eternidad y la piedad e ignoran su necesidad
de examinarse a sí mismas para ver si están en la fe.[45]

Por otro lado, algunas personas tienen un desequilibrio igualmente
peligroso en su teología, y cierran las puertas al cielo y se excluyen a sí
mismas con su severidad. Ellas tienen una alta opinión de la salvación
y la toman como un asunto de la mayor gravedad. De buen grado se someten a las exhortaciones bíblicas para examinarse a sí mismas y fortalecer su llamado y elección.[46] Sin embargo, ellas establecen un estándar
que sobrepasa a las Escrituras. Creen que antes de que puedan poseer
incluso el más ínfimo grado de seguridad deben llevar las marcas del
cristiano más maduro. Comparan el arrepentimiento y la fe inicial a
la descripción de la Escritura de estas dos doctrinas en su forma más
perfecta y madura, y se encuentran deficientes. Comparan su santificación continua a la que no obtiene incluso el cristiano más maduro y, de
nuevo, se encuentran deficientes. Trabajan y se esfuerzan por alcanzar
un estándar moral por el que puedan tener alguna seguridad de salvación, y en el proceso han convertido el cristianismo en una religión de
obras. Ya no están mirando a Cristo, sino que miran hacia adentro para
enfocarse en sí mismas y en su comportamiento. ¡Es un enfoque mortal!

Sin duda, se requieren diferentes remedios para curar estas dolencias. La persona atrapada en el primer extremo debe ser confrontada con

---

[44] Hebreos 4:1-3.   [45] 2 Corintios 13:5.   [46] 2 Corintios 13:5; 2 Pedro 1:10.

la superficialidad de su religión, pero la persona atrapada en el segundo debe ser confrontada con la severidad de la suya. Aunque lo primero es más frecuente en nuestra época, lo segundo, aunque parezca más piadoso, es igualmente mortal. Una y otra vez los que evangelizan deben ser fieles en proclamar con firmeza que la salvación se obtiene cuando una persona reconoce su total incapacidad y mira solo a Cristo. Deben con claridad explicar que aunque nuestra seguridad puede debilitarse o fortalecerse por un examen correcto de nuestro presente estilo de vida, las preguntas fundamentales que debemos hacer primero son estas: ¿Nos gloriamos en Cristo Jesús y no ponemos ninguna confianza en la carne?[47] ¿Hemos perdido toda esperanza en nuestro yo? ¿Estamos mirando solo a Cristo? ¿Se ha hecho Cristo de inapreciable valor para nosotros?

Los que se examinan a sí mismos con una severidad no bíblica necesitan más orientación sobre la naturaleza de la salvación. Aunque es popular decir que la conversión resulta en una vida cambiada, quizás es más preciso decir que resulta en una vida que está cambiando. Aunque la conversión conduce a un cambio inmediato en nuestra relación con Dios, la transformación de nuestra naturaleza y la infusión de vida espiritual, la obra externa de esta transformación como una realidad visible tomará tiempo y se logrará solo a través de muchas luchas.[48] Si bien el arrepentimiento y la fe que resultan en la salvación deben ser genuinos, no debemos esperar la misma profundidad de quebrantamiento y fe en un nuevo creyente que la que vemos en una persona que ha sido creyente por 40 años. El arrepentimiento y la fe, al igual que otras virtudes cristianas, son objeto de la santificación. Asimismo, aunque el nuevo creyente verá algunos cambios radicales en su estilo de vida desde el principio, no deberíamos esperar la misma santificación que la que podríamos esperar de un creyente maduro. Nuestra seguridad de la salvación no debería basarse en una comparación de nuestra santificación con la de otros creyentes, sino basarse en los méritos de Cristo solamente y nuestro reconocimiento de la obra providencial y santificadora de Dios en nuestras vidas.[49]

La evangelización moderna tiene un remedio para las personas que están luchando con la seguridad. Los que dudan solo necesitan repetir la oración del pecador y depender de las promesas. Posteriormente, si

---

[47] Filipenses 3:3.   [48] Romanos 5:1; 2 Corintios 5:17; Efesios 2:4-5.   [49] Filipenses 2:12-13; Hebreos 12:5-11.

su duda persiste, deberían rechazarla como la falsa condenación del diablo. Esto, sin embargo, es un bálsamo falso que no traerá una cura permanente, y los ministros que lo aplican están entre los que curan superficialmente el quebrantamiento de la gente de Dios. La conversión del pecador no debería tratarse de manera trivial. Hay mucho en juego, y el ministro debe actuar con la misma sinceridad al orientar que la *del que busca* al insistir.

APLICACIÓN CONTEMPORÁNEA PARA LOS EVANGELISTAS

Después que el evangelista predica el evangelio, debe hacer un apasionado llamamiento para que todos vengan a Cristo. Sin embargo, este llamamiento debe hacerse según las Escrituras. Él no debe hacer concesiones ni atenuar las demandas que Cristo coloca sobre los que entren al reino, ni debería establecer delante de sus oyentes un método de salvación y seguridad que es desconocido para la Escritura y ajeno a la historia de la iglesia. Cada uno de ellos representa una peligrosa alteración del evangelio y representará un "créelo que es fácil", o a lo que el mártir Dietrich Bonhoeffer se refirió como "gracia barata":

> La gracia barata significa gracia vendida en el mercado por un baratillero[50]. Los sacramentos, el perdón de pecados y las consolaciones de la religión son malbaratados a precios rebajados. La gracia se representa como el tesoro inagotable de la iglesia, del cual llueven bendiciones con generosidad sin hacer preguntas o fijar límites. Gracia sin precio; ¡gracia sin costo! La esencia de la gracia, suponemos, es que la cuenta ha sido pagada por adelantado; y que, por cuanto ha sido pagada, se puede obtener todo por nada. Por cuanto el costo fue infinito, las posibilidades de usarla y gastarla también son infinitas. ¿Qué sería la gracia, si esta no fuera barata?... En tal iglesia, el mundo halla una cubierta barata para sus pecados; no se requiere ninguna contrición, y mucho menos el deseo real de ser liberado del pecado... La gracia barata significa la justificación del pecado sin la justificación del pecador... La gracia sola lo hace todo, y así, todo puede seguir como era antes... La gracia barata es

---

[50] Un vendedor de artículos de baratillo, de bajo precio, o de calidad inferior.

la predicación del perdón sin arrepentimiento, del bautismo sin la disciplina de la iglesia, de la comunión sin la confesión, de la absolución sin la confesión personal. La gracia barata es gracia sin discipulado, gracia sin la cruz, gracia sin Jesucristo, vivo y encarnado.[51]

Teniendo en cuenta las exhortaciones y advertencias de Cristo, debemos preguntarnos, "¿Por qué la gracia del evangelicalismo moderno se ajusta tan dolorosamente a la descripción de la gracia barata de Bonhoeffer? ¿Por qué es la idea de esforzarse y luchar para entrar en el reino tan ajena a nosotros? ¿Cómo es que muchos parecen entrar al reino con facilidad? La respuesta tiene dos aspectos. Primero, el costo de ser verdaderamente un cristiano casi nunca se menciona en la predicación del evangelio; por tanto, *el que busca* no tiene razón para luchar. El oyente no tiene una lucha interna en cuanto al llamamiento de Cristo porque no ha sido confrontado con las realidades del cristianismo bíblico. Las demandas radicales del discipulado cristiano se sustituyen ahora con "Dios te ama y tiene un hermoso plan para tu vida". El cristianismo ha sido rediseñado en un sentido amplio, donde nada se arriesga y todo se gana; donde la autonomía de un individuo se defiende con tenacidad y los mandamientos bíblicos son meras directrices sujetas a la cultura y a la consciencia; donde la amistad con el mundo no solo se permite, sino que se promueve; donde el cristiano puede tener la ciudadanía doble y los piadosos ya no son perseguidos.

Cuando verdaderamente se presenta el evangelio, una persona se enfrenta a la batalla de los siglos: la autonomía *versus* el entregar su voluntad a otro; la supervivencia *versus* el peligro de oponerse a la mayoría; la reputación y la aprobación de los hombres *versus* el ser marginado como mucho y martirizado en el peor de los casos; el aferrarse a un mundo que se ve *versus* el lanzarse en la búsqueda de una ciudad que tiene fundamentos, cuyo arquitecto y constructor es Dios;[52] y gozar los placeres temporales del pecado *versus* el considerar como mayores riquezas el oprobio de Cristo que los tesoros de este mundo.[53]

Cuando las demandas del evangelio se vuelven parte de la presentación del evangelio, entonces será de nuevo un escándalo, y la decisión por Cristo será el resultado de gran esfuerzo y lucha. Los que se

---

[51] Dietrich Bonhoeffer, *The Cost of Discipleship* [*El costo del discipulado*] (Nueva York: Collier Books, 1963), 45-47.   [52] Hebreos 11:9-10.   [53] Hebreos 11:25-26.

convierten serán como el hombre decidido de Bunyan que se ciñe su armadura, saca su espada, se abalanza hacia la puerta estrecha y con ferocidad se abre camino a través de todas las cosas de la carne, el mundo y el maligno que se le opondrán. Él será como un hombre que quiere construir una torre, pero primero se sienta y calcula el costo para ver si tiene lo suficiente para terminarla.[54] Él será como el rey que, antes de encontrar a otro rey en la batalla, se sienta primero y considera si es suficientemente fuerte con diez mil hombres para enfrentarse contra el que viene contra él con veinte mil.[55] Asimismo, él será lo opuesto al falso convertido en la parábola del sembrador. Él primero oye la palabra y enseguida la recibe con gozo, pero no tiene raíz profunda en sí mismo. Su profesión de fe es solo temporal y cuando surge la aflicción o la persecución debido a la palabra, enseguida se aleja.[56] Segundo, "…oye la palabra, pero las preocupaciones de este mundo y el engaño de las riquezas ahogan la palabra, por lo que esta no llega a dar fruto" (Mt 13:22).

Segundo, muchos parecen entrar al reino con facilidad porque hemos sustituido el arrepentimiento y la fe causados por el Espíritu con un exagerado énfasis en los credos y los rituales convenientes. Por tanto, *el que busca* no tiene necesidad de lidiar con las grandes verdades del evangelio ni de buscar discernir si estas verdades han llegado a ser una realidad en su vida. Se le ha dado el ritual de cumplir con la oración del pecador y se le asegura su salvación porque la ha repetido. Entonces, a lo largo de su vida, se aferra a ese ritual como el fundamento de su esperanza de vida eterna. Por esto muchos carnales y mundanos en la calle y en las bancas están convencidos que están bien con Dios por algo que hicieron en el pasado que tiene poca o ninguna repercusión en el presente.

Aquí es donde encontramos el gran contraste entre las Escrituras y la historia de la iglesia por un lado y la metodología de la evangelización contemporánea por el otro. Cuando la evangelización es bíblica, se predica el evangelio y se exhorta a las personas a arrepentirse y creer. Asimismo, se les anima a examinarse a sí mismas a la luz de las Escrituras para determinar si estas gracias evangélicas han llegado a ser una realidad en sus corazones. Si no hallan seguridad mediante la lectura de las Escrituras, entonces el que evangeliza no busca darles seguridad mediante el cumplimiento de algún ritual para "cerrar el trato" y

---

[54] Lucas 14:25-30.   [55] Lucas 14:31-33.   [56] Mateo 13:20-21.

las declara salvas. Sino que continúa orientándolas para que busquen a Dios en la oración y en la lectura de las Escrituras hasta que Dios mismo les dé la seguridad que buscan.

Aquí es donde *el que busca* a menudo se enfrenta a las mayores batallas y encuentra la mayor necesidad por la santa violencia. Como Evangelista en *El progreso del peregrino*, el que evangeliza hoy puede solo señalar al peregrino hacia la puerta estrecha, no llevarlo a través de ella. El peregrino debe luchar esta batalla solo. Él debe luchar contra cualquier cosa que le impida rendirse. Debe luchar con las Escrituras hasta que las entienda, y debe tratar de resolver el significado del arrepentimiento y la fe hasta que sabe que las posee. Incluso debe luchar con Dios hasta que Dios lo confirme. *El que busca* debe seguir solo hasta que encuentre al Señor o sea encontrado por Él.

Aquí es donde el que evangeliza será más tentado a interferir y proveer *al que busca* con algún método por el que pueda adquirir seguridad. Con todo, este tipo de seguridad será mecánica y natural, y frustrará la obra real de Dios. Debe dejarse a solas con Dios *al que busca*. Debe tratar con Dios. Debe considerar con seriedad el arrepentimiento para salvación y considerar si algo así se manifiesta en su propia vida. También debe considerar las promesas de Dios y luchar por aferrarse a ellas hasta que una obra del Espíritu traiga seguridad bíblica a su alma, hasta que el amor de Dios sea derramado en su corazón y el Espíritu de adopción lo haga clamar: "Abba, Padre".[57]

Luego de que una persona ha hecho una profesión de fe, el evangelizador bíblico debe animarla con gran gozo, pero no sin advertirle. Debe saber que si su seguridad presente es genuina entonces seguirá adelante con el Señor y, a través de muchas pruebas, crecerá en la santificación y en la conformidad con Cristo. Sin embargo, si regresa al mundo o continúa en la carnalidad sin la disciplina divina, debe cuestionarse la sinceridad de su profesión.[58] Debe ser diligente para hacer firme su llamado y elección de Dios.[59] Debe examinarse a sí misma a la luz de las Escrituras para ver si está en la fe.[60]

La obra del Espíritu en el alma de un individuo es un gran misterio que demanda nuestra completa confianza en la providencia de Dios. Alguna gente oye el evangelio, se arrepiente y cree, y recibe una

---

[57] Romanos 5:5; 8:15-16, Gálatas 4:6.   [58] Hebreos 12:5-8.   [59] 2 Pedro 1:10.   [60] 2 Corintios 13:5.

inmediata seguridad causada por el Espíritu de Dios. Otros luchan por días, semanas, e incluso meses antes de recibir una seguridad similar. Como a quienes se nos ha confiado el evangelio, debemos ser cuidadosos al abordar correctamente cada caso y con el mayor discernimiento y paciencia. Una cosa es llevar a alguien a través de un sistema de evangelización y declararlo salvo porque ha cumplido con algo. Otra cosa totalmente distinta es llevar a alguien a las promesas de la salvación y permanecer con él hasta que de verdad ha entrado por la puerta estrecha y Dios le ha concedido el hermoso regalo de la seguridad de su salvación.

CAPÍTULO DIECISIETE

El camino angosto

Entren por la puerta estrecha, porque ancha es la puerta y espacioso
el camino que lleva a la perdición, y muchos son los que entran por
ella. Pero estrecha es la puerta y angosto el camino que lleva a la vida,
y pocos son los que la encuentran.

—Mateo 7:13-14

Mateo 7:13-14 no solo describe una puerta sino también un camino, tanto la puerta como el camino son pequeños y estrechos. De esto entendemos que la conversión no se define solo como una puerta por la que pasa una persona, sino además como el camino en que anda. Cuando estudiamos la predicación evangélica contemporánea, parece que a menudo solo se presenta la mitad de la historia.

Por la gracia de Dios, la mayor parte del mundo evangélico continúa sosteniendo la verdad que Jesús es el único Salvador y Mediador entre Dios y los hombres.[1] También podemos alabar a Dios porque la mayoría se mantiene firme en las doctrinas de la *sola gratia* y *sola fide*, por gracia mediante la fe.[2] Con todo, si bien hay bastante predicación sobre cómo entrar al reino, poco se dice sobre las evidencias que demuestran la entrada de una persona. Nosotros entramos en el reino al pasar por la puerta estrecha, pero la evidencia de que hemos pasado por la puerta es que ahora estamos andando por el camino angosto.[3] Somos justificados por la fe en la persona y la obra de Cristo. Sin embargo, la evidencia de nuestra justificación es nuestra continua santificación.

---

[1] Juan 14:6; Hechos 4:12; 1 Timoteo 2:5.   [2] Efesios 2:8-9.   [3] William Hendriksen escribe: "El orden en que la "puerta" es primero y luego el "camino" es natural y de sentido común, en particular con miras a lo que probablemente es el significado que se pretendía dar: la decisión correcta inicial (la conversión), seguida por la santificación; o si no, la decisión equivocada inicial seguida por el gradual endurecimiento". *Matthew* [*Mateo*], 368-69.

La puerta estrecha y el camino angosto son inseparables.[4] La persona que entra por la puerta encontrará su vida definida por el camino.

EL CAMINO ANGOSTO DEFINIDO

La palabra "camino" se traduce de la palabra griega *hodós*, que indica literalmente una ruta natural o un camino transitado. Metafóricamente se refiere a un camino de vida, a una línea de conducta o a una forma de pensar. La palabra se usa seis veces en el libro de Hechos como un sinónimo para cristianismo.[5] Así, pronto descubrimos que la fe cristiana es más que una decisión pasada para aceptar a Cristo. Es una fe inquebrantable que altera el curso de la vida de una persona.

La palabra "angosto" viene del verbo griego *thlibo*, que se refiere a presionar, aplastar o estrujar como un trabajador en un viñedo podría presionar o aplastar las uvas o una multitud de personas que pudieran estrujarse unas a otras. En voz pasiva, la palabra significa experimentar problemas, dificultades o aflicción.[6] Combinada con *hodós*, se refiere a un camino estrecho, difícil o reducido. Diversos escritores y predicadores han ilustrado el significado de esta metáfora al pintar un cuadro de un estrecho desfiladero donde las personas pueden andar en una sola fila. A cada lado hay altos muros de roca escarpada. La naturaleza confinada del camino parece indicar dos verdades importantes sobre la naturaleza de la vida cristiana. Es un camino definido por la voluntad de Dios y es un camino marcado por oposición, dificultad y gran lucha.

Un camino definido por la voluntad de Dios

Los que han pasado por la puerta estrecha andarán en el camino angosto. No andarán sin rumbo, ni se les permitirá vagar libremente en la Feria de Vanidad o en el Valle de la Sombra de Muerte de este mundo. Su rumbo estará bien definido por la voluntad de Dios, y serán guardados por Su constante providencia. Él les enseñará, los guiará, los capacitará para seguir y los disciplinará cuando se desvíen. Como Jesús enseñó, Sus ovejas conocen Su voz y *lo siguen*.[7]

---

[4] Hendriksen escribe: "Es claro que la descripción de estos, la puerta y el camino, deben combinarse: la puerta estrecha y el camino angosto, la puerta ancha y el camino espacioso". *Matthew* [Mateo], 367.   [5] Hechos 9:2; 19:9, 23; 22:4; 24:12, 22.   [6] El sustantivo *thlipsis* se traduce como "tribulación" en Romanos 2:9 y 8:35.   [7] Juan 10:27.

La noción de una senda delimitada por Dios para la conducta de Su gente es un tema común en todo el Antiguo Testamento. Se denomina como el camino de Señor, el camino del justo y la senda de la justicia.[8] Esta senda está marcada por los mandamientos de Dios y es la prueba crucial de la fe genuina. En el libro de los Salmos, descubrimos que el camino del Señor y el camino del justo son sinónimos con el camino de los mandamientos de Dios, los estatutos, los preceptos y los testimonios.[9] Además, esta senda está desgastada y cerrada en ambos lados. El suelo está fragmentado por los muchos santos que lo han pisado desde el principio de los tratos de Dios con la humanidad. En el Salmo 23, David se gloría en la verdad que Dios lo estaba llevando por la senda de la justicia. La palabra "senda" se traduce de la palabra hebrea ma´gal, que indica una zanja o una depresión en el suelo que es angosta, profunda y larga.

Otra verdad importante sobre el camino angosto es que sus señales se hacen cada vez más claras mientras la persona lo recorre. Proverbios nos instruye que la senda del justo es como la luz del amanecer que se va haciendo más brillante hasta que es pleno día.[10] Cuando el nuevo creyente pone por primera vez su pie en la senda, el camino es a menudo difícil de distinguir. Mediante la renovación de su mente, comienza a entender cuál es la voluntad de Dios: "…lo que es bueno, agradable y perfecto" (Ro 12:2). El escritor de Hebreos nos dice que el nuevo creyente que participa solo de leche no está acostumbrado a la palabra de justicia, pues es un infante. Pero a medida que madura pasa al alimento más sólido, y mediante la práctica sus sentidos son entrenados para discernir entre el bien y el mal.[11]

El camino angosto está marcado por la voluntad de Dios como se revela en Sus mandamientos, estatutos, preceptos y sabiduría. Sin embargo, debemos ser cuidadosos para entender todo esto dentro del contexto de la persona de Jesucristo. Jesús dijo a Sus discípulos que Él era el camino y la verdad y la vida, y que nadie viene al Padre sino por Él.[12] Así pues, debemos siempre recordar que en el camino angosto seguimos a una persona y no solo un código de conducta o un manual de procedimientos para la vida. La verdad proposicional es absolutamente esencial para el cristianismo, y a nosotros se nos han dado grandes leyes,

---

[8] Génesis 18:19; Jueces 2:22; Salmo 1:6; 23:3; Proverbios 8:20; 12:28; 16:31; Isaías 26:7.   [9] Salmo 119:14, 27, 32-33.   [10] Proverbios 4:18.   [11] Hebreos 5:13-14.   [12] Juan 14:6.

principios y sabiduría para obedecer.[13] Ahora bien, ellos no son la suma de la fe cristiana, y si lo consideramos fuera del contexto de Cristo, nos pueden llevar por una peligrosa senda de legalismo y fariseísmo. Como cristianos, seguimos y buscamos imitar a una persona.[14] Las verdades proposicionales de la Escritura tienen un gran valor en que nos explican quién es Cristo y cómo debemos seguirlo, pero no son un fin en sí mismas para el cristianismo y el cristiano. Lo fundamental de esta advertencia se resume de modo poderoso en las palabras de Cristo a los que habían reducido la fe de Israel a un código vacío de conducta. Jesús dijo: "Ustedes escudriñan las Escrituras, porque les parece que en ellas tienen la vida eterna; ¡y son ellas las que dan testimonio de Mí! Pero ustedes no quieren venir a Mí para que tengan vida" (Jn 5:39-40). Cristo no puede separarse de la instrucción ni de los mandamientos de la Escritura, pero tampoco pueden estos mandamientos separarse de la persona de Cristo.

Un camino marcado por la dificultad

Hemos aprendido que el camino angosto está definido por la voluntad de Dios. Ahora dirigiremos nuestra atención hacia una segunda verdad de igual importancia: es un camino marcado por la dificultad y la lucha. ¡No es un camino fácil!

Como hemos señalado, la palabra "angosto" viene de un verbo griego que, en la voz pasiva, significa experimentar problema, dificultad o aflicción. Incluso una lectura rápida del Nuevo Testamento revela que la vida cristiana se caracteriza por estas cosas. Si el esfuerzo o una santa violencia se requieren para entrar en el cristianismo, solo podemos asumir que un mismo o si no mayor esfuerzo se requiere para continuar en él. Cualquiera que predique lo contrario no es un verdadero ministro de Cristo, sino que es un charlatán con algo que vender.

Las dificultades y las aflicciones que sufrió la iglesia primitiva fueron una de sus grandes marcas. Cristo y los escritores del Nuevo Testamento muchas veces advirtieron, tanto a *los que buscaban* como a los creyentes, que el verdadero discipulado conllevaría gran aflicción. Jesús advirtió a Sus discípulos que ellos serían odiados por el mundo y sufrirían gran

---

[13] La verdad proposicional se refiere a la verdad que es revelada o comunicada por declaraciones o afirmaciones (por ejemplo, "el Señor es uno" [Dt 6:4]; "Jesús es el Señor" [1Co 12:3, LBLA]; "No tomarás el nombre del Señor tu Dios en vano" [Éx 20:7]).   [14] Mateo 4:19; 8:22; 9:9; 10:38; 16:24; 19:21; 1 Corintios 11:1; Efesios 5:1; 1 Tesalonicenses 1:6.

tribulación por causa de esto;[15] serían perseguidos, insultados, y difamados,[16] serían cazados, condenados y asesinados delante de gobernantes y de reyes por causa de Su nombre.[17] El apóstol Pablo instruyó al joven Timoteo: "Todos los que quieren vivir piadosamente en Cristo Jesús padecerán persecución" (2Ti 3:12). A la iglesia en Filipos, él escribió que se le había concedido no solo creer en Cristo, sino también sufrir por Su causa.[18] Él animó a los discípulos en Listra, Iconio y Antioquía: "... para entrar en el reino de Dios nos es necesario pasar por muchas tribulaciones" (Hch 14:22). El apóstol Pedro instruyó a los creyentes dispersos por toda Asia que su sufrimiento era según la voluntad de Dios, y que no debería sorprenderlos incluso la prueba de fuego más difícil como si algo extraño les estuviera sucediendo.[19] En realidad, él les dijo que este sufrimiento era la norma para los creyentes y las iglesias en todo el mundo.[20]

Desde las Escrituras entendemos que la senda del cristiano es angosta y llena de aflicción, pero las pruebas no son en vano. Dios diseña nuestros sufrimientos para refinarnos, transformarnos y hacernos como Su Hijo. A través de las pruebas de fuego de este mundo se demuestra lo genuino de nuestra fe y esta se refina para alcanzar un grado de pureza cada vez mayor hasta que es tan preciosa como el oro.[21] Además, las diversas pruebas y tribulaciones que se encuentran en el camino angosto llevan a una mayor virtud cristiana. El apóstol Pablo escribió: "... también nos regocijamos en los sufrimientos, porque sabemos que los sufrimientos producen resistencia, la resistencia produce un carácter aprobado, y el carácter aprobado produce esperanza" (Ro 5:3-4). Santiago mandó a los creyentes que sufrían que se consideraran dichosos cuando estuvieran pasando por diversas pruebas, sabiendo que la prueba de su fe era producir paciencia, lo que resultaría en una mayor santificación y madurez.[22]

En medio del sufrimiento, al creyente se le garantiza: "Sabemos que Dios dispone todas las cosas para el bien de los que lo aman, es decir, de los que Él ha llamado de acuerdo a Su propósito" (Ro 8:28). Por esto, el cristiano se regocija mucho aunque por un poco de tiempo cuando le es necesario soportar diversas pruebas.[23] Él sabe que los sufrimientos de este tiempo no se comparan con la gloria que le será revelada.[24]

---

[15] Mateo 10:22; Juan 15:18-20; 16:33.   [16] Mateo 5:10-12.   [17] Mateo 10:22-28; Lucas 21:12.
[18] Filipenses 1:29.   [19] 1 Pedro 3:17; 4:12, 19.   [20] 1 Pedro 5:9.   [21] 1 Pedro 1:6-7.   [22] Santiago 1:2-4.
[23] Romanos 5:3; 1 Pedro 1:6; 4:12-13.   [24] Romanos 8:17-18.

La verdad de que somos hechura de Dios y que Él perfeccionará la obra que comenzó en nosotros es tanto consoladora como inquietante. Es un consuelo saber que no seguiremos siendo como somos, y con todo es algunas veces aterrador pensar de los fuegos por los que debemos pasar en el camino angosto para deshacernos de lo que Dios no tolerará en nosotros. El Mesías vino no solo para ser un deleite para Su pueblo, sino como fuego purificador y jabón para lavanderos. Él se sentará para refinar y limpiar la plata, y limpiará a los hijos de Leví, y los refinará como el oro y la plata para que puedan presentarle al Señor ofrendas justas.[25] Su obra de limpieza entre Su pueblo será tan intensa que el profeta que anunció Su venida dijo: "¿Pero quién podrá resistir cuando Él se presente? ¿Quién podrá mantenerse de pie cuando Él se manifieste?" (Mal 3:2). Una de las grandes promesas de las profecías del Antiguo Testamento era que el Mesías limpiaría a Su pueblo de toda la inmundicia e idolatría.[26] Sin embargo, esta limpieza no siempre vendría a través de un suave lavado, sino a menudo a través del restregado y el azote. Por esto, el autor de Hebreos escribe:

Y ya han olvidado la exhortación que como a hijos se les dirige:

"Hijo mío, no menosprecies la disciplina del Señor,
ni te desanimes cuando te reprenda;
porque el Señor disciplina al que ama,
y azota a todo el que recibe como hijo" (Heb 12:5-6).

Para entender la intensidad con la que el Señor puede tratar con Sus hijos en el camino angosto debemos enfocarnos en las siguientes tres palabras de Hebreos 12:5-6: "reprender", "disciplinar" y "azotar". La palabra "reprender" se traduce de la palabra griega *elégcho*, que significa convencer de pecado o de culpa al traerlo a la luz o exponerlo. Por lo general, también sugiere traer vergüenza sobre la persona culpable. La palabra también significa reprobar con severidad, amonestar, corregir o castigar. El verbo "disciplinar" se traduce de la palabra griega *paideúo*, que indica la instrucción y la formación de niños. A menudo incluye, como en este contexto, la idea de disciplina con reprensión,

---

[25] Malaquías 3:1-3.   [26] Ezequiel 36:25.

amonestación y azote. La palabra "azotar" se traduce del verbo griego *mastigóo*, que se refiere a golpear, dar una paliza o dar latigazos. Este lenguaje parece demasiado duro e incluso inmoral para los oídos demasiado sensibles del evangelicalismo contemporáneo. Sin embargo, es lenguaje bíblico y una realidad para cualquiera que ha andado lo suficiente en el camino angosto. En realidad, una de las grandes lecciones que aprende cualquier verdadero peregrino del camino angosto es que Dios se esforzará y no escatimará recursos para hacer santos a Sus hijos. Él ama a Sus hijos y no los odia; por lo tanto, no detendrá el castigo, sino que los disciplinará con diligencia para librar sus almas del sepulcro.[27]

Por fe, el creyente se somete a la obra divina de la disciplina e incluso ofrece su espalda a la vara. Aunque en el momento la disciplina le ocasiona gran pena e incluso dolor, el cristiano sabe que después producirá fruto apacible de justicia, como lo señala el escritor de Hebreos: "Claro que ninguna disciplina nos pone alegres al momento de recibirla, sino más bien tristes; pero después de ser ejercitados en ella, nos produce un fruto apacible de justicia" (12:11). Asimismo, él sabe que sea que el azote viene directamente de la mano de Dios o de un instrumento inferior como el diablo o el mundo, todo está diseñado por Dios y dirigido por Su voluntad omnipotente y omnisciente. Samuel Chadwick ilustra esto muy bien en una observación sobre un herrero trabajando:

El herrero sostiene el incandescente metal, girándolo para que el golpe no caiga muchas veces sobre el mismo lugar, dirigiendo los golpes para que desciendan en el momento justo; girando, templando, regulando hasta que el metal adquiere la forma deseada. Así Dios sostiene el alma y regula el golpe. Algunas veces, Él hace al diablo Su martillo. Satanás golpea para aplastar. Dios regula el golpe, y convierte su malicia en nuestra perfección, y el diablo suda en la tarea de formar a los santos a la semejanza de Cristo. En última instancia, hallaremos que la disciplina de toda la vida ha obrado con gracia, y que nos presentaremos completos en nuestra identificación con el Hijo del Padre. El glorioso propósito se habrá logrado, y seremos semejantes a Él: "¡Satisfecho estaré al despertar y contemplarte!" (Sal 17:15).[28]

---

[27] Proverbios 13:24; 23:14.   [28] Samuel Chadwick, *Humanity and God* [*La humanidad y Dios*] (Londres: Hodder y Stoughton, 1904), 90.

Dado que el propósito de Dios es el bienestar de Su gente, procuramos andar el camino angosto y permanecer dentro de la seguridad y bendición de Su voluntad revelada en Sus mandamientos y sabiduría. Además, también procuramos trabajar en nuestra salvación con temor y temblor, sabiendo que es Dios quien produce tanto el querer como el hacer para Su beneplácito.[29] Teniendo promesas como estas, nos disciplinamos para la piedad; nos limpiamos de toda inmundicia de la carne y del espíritu; buscamos la santificación, sin la cual nadie verá al Señor; y nos perfeccionamos en el temor de Dios.[30] Si Dios se esfuerza y no escatima esfuerzos para transformarnos a la imagen de Cristo, entonces debemos luchar con la misma diligencia hacia el mismo gran premio. En este camino angosto, debemos olvidar lo que queda atrás, debemos extendernos a lo que está delante, proseguir a la meta para obtener el premio del supremo llamamiento de Dios en Cristo Jesús.[31]

EL CAMINO ESPACIOSO DEFINIDO

El adjetivo "espacioso" viene de la palabra griega *eurúchoros* y se refiere a aquello que es amplio, ancho, grande o espacioso. En el contexto de la enseñanza de Cristo, el "camino espacioso" es el camino de la raza humana caída y rebelde que ha ignorado el derecho de Dios sobre ellos, que ha desechado Su ley y ha procurado una existencia que es independiente y autónoma. Cabe señalar varias cosas sobre este camino espacioso y la puerta ancha que lleva a este.

Primero, el camino ancho es la senda en la que vive el hombre. Es una senda en la que cada miembro de la humanidad caída nace. El salmista declaró que el impío está desviado desde la matriz y descarriado desde el nacimiento.[32] El profeta Isaías clamó que "todos perderemos el rumbo, como ovejas, y cada uno tomará su propio camino" (Is 53:6). Nada se requiere y nada debe hacerse para encontrar la puerta ancha o para entrar al camino espacioso. Es el bulevar junto al cual Adán construyó su casa, y ha llegado a ser la herencia de sus hijos.[33] Tan pronto nacemos encontramos la senda por nuestros instintos caídos, y, una vez que lo encontramos, descubrimos que le sienta bien a nuestra naturaleza. No se requiere esfuerzo para entrar ni para continuar en él, pero se requiere

---

[29] Filipenses 2:12-13.   [30] 2 Corintios 7:1; 1 Timoteo 4:7; Hebreos 12:14.   [31] Filipenses 3:13-14.
[32] Salmos 58:3.   [33] Romanos 5:12.

todo para alejarse de él. Por esto, Cristo exhorta a las personas para que luchen con la mayor violencia para alejarse del camino ancho que lleva a la destrucción y entrar por la puerta estrecha que lleva a la vida.

Segundo, el camino espacioso es la senda de la autonomía. Es el lugar donde los habitantes de este mundo toman su posición contra el Señor y Su Cristo, diciendo: "¡Vamos a quitarnos Sus cadenas! ¡Vamos a librarnos de Sus ataduras!" (Sal 2:3). Es el lugar donde todos buscan hacer lo que les parece bien en sus propios ojos.[34] Los que escogen el camino espacioso se jactan de que ellos se han librado del Tirano del cielo, pero al hacerlo se han sometido a sí mismos a la tiranía de sus propios corazones depravados. Han cambiado al Rey celestial por seis mil millones de usurpadores indignos cuyas opiniones de la verdad son tan vagas como la niebla de la mañana y tan numerosas como las estrellas en los cielos. Han dejado la ley divina para ser gobernados por su propia codicia y han pasado a ser gente desenfrenada que se apresura a su destrucción. Pues donde no hay visión o revelación de la ley el pueblo se desenfrena, y el camino que le parece derecho, al final termina en muerte.[35] Han eliminado a Dios de la ecuación de la vida y han hecho de un imposible la verdad absoluta. Por esto, el camino de los malvados debe ser espacioso, porque sin una brújula moral las personas están condenadas a vagar sin rumbo. En el lenguaje terrible de Judas, los que rechazan la soberanía de Dios a favor de la propia son como nubes sin agua, llevadas por el viento; son como las furiosas olas del mar, que arrojan como espuma su propia vergüenza; son como las estrellas errantes para quienes han sido reservadas las densas tinieblas para siempre.[36]

Aunque este lenguaje es sombrío y ominoso, se aplica al hombre de iglesia así como al ateo y al incrédulo. Muchos se sientan en nuestras iglesias y han confesado ser creyentes del cristianismo, pero sus vidas las viven en el camino espacioso. No procuran conocer la voluntad de Dios; no desean Sus mandamientos; no buscan las señales de Su providencia y no andan con prudencia. Lo que es aún más inquietante es que ellos pueden permanecer imperturbables en numerosas iglesias evangélicas e indiferentes ante la predicación evangélica. Afirman que pertenecen al reino, pero su continua peregrinación en el camino espacioso refuta tal afirmación.

---

[34] Jueces 17:6; 21:25. [35] Proverbios 14:12; 16:25; 29:18. [36] Judas vv. 12-13.

Tercero, el camino espacioso es la senda de la autogratificación. Es la pasarela para todos los que han puesto el yo antes que a Dios, este mundo por encima del siguiente, lo inmediato por encima de lo eterno y lo carnal en lugar de lo espiritual. Es un bulevar que satisface todo deseo carnal y aspiración de la carne caída. Las Escrituras nos dicen que los hombres por naturaleza son amadores de sí mismos, del dinero, de este mundo y del placer más que de Dios.[37] Todas estas cosas se encuentran en el camino espacioso, y los que lo andan son impulsados por "los deseos de la carne, los deseos de los ojos y la vanagloria de la vida" (1Jn 2:16). Por esto, el camino espacioso puede describirse como una permanente Feria de Vanidad similar a la que describe Bunyan en *El progreso del peregrino*:

Entonces vi en mi sueño que apenas Cristiano y Fiel hubieron salido del desierto, vieron delante de sí una población, cuyo nombre es Vanidad, y en la cual se celebra una feria, llamada la Feria de Vanidad, que dura todo el año. Lleva este nombre porque la ciudad donde se celebra es más liviana que la Vanidad, y también porque todo lo que allí concurre y allí se vende es vanidad, según el dicho del sabio: todo es vanidad. Esta feria no es nueva, sino muy antigua. Voy a declararos cuál fue su principio: Hace casi cinco mil años había ya peregrinos que se dirigían a Ciudad Celestial, cual lo hacen ahora estos dos; apercibido entonces Beelzebú, Apolión y Legión con sus compañeros, por la dirección que estos peregrinos llevaban, que les era forzoso pasar por medio de esta ciudad de Vanidad, se convinieron en establecer esta Feria, en la cual se vendería toda especie de vanidad, y duraría todo el año. Por eso en esta Feria se encuentran toda clase de mercancías: casas, tierras, negocios, empleos, honores, ascensos, títulos, países, reinos, concupiscencias y placeres, y toda clase de delicias, como son rameras, esposas, maridos, hijos, amos, criados, vidas, sangre, cuerpos, almas, plata, oro, perlas, piedras preciosas y muchas cosas más. En ella se encuentran también constantemente truhanerías, engaños, juegos, diversiones, arlequines, bufones, bribones y estafadores de toda especie.[38]

---

[37] 2 Timoteo 3:2, 4; 1 Juan 2:15-17.   [38] Bunyan, *New Pilgrim´s Progress* [*El nuevo progreso del peregrino: El clásico de John Bunyan revisado para hoy con notas de Warren Wiersbe*], 108.

El camino espacioso está lleno con todo tipo de distracción superficial diseñado para evitar que las personas se ocupen de lo que realmente importa. Ofrece tentaciones que producen e incrementan los deseos carnales mientras que disminuye su capacidad para la satisfacción.
Atrapa a la gente con asquerosas inmoralidades del peor tipo e incluso
con buenas cosas que se han convertido en ídolos mortales cuando se
ponen por encima de Dios. Entre más anda la gente por este bulevar,
más lejos deambulan de Dios, más vanidosos se vuelven y más estériles
e infructosas son sus vidas.

Cuando las personas ven las cosas correctamente entienden que el
fin principal del hombre es glorificar a Dios y gozar de Él para siempre,
como enseña la primera pregunta del Catecismo menor de Westminster.
Cuando se apartan sus corazones de este propósito, pierden su dignidad designada divinamente. Ellas fueron creadas para conocer a Dios y
para explorar las maravillas infinitas de Su persona y de Sus obras, pero
han escogido revolcarse con los cerdos y jugar con baratijas. Han escogido la espiral descendente del camino espacioso que el apóstol Pablo
describe en el primer capítulo de Romanos: "Pues a pesar de haber conocido a Dios, no lo glorificaron como a Dios, ni le dieron gracias, sino
que se envanecieron en sus razonamientos, y su necio corazón se llenó
de oscuridad. Aunque afirmaban que eran sabios, se hicieron necios, y
cambiaron la gloria del Dios inmortal por imágenes de hombres mortales, de aves, de cuadrúpedos y de reptiles" (vv. 21-23).

Vivimos en una cultura de hombres con apetitos voraces para todo
lo que es carnal y vano. Se les describe en la Escritura como aquellos
que "… sólo piensan en lo terrenal. Su dios es el vientre, su orgullo es su
vergüenza, y su fin será la perdición" (Fil 3:19). Han cambiado lo eterno por lo temporal, el cielo por la tierra, y Dios por sí mismos. Andan
por el camino espacioso, y gastan su dinero en lo que no alimenta, y su
sueldo en lo que no les satisface.[39]

Casi toda la raza humana, que incluye a muchos que se identifican a sí mismos con Cristo, está en el camino espacioso que lleva a la
destrucción. Para aumentar el problema, hay pocas iglesias que dan la
voz de alarma o advierten a los impíos de su ruina inminente. No solo
el camino espacioso de la autogratificación no se condena, sino que se

---

[39] Isaías 55:2.

defiende y se promueve. Incluso se usa como un medio para atraer a las multitudes carnales al servicio de los domingos. Muchas congregaciones se han vuelto nada más que una Feria de Vanidad, y sus predicadores son nada más que baratilleros. Usando breves sermones como picos y palas, han redirigido el camino espacioso para que las multitudes carnales que asisten a sus iglesias lleguen al cielo tan fácilmente como los piadosos que toman la ruta angosta. La suya es una salvación sin cruces, aflicciones, persecuciones ni sacrificios. Ofrecen una religión de realización y afirmación personal, una aventura empresarial con Dios en la que una persona puede acumular riqueza, lujo, extravagancias y comodidades mientras dé el diezmo. El peregrinaje ocurre en una calle ancha y espaciosa donde los supuestos redimidos andan del brazo con el mundo, la gracia de Dios se ha convertido en libertinaje, y se niega el señorío de Cristo.[40] ¡Esto no debe ser! Que Dios nos conceda una vez más a los predicadores y pastores la verdadera instrucción en nuestras bocas y no se halle injusticia en nuestros labios, que andemos con Dios en paz y apartemos a muchos de la iniquidad.[41] Parémonos a la puerta y gritemos a todos: "El mundo y sus deseos pasan; pero el que hace la voluntad de Dios permanece para siempre" (1Jn 2:17).

Cuarto, el camino espacioso es la senda que tiene menos oposición. Es proverbial "ir con la corriente". Para empezar, no hay oposición de la carne en el camino ancho. No tenemos que esforzarnos para entrar. Como ya hemos señalado, el camino ancho es la senda en la que vive el hombre. Nacemos en pecado, estamos desviados desde la matriz y nos descarriamos desde nuestro nacimiento.[42] Por esto, nuestra carne caída encuentra afinidad con cada compañero rebelde que conocemos en el camino espacioso y con entusiasmo aprobamos cada actitud y actividad equivocadas.[43] Debemos recordar que la carne caída es hostil hacia Dios y no puede complacerlo.[44] Sin embargo, ama al mundo y con gusto escucha su voz. La carne no necesita que se le provoque para dar rienda suelta a su codicia y seguir el camino ancho, adonde este lleve. Por lo tanto, los que procuran entrar al camino no encontrarán enemigo en su carne, sino solo un aliado engañoso.

Del mismo modo, no hay oposición del mundo en el camino espacioso. William Hendriksen escribe: "Los letreros a lo largo de esta ancha

[40] Judas v. 4. [41] Malaquías 2:6. [42] Salmo 51:5; 58:3. [43] Romanos 1:32. [44] Romanos 8:7-8.

avenida dicen: 'Bienvenido cada uno de vosotros y todos vuestros amigos, mientras más, más alegres. Viajad como queráis y tan rápido como
queráis. No hay restricciones'".[45] Los que andan en el camino ancho y
espacioso están en el bulevar del mundo. Es la ruta de la humanidad,
la carretera de la hermandad, de carácter inclusivo y tolerante. Es un
festival interminable donde se demanda la adulación mutua, la verdad
se tira por la ventana, y no se le permite a nadie señalar al emperador
que no tiene ropa o que todo el desfile se dirige hacia la destrucción.

Las Escrituras enseñan que el mundo ama y escucha a los suyos.[46]
Cuando el Hijo de Dios vino al mundo que Él creó y a un pueblo que Él
había escogido, no lo recibieron.[47] Cuando el tiempo vino para una decisión definitiva, el mundo escogió a uno de los suyos, al pedir el perdón
de un famoso ladrón y asesino y demandar la crucifixión del Justo y
Santo, el Autor de la vida.[48] El mundo es un amigo para todos los que no
son amigos de Dios. Su hostilidad se reserva solo para los que se atreven a romper la tregua con él, alejarse de su senda y aliarse con Dios.[49]

Además, no hay oposición del diablo en el camino espacioso. En
realidad, el camino fue diseñado por él y es dirigido conforme a su voluntad. Según el apóstol Pablo, andar por el camino espacioso es andar
"de acuerdo a la corriente de este mundo y en conformidad con el príncipe del poder del aire, que es el espíritu que ahora opera en los hijos de
desobediencia" (Ef 2:2). Hendriksen escribe: "El… 'camino' [espacioso]
fue edificado por el diablo. Sus seguidores viajan sobre él".[50] El santo
de Dios que anda sobre la senda angosta será constantemente tentado,
probado e incluso frustrado en su peregrinaje. El diablo se le opondrá a
cada paso y procurará deshacer cada intento de progresar en la fe. Si no
fuera por la protección de Cristo, el diablo lo zarandearía como trigo y
lo aplastaría hasta que maldijera a Dios.[51] Pero para los que viajan por el
camino espacioso, el diablo es un amigo, al menos por un tiempo, pues
de sus labios destila miel, y más suave que el aceite es su palabra, pero
al final es amargo como el ajenjo y cortante como espada de dos filos.[52]
Con sus muchas persuasiones convence a los hombres; con sus labios
lisonjeros los seduce.[53] Pero sus pies descienden a la muerte y sus pasos

---

[45] Hendriksen, *Matthew* [*Mateo*], 369.   [46] Juan 15:19; 1 Juan 4:5.   [47] Juan 1:11.   [48] Mateo 27:16, 21;
Marcos 15:7, 11, 15; Lucas 23:18; Juan 18:40; Hechos 3:14-15.   [49] Juan 15:19.   [50] Hendriksen,
Matthew [*Mateo*], 369.   [51] Job 2:9-10; Lucas 22:31.   [52] Proverbios 5:3-4.   [53] Proverbios 7:21.

se dirigen al sepulcro.[54] Los que lo siguen en el camino espacioso son como el buey que va al degolladero, como el necio que va al castigo encadenado, o como el ave que se precipita en la trampa. Ellos no conocen que su decisión les costará la vida,[55] pues la casa del diablo se inclina hacia la muerte y sus senderos hacia los muertos. Ninguno de los que van a él retornarán, ni alcanzarán las sendas de la vida.[56]

Quinto, el camino espacioso es el camino de la creciente oscuridad. Del libro de Proverbios aprendemos que "...la senda de los justos es como la aurora: ¡su luz va en aumento, hasta la plenitud del día!" (4:18). En cambio, "El camino de los impíos es como la oscuridad; ¡ni siquiera saben contra qué tropiezan!" (4:19). Tienen el entendimiento entenebrecido y viven ajenos de la vida que proviene de Dios.[57] A su tiempo, su consciencia se cauterizó como el hierro candente, su brújula moral fue tomada de ellos y fueron entregados a los deseos de sus corazones, a la impureza, y a las pasiones degradantes.[58] Un juicio terrible cae sobre los hombres y las naciones con mayor frecuencia de la que podemos distinguir o tenemos la valentía de admitir. Aunque nunca podemos perder la esperanza que la gracia de Dios salva incluso al peor de los pecadores, debemos advertir a cada persona que viaja sobre el camino ancho y espacioso que cada paso lo acerca más a la reprobación, a ser entregado, y a ser puesto más allá de toda recuperación. No es un lugar donde querrá ser salvo pero no puede, sino un lugar donde ya no le importe. En este punto, su corazón se habrá convertido en una cáscara seca y su alma se hará tan superficial que las distracciones del camino ancho y espacioso serán todo lo que necesita para llenarla.

EL CRISTIANO Y EL FALSO CONVERTIDO

Una de las grandes verdades que debemos recoger de estas metáforas sobre un camino angosto y uno espacioso es que nuestro andar es la evidencia de nuestra conversión. Una y otra vez debemos reiterar que una persona es salva por gracia mediante la fe. Nuestra relación correcta con Dios no es el resultado de alguna virtud o mérito de nuestra parte, sino que es un don de Dios.[59] Con todo, también debemos entender que los que han sido salvos por gracia mediante la fe son la hechura

---

[54] Proverbios 5:5.   [55] Proverbios 7:22-23.   [56] Proverbios 2:18-19.   [57] Efesios 4:17-19.
[58] Romanos 1:24, 26; 1 Timoteo 4:2.   [59] Efesios 2:8-9.

de Dios. Han sido recreados en Jesucristo para buenas obras, las que Dios preparó anteriormente en Su soberanía para que anden en ellas.[60] La salvación es una obra sobrenatural de Dios por la cual el creyente es hecho una nueva criatura con nuevos y santos afectos.[61] Estos nuevos afectos llevan al cristiano a andar por el camino angosto, no como una marcha forzada sino con un espíritu dispuesto.[62] A través de la obra de regeneración del Espíritu Santo y Su morada, el creyente ha sido levantado para que ande en novedad de vida.[63] Él ya no desea andar como los gentiles en la vanidad de su mente y el endurecimiento de su corazón, sino se esfuerza para andar en una manera digna del Señor, complaciéndolo en todo, llevando fruto en toda buena obra, y creciendo en el conocimiento de Dios.[64] Aunque antes él era tinieblas, ahora es luz en el Señor y desea andar en la luz como un hijo de luz, andar como Cristo anduvo según Sus mandamientos.[65]

Esta es la doctrina de la regeneración que ha sido olvidada dentro del evangelicalismo contemporáneo, y cuyo redescubrimiento es esencial si la iglesia va a predicar una vez más el evangelio. Debemos condenar el exagerado énfasis en las afirmaciones y explicar que los que creen para salvación han nacido de nuevo; que han sido regenerados; que son nuevas criaturas que andan en novedad de vida.[66] Debemos recuperar la verdad de que la evidencia de la justificación es la obra permanente de la santificación; que la marca que uno ha pasado por la puerta estrecha es que continúa en el camino angosto que está de acuerdo con los mandamientos de Cristo y en directa oposición a la carne, el mundo y el diablo. La justificación es por la fe, pero las doctrinas igualmente importantes de la regeneración y la constante providencia de Dios garantizan que los que son justificados también serán santificados.

Los que profesan la fe en Cristo y andan en el camino angosto deberían ser animados y consolados independientemente de sus muchas debilidades y tropiezos. Sin embargo, los que han hecho la misma confesión, pero andan con indiferencia en el camino espacioso, examinando sus lugares de interés y comprando sus mercancías baratas, deberían ser advertidos de su reprobación y futura condenación. Esta es la enorme tarea del pastor y el evangelizador. Se le ha concedido al ministro

---

[60] Efesios 2:10.   [61] 2 Corintios 5:17.   [62] 1 Juan 5:3.   [63] Romanos 6:4.   [64] Efesios 4:1, 17-19; Colosenses 1:10; 1 Tesalonicenses 2:12.   [65] Efesios 5:8; 1 Juan 1:7; 2:6; 2 Juan 1:6.   [66] 1 Juan 5:1.

del pueblo de Dios no solo proclamar las buenas noticias de la gracia, sino también ver que nadie deje de alcanzarla.[67]

Para ilustrar y aplicar las verdades que hemos considerado, echaremos un vistazo a dos hombres: el cristiano y el falso convertido. En el caso del cristiano, encontramos una persona que anda en la senda ancha y espaciosa. Ya sea porque ha desechado toda creencia en Dios, o porque ha sido anestesiado por alguna forma de religión, él tiene poco interés en su alma. Un día oye a un predicador que lo llama con el evangelio de Jesucristo. Aunque ha escuchado el mensaje muchas veces antes, él oye algo así como una voz. Es despertado al conocimiento de Dios, su terrible condición, y los méritos de la obra de Cristo. Esta nueva revelación sobre la santidad de Dios deja al descubierto su pecado, y es quebrantado por lo que ha hecho y por aquello en lo que se ha convertido. Su arrepentimiento, sin embargo, no es para muerte, pero con la mayor revelación sobre la santidad de Dios y sobre su pecado personal; él también ve por primera vez en su vida la gracia maravillosa de Dios en el rostro de Cristo. Por este motivo, él corre hacia Cristo por la fe y es salvado.

Después, la realidad de su conversión se hace evidente. Ve las cosas de manera diferente. Pierde muchos de sus viejos afectos, que son sustituidos por nuevos deseos de complacer a Dios y vivir de acuerdo a Sus mandamientos. Al mismo tiempo, tiene plena consciencia que hay algo dentro de él que todavía está en guerra contra Dios y contra todo deseo de justicia. Hay todavía un aspecto no redimido de su ser al que se refieren las Escrituras como "la carne". Sus deseos se oponen al Espíritu, se oponen el uno al otro de manera que el nuevo creyente pronto descubre que la vida cristiana es una lucha.[68] Cuando comienza su viaje en el camino angosto, la batalla arrecia alrededor y dentro de él. Algunas veces la gracia hace sus pies veloces y parece que avanza. Otras veces parece que por cada tres pasos que avanza, da dos hacia atrás. A veces, él es incluso tentado a abandonar el camino angosto, pero la providencia de Dios ha cortado profundamente el camino,[69] y él no puede salir. Aunque es difícil luchar contra la carne, el mundo y el diablo, el cristiano encuentra imposible luchar contra Dios. Por la fe en Cristo, él es ahora posesión y hechura de Dios. En un determinado momento de su vida puede

---

[67] Hebreos 12:15.   [68] Gálatas 5:17.   [69] En el Salmo 23:3, la palabra "senda" se traduce de la palabra hebrea *ma'gal*, que indica una zanja o una depresión en el suelo que es angosta, profunda y larga. Además, esta senda está desgastada y cerrada por ambos lados.

parecer que está retrocediendo o descendiendo, pero la providencia de Dios garantiza que a lo largo de su viaje él avanzará. Él luchará contra el pecado y, a veces, puede incluso caer en grave pecado, pero no permanecerá allí. Dios celosamente anhela el Espíritu que ha hecho morar en él.[70] El Gran Pastor lo buscará porque Él no perderá lo que el Padre le ha dado.[71] El Padre tratará con él como un hijo y lo disciplinará con grandes represiones e incluso con azotes severos que pueden dejarle marcas indelebles.[72] Al final, Dios perfeccionará la obra que comenzó, hasta que el cristiano, un día, sea glorificado: "Porque a los que antes conoció, también los predestinó para que sean hechos conforme a la imagen de Su Hijo, para que Él sea el primogénito entre muchos hermanos. Y a los que predestinó, también los llamó; y a los que llamó, también los justificó; y a los que justificó, también los glorificó" (Ro 8:29-30).

La evidencia de la conversión en la vida del creyente genuino es que continúa en el camino angosto de los mandamientos de Dios. Con cada nueva revelación sobre la santidad de Dios y sobre su pecado, él experimenta un mayor quebrantamiento. Pero esta creciente revelación sobre su debilidad y necesidad no lo lleva a la desesperación porque con ella viene una creciente revelación de la gracia de Dios en Cristo. Al final de sus días, el creyente se encontrará a sí mismo en el camino angosto, más santo, más quebrantado y con un mayor aprecio de Cristo y una menor confianza en sí mismo que cuando comenzó.

En el caso del falso convertido, encontramos a una persona que anda en el mismo camino ancho y espacioso con poco interés por su alma. Un día oye al predicador que lo llama con el evangelio de Jesucristo. Por alguna razón, el mensaje capta su atención. A su tiempo, él hace una profesión de fe en Cristo. En este punto, hay dos posibilidades. Al menos en algunas iglesias evangélicas, él podría continuar sobre el camino espacioso y todavía se le aseguraría de su experiencia de conversión y esperanza de la vida eterna. Su condición inalterada y su poco interés en las cosas de Dios simplemente se atribuirían a una falta de discipulado. Al igual que muchos otros miembros que podrían estar igualmente engañados y con quienes podría compararse, él continuaría en el camino espacioso de la destrucción eterna sin que los pastores que son responsables por su alma le dieran una palabra de advertencia.

---

[70] Santiago 4:5.   [71] Juan 6:39.   [72] Hebreos 12:5-11.

No obstante, si su profesión de fe fue hecha en una iglesia sólida con un evangelio bíblico y una comprensión de la conversión genuina, el asunto tomaría un rumbo diferente. Se le enseñarían al individuo las señales del camino angosto y se le exhortaría a andar en él. En este punto, él podría rechazar las demandas del discipulado y dejar al descubierto su condición de no convertido. Sin embargo, como suele suceder, los cambios externos pueden aparecer en su vida. Puede mostrar un recién descubierto gozo e incluso mostrar señales del verdadero discipulado. Puede luchar contra la carne y llevar todas las marcas o características del verdadero peregrino que viaja en el camino angosto. Con todo, la verdadera naturaleza de su caso se hará evidente con el tiempo. Él comenzará a alejarse de la senda angosta y eventualmente se apartará. Se abrirá al error doctrinal y negará los fundamentos de la fe. Puede dejar de luchar contra el pecado y volver a sus vicios como un perro vuelve a su vómito y como una puerca recién lavada vuelve a revolcarse en el lodo.[73] Al igual que Demas, su amor por el mundo se puede volver a encender, lo que hace que abandone la fe y regrese al mundo.[74] Él puede simplemente caer en la apatía, una condición de profundo letargo del cual no puede despertarse. O finalmente, puede adentrarse en otra congregación evangélica donde la gente carnal puede prosperar tranquilamente.

Si bien todas estas tragedias pueden ocurrir en alguna medida en la vida de un cristiano genuino, la marcada diferencia es que en el caso del falso convertido hay una ausencia de la providencia constante de Dios. No hay manifestación bíblica de la disciplina divina. A la persona se le permite hacer lo que quiere. Ella deja la senda y se sale del redil sin ninguna intervención divina para impedírselo. Por su apostasía se pone al descubierto como un falso convertido o un hijo ilegítimo. Esta verdad aterradora la establece con claridad el escritor de Hebreos: "Si ustedes soportan la disciplina, Dios los trata como a hijos. ¿Acaso hay algún hijo a quien su padre no discipline? Pero si a ustedes se les deja sin la disciplina que todo el mundo recibe, entonces ya no son hijos legítimos, sino ilegítimos" (Heb 12:7-8).

En la parábola del sembrador, Jesús describe a la persona no convertida con la mayor precisión. Primero, su corazón es como un lugar pedregoso sobre el que cae la semilla del evangelio. Él oye la palabra

---

[73] 2 Pedro 2:22.   [74] 2 Timoteo 4:10.

y de inmediato la recibe con gozo; pero no tiene raíz profunda en él,
lo que significa que no ha nacido de nuevo, el recibir es solo temporal,
pues cuando surge la aflicción o la persecución por causa de la palabra,
tropieza y cae.[75] Segundo, su corazón es como un lugar espinoso sobre
el que cae la semilla del evangelio. Él oye la palabra, pero las preocupaciones del mundo y el engaño de la riqueza ahogan la palabra y se vuelve infructuoso.[76] En ambos casos el falso convertido difiere del cristiano
en que nunca llega a la madurez ni produce fruto que permanece.[77] Él es
como la planta descrita por el escritor de Hebreos que bebe la lluvia que
con frecuencia cae sobre ella, pero produce espinos y abrojos y termina
siendo quemada.[78] Es como el árbol que no lleva buen fruto y es cortado
y lanzado al fuego.[79] Una de las verdades más sorprendentes e inquie-
tantes sobre la parábola del sembrador es que de los cuatro individuos
descritos, solo el primero rechaza el evangelio abiertamente. Los otros
tres hacen profesiones de fe, pero solo uno es de verdad convertido.

LOS MUCHOS Y LOS POCOS

Conforme nos acercamos al final de nuestro breve vistazo a la puerta
estrecha y el camino angosto, nos enfrentamos con la que puede ser la
más impactante verdad de todas: que muchos están en la senda a la destrucción y solo unos pocos encuentran la puerta y el camino que lleva a
la vida.[80] Esta verdad se vuelve incluso más severa cuando nos damos
cuenta del preciso contexto de las palabras de Cristo.

A primera vista, estamos inclinados a pensar que Cristo está haciendo una distinción entre los que no hacen una identificación pública
con Él y los que la hacen. En tal situación, los ateos, los agnósticos, los
paganos y los miembros de una secta están en el camino espacioso que
lleva a la destrucción, y los que confiesan a Cristo están en el camino angosto que lleva a la vida. Si este fuera el caso, sería cierto que la mayor
parte de la humanidad está en el camino a la destrucción. Sin embargo,
el círculo que Cristo está trazando es incluso más reducido que este.
En el contexto, Él no está haciendo un contraste entre los religiosos y
los irreligiosos o incluso entre los que están fuera del cristianismo y los
que afirman ser seguidores de Cristo. En cambio, Él se refiere solo a los

---

[75] Mateo 13:20-21.   [76] Mateo 13:22.   [77] Mateo 13:23; Juan 15:16.   [78] Hebreos 6:7-8.   [79] Mateo 7:19.
[80] Mateo 7:13-14.

que afirman ser Sus seguidores. Él está advirtiendo que entre los que se identifican a sí mismos con Él e incluso públicamente lo confiesan como Señor, solo unos pocos se salvarán.

Esta verdad perturbadora se comprueba por los textos que siguen en los que Jesús da una advertencia severa a los que se consideran a sí mismos como Sus seguidores.[81] Primero, no todo profeta que parece cristiano es cristiano. La validez de su ministerio y confesión se demuestran por su fruto, por la conducta de su vida.[82] Segundo, no todo el que enfáticamente declara a Jesús como Señor o incluso ministra en Su nombre entrará en el reino de los cielos.[83] La marca de la fe genuina y la verdadera conversión es la sujeción a la voluntad del Padre. Por último, no todo el que escucha las enseñanzas de Cristo se salvará del juicio que viene sobre el mundo, sino solo aquellos que no solo escuchan Sus palabras, sino que además actúan en consecuencia.[84]

De estas advertencias, es claro que Cristo no está tratando con la mayor parte de la humanidad que lo ignora o que públicamente lo condena, sino que está preocupado solo por aquellos individuos que afirman conocerlo y que en público se han identificado con Él. Es entre estos que solo unos pocos se salvarán. El resto son como el hombre que no estaba preparado en la parábola de la fiesta de bodas.[85] Este hombre había dado una respuesta apresurada a la invitación, pero no consideró importante conseguir el vestido adecuado para poder participar en la boda. Por ello, el rey lo hizo atar de manos y pies, y lo echó a las tinieblas. Del mismo modo, Jesús advierte que habrá un sinnúmero de individuos que habrán dado alguna respuesta al llamamiento del evangelio, pero nunca se convirtieron de verdad, y las verdaderas evidencias de la conversión nunca fueron características en sus vidas. Aunque respondieron en alguna medida, aunque lo llamaron Señor e incluso ministraron en Su nombre, ellos serán "… '[echados] a las tinieblas de afuera; allí será el llanto y el crujir de dientes'. Porque muchos son llamados, pero pocos *son* escogidos" (Mt 22:13-14).

Esta es una advertencia que debemos escuchar. No podemos enterrar nuestras cabezas en la arena y pretender que no está allí. No podemos ignorar la realidad de la comunidad evangélica en Occidente. Numerosos individuos confiesan a Cristo como Señor y participan en

---

[81] Mateo 7:15-27.   [82] Mateo 7:15-20.   [83] Mateo 7:21-23.   [84] Mateo 7:24-27.   [85] Mateo 22:11-14.

todos los sentidos de la actividad evangélica cada semana, pero sus vidas están marcadas por el camino ancho y espacioso. Ellos tienen poca o ninguna idea sobre el llamado, el esfuerzo, el sacrificio, la renuncia al pecado, el apartarse del mundo o la búsqueda de la justicia. Nos hemos convertido en una forma grotesca y hueca de lo que debe ser, pero ahora todo ha llegado a ser tan común que pocos parecen notarlo. El evangelicalismo ya no advierte contra la Feria de Vanidad de este mundo; ha llegado a ser una de sus principales atracciones. Quizás el mayor pecado de todos es que esto ha sucedido no a pesar del púlpito, sino a causa de este. El ministro contemporáneo ya no restringe estas cosas, sino que a menudo estimula su desarrollo. La predicación es ahora llevada a cabo por los consejeros de vida que enseñan a las personas principios que podrían mejorar su vida ahora. Los expertos en crecimiento de la iglesia instruyen a las iglesias en los asuntos de cómo usar medios carnales para atraer a la gente carnal y mantenerlos en la congregación en una carnalidad cada vez mayor. Los expertos en evangelización y en misiones han contextualizado tanto el evangelio para hacerlo accesible e inofensivo a la cultura que ya no hay mucha, si la hay, diferencia entre los dos. Mientras tanto, multitudes de personas que confiesan a Jesús como Señor se acercan más al día cuando estarán frente a Él y escucharán: "… Nunca los conocí. ¡Apártense de Mí, obreros de la maldad!" (Mt 7:23).

En el contexto de todo el ruido evangélico y la confusión y nuestras grandes jactancias en cuanto a las multitudes que llegan a nuestros servicios, sería recomendable reflexionar sobre estas verdades y esta declaración del erudito del Nuevo Testamento Craig Blomberg: "El porcentaje de verdaderos creyentes, en los lugares y en los tiempos en los que ser 'cristiano' es popular, quizás no es tan diferente del porcentaje de cristianos en tiempos de persecución, cuando pocos se atreven a profesar que no están profundamente comprometidos".[86]

LA VIDA Y LA MUERTE

El verdadero cristianismo no es sobre trivialidades. Es sobre la vida y la muerte, el cielo y el infierno, la dicha eterna en la presencia de Dios o la existencia eterna que horroriza más allá de toda descripción. El

---

[86] Craig Blomberg, *The New American Commentary: Matthew* [*Nuevo comentario Americano: Mateo*] (Nashville, TN: Broadman, 1992), 132.

cristianismo es una religión donde los destinos irrevocables de los seres humanos penden de un hilo. Por ello, es un asunto de vital importancia. En Mateo 7:13-14, Jesús contrasta "la vida" con "la destrucción". La palabra "vida" se traduce de la palabra griega *zoe*. En el contexto de toda la enseñanza de Cristo y la de los escritores del Nuevo Testamento, podemos concluir que Él no solo está hablando de una existencia física o una existencia de duración sin fin. En cambio, Él se está refiriendo a la vida eterna, esa calidad de vida que viene de una relación íntima y personal con Dios.[87] Es una relación que es libre, plena y sin impedimento alguno por la separación y la muerte causadas por el pecado.[88] Es una relación filial en la que al creyente se le concede el privilegio y la bendición de ser hijo.[89] En síntesis, es una vida de duración sin fin en la presencia favorable de Dios, y es recibida en y a través de la persona y obra de Jesucristo.[90]

En contraposición con "la vida" está la palabra "destrucción". Se deriva de la palabra griega *apóleia*, que puede también traducirse "ruina" o "perdición". Tomada en el contexto de la enseñanza de Cristo y del Nuevo Testamento, podemos concluir que no se refiere a la terminación de la existencia personal, sino al castigo eterno o sin fin en el infierno. Aunque una persona pueda tener objeciones a la doctrina del castigo eterno y pueda desestimar el Nuevo Testamento como un documento con imperfecciones, no puede razonablemente negar que es una clara enseñanza. La vida eterna y la destrucción eterna van de la mano. Esta verdad se ve con claridad en la descripción que hace Cristo del juicio final, cuando declaró: "Entonces éstos [los impíos] irán al castigo eterno, y los justos irán a la vida eterna" (Mt 25:46). Si el "castigo eterno" de los impíos en el infierno no es de duración infinita, entonces tampoco podemos asumir que la dicha de los redimidos en el cielo no tiene fin.[91]

El infierno es la manifestación final y completa de la justa indignación de Dios contra el impío. Es el resultado final de un gran descenso que comenzó en el camino ancho y espacioso. En el infierno, toda misericordia es removida del pecador, y él estará expuesto a la justicia perfecta que merece. Él es también final e irrevocablemente entregado a los malos deseos de su corazón y a sus pasiones degradantes que lo dominan sin restricción.[92] Él está para siempre excluido de las bendiciones del pueblo

---

[87] Juan 17:3.   [88] Romanos 5:1; 8:1.   [89] Juan 1:12-13; Romanos 8:15; Gálatas 4:6.   [90] Juan 14:6; Hechos 4:12; 1 Timoteo 2:5-6; Apocalipsis 21:3-5, 22-27.   [91] Daniel 12:2; Mateo 18:8; 25:41; Apocalipsis 21:3-5, 22-27.   [92] Romanos 1:24, 26.

de Dios; está sin Dios y sin esperanza.[93] Reflejando esta verdad de las Escrituras, el poeta Dante escribe en su obra épica *La divina comedia* que sobre las puertas del infierno está inscrito: "Abandonad toda esperanza, todos vosotros los que entráis aquí". El reconocido pastor Richard Baxter declaró: "Predico como si no estuviera seguro de poder volver a predicar, y como un hombre moribundo a hombres moribundos".[94]

Debemos entender que hay una puerta por la que debemos pasar para salvarnos. Esa puerta es Cristo y solo Cristo, y es la fe y solo la fe la que abre esa puerta para nosotros. Con todo, las Escrituras son firmes, incluso implacables, en su esfuerzo por convencernos que la evidencia de haber pasado por la puerta es que nos hemos convertido en peregrinos en el camino angosto.

Se dice que desde el momento de nuestro nacimiento comenzamos a morir. Es igualmente verdad que desde el momento en que entramos en este mundo nos embarcamos en un viaje para dejarlo. Por esto, Cristo nos advierte que hay una senda angosta que "lleva lejos" para vida eterna y una senda ancha que "lleva lejos" para destrucción eterna.[95] Esta es una gran y terrible verdad que debe pesar sobre nuestras consciencias. El profeta Jeremías nos dice que el Señor establece delante de nosotros "el camino de vida y el camino de la muerte" (Jer 21:8). Él clama a gran voz:

> Deténganse en los caminos y pregunten por los senderos de otros tiempos; miren bien cuál es el buen camino, y vayan por él. Así hallarán ustedes el descanso necesario.

No seamos como los necios habitantes de Jerusalén que respondieron: "No iremos por alli" (Jer 6:16). Como el profeta Isaías suplica:

> ¡Que dejen los impíos su camino,
> y los malvados sus malos pensamientos!
> ¡Que se vuelvan al Señor, nuestro Dios,
> y Él tendrá misericordia de ellos,
> pues Él sabe perdonar con generosidad (Is 55:7).

---

[93] Efesios 2:12. [94] Richard Baxter, *Poetical Fragments: Heart Imployment with God and It Self* [*Fragmentos poéticos: La vocación del corazón con Dios y consigo mismo*] (Londres: J. Dunton, 1689), 30.
[95] La frase "lleva a" que ocurre en Mateo 7:13-14 se traduce de la palabra griega *apágo*. Significa que lleva lejos, como una persona es llevada para recibir castigo u honor.

CAPÍTULO DIECIOCHO

La evidencia externa de una realidad interna

Cuídense de los falsos profetas, que vienen a ustedes disfrazados de ovejas, pero por dentro son lobos rapaces. Ustedes los conocerán por sus frutos, pues no se recogen uvas de los espinos, ni higos de los abrojos. Del mismo modo, todo buen árbol da buenos frutos, pero el árbol malo da frutos malos. El buen árbol no puede dar frutos malos, ni el árbol malo dar frutos buenos. Todo árbol que no da buen fruto, es cortado y echado en el fuego. Así que ustedes los conocerán por sus frutos.

—Mateo 7:15-20

En estos versículos, el Señor está advirtiendo a Su gente sobre la segura aparición de los falsos profetas, y les deja instrucción sobre cómo podrían distinguirlos. El apóstol Pablo da una advertencia similar a la iglesia de Efeso: "Yo sé bien que después de mi partida vendrán lobos rapaces, que no perdonarán al rebaño. Aun entre ustedes mismos, algunos se levantarán y con sus mentiras arrastrarán tras de sí a los discípulos" (Hch 20:29-30).

Según Cristo, a primera vista estos caninos espirituales parecerán ovejas y andarán dentro del rebaño como si pertenecieran. Sin embargo, no son lo que parecen. En realidad, son lo opuesto. Aunque externamente tienen la apariencia de un cordero, internamente son lobos rapaces. Son vasos que están limpios por fuera, pero llenos de suciedad por dentro.[1] Son sepulcros cuidadosamente pintados, pero llenos de "huesos de hombres muertos y toda inmundicia" (Mt 23:27). Judas, versículo 12, los describe como escollos ocultos bajo aguas tentadoras, nubes espectaculares que no dan la vital lluvia, y árboles que parecen robustos

---

[1] Mateo 23:25-26; Lucas 11:39-40.

pero que están podridos en el centro y no dan fruto. En las palabras del apóstol Pablo, son hombres malos e impostores que proceden de mal en peor, "engañando y siendo engañados" (2Ti 3:13). La idea de todas estas trágicas descripciones es que la realidad interna de estos hombres es contraria a su profesión de fe: ellos no son lo que parecen ser o profesar. Se han vestido con una fina capa de cristianismo y se han engañado a sí mismos y a otros con sus confesiones vacías del señorío de Cristo.[2] Ellos lo honran con sus labios, pero su corazón está lejos de Él; profesan conocerlo, pero lo niegan con sus actos.[3]

Si bien Cristo está hablando principalmente en cuanto al carácter oculto de los falsos profetas y los peligros de ser engañado por ellos, Sus palabras no deberían limitarse a este asunto. Sería recomendable que reconociéramos que ellas tienen implicaciones de gran alcance para todos nosotros que confesamos a Cristo y nos identificamos con Él. En realidad, las palabras de Cristo llegan al corazón de la religión cristiana y tratan una de las preguntas más esenciales: ¿Cómo puedo saber que soy verdaderamente cristiano? La respuesta a esta pregunta es tan simple como profunda. Nuestra realidad interna se revela por la evidencia externa; nuestra verdadera identidad se deja al descubierto por los hechos observables; nuestra conversión o la inexistencia de ella se hace conocida por el fruto de nuestras vidas.

UNA VERDAD INALTERABLE

En Mateo 7:16, Cristo pone delante de nosotros una máxima que no permite excepciones: "Ustedes los conocerán por sus frutos...". Es decir, conoceremos la autenticidad de la profesión de fe de una persona por la conducta de su vida.

La palabra "conocer" se traduce de la palabra griega *epiginósko*. En general, el verbo denota un conocimiento más específico o preciso de un asunto que el término común para conocimiento, *ginósko*. Significa conocer con exactitud, por completo o hasta el fondo.[4] La palabra "fruto" se traduce de la palabra griega *kapros*, que literalmente se refiere al

---

[2] Lucas 6:46.   [3] Isaías 29:13; Mateo 15:8; Marcos 7:6; Tito 1:6.   [4] William E. Arndt y F. Wilbur Gingrich, *A Greek-English Lexicon of the New Testament and Other Early Christian Literature* [*Léxico griego-inglés del Nuevo Testamento y otra literatura cristiana temprana*] (Chicago: University of Chicago Press, 2000), 369.

fruto de las vides o de los árboles. En sentido figurado, la palabra se usa para indicar lo que se origina o viene de algo como un producto, efecto o resultado. W. E. Vines describe el fruto como "la expresión visible del poder obrando de manera interna e invisible, la naturaleza del fruto siendo evidencia de la naturaleza del poder que lo produce".[5]

En el contexto presente, el término *kapros* se usa para referirse al comportamiento, la conducta, las obras o los hechos que emanan del carácter de una persona y manifiestan su verdadera naturaleza. Además, es importante observar que Jesús habla de "frutos" en el plural y no en singular, lo que indica no solo un aspecto de la vida de una persona, sino su totalidad. La verdad que comunica es que la realidad interna de una persona será comprobada por sus acciones en todo lo que es y todo lo que hace en cada circunstancia. Ninguna virtud o vicio puede fácilmente ocultarse, pero ambos se manifestarán con el tiempo.[6]

La certeza de esta verdad se demuestra por su repetición en el texto. Es significativo que Cristo empieza y termina Su discurso sobre los frutos con la misma advertencia: "Ustedes los conocerán por sus frutos...", y de nuevo, "...Al árbol se le conoce por sus frutos" (Mt 7:16, 20; ver 12:33). El justo tendrá encuentros o luchas con el pecado e incluso caídas periódicas. En ocasiones, el impío realizará buenas obras e incluso reflejará una apariencia de justicia. Sin embargo, con el paso del tiempo, tanto el justo como el impío quedarán al descubierto por su continuo comportamiento.

Debemos comprender desde el principio que esta verdad es contraria a la enseñanza popular de la mayor parte del evangelicalismo contemporáneo. No solo está ausente de la mayor parte de la predicación del evangelio y la consejería, sino que además se niega abiertamente. Primero, gran parte de la comunidad evangélica ha adoptado la opinión falaz de la cultura contemporánea que niega alguna relación entre el carácter interno y el comportamiento externo, una opinión que da mayor credibilidad a la confesión o a los sentimientos de una persona que a los hechos que los comprueban o los niegan. Asimismo, hemos creído la mentira que es inmoral o una violación a la dignidad humana cuestionar cualquier afirmación que pudiera hacer un individuo en

---

[5] W. E. Vines, *An Expository Dictionary of New Testament Words: With Their Precise Meanings for English Readers* [*Diccionario expositivo de palabras del Nuevo Testamento: Con sus significados precisos para lectores en inglés*] (Nashville, TN: Thomas Nelson, 1985),133.   [6] En su comentario sobre Mateo 7:16, Juan Calvino escribió: "Nada es más difícil que fingir la virtud".

cuanto a sí mismo, pese a que los hechos lo niegan. Hemos aceptado como ley canónica el decir que no puedes juzgar o dejarte engañar por las apariencias. Sin embargo, con ello, hemos también negado la clara enseñanza de Cristo que los conoceremos por sus frutos.

Es importante señalar que cuando las personas dicen que no podemos juzgar o dejarnos engañar por las apariencias, no piden que no se emita un criterio, sino más bien advierten que no se debe emitir un juicio basado en una mera observación superficial. Por ejemplo, no deberíamos dudar del intelecto o capacidad de una persona solo porque no se graduó de una escuela de la Ivy League[7]. Pero esto no significa que no deberíamos cuestionar o incluso desafiar la profesión de fe en Cristo de una persona carnal o impía solo porque no podemos conocer su corazón. Según Cristo, el corazón puede conocerse por los hechos externos que salen de este: "Porque del corazón salen los malos deseos, los homicidios, los adulterios, las fornicaciones, los robos, los falsos testimonios, las blasfemias. Estas cosas son las que contaminan al hombre. El comer sin lavarse las manos no contamina a nadie" (Mt 15:19-20).

Esta desviación común de las Escrituras no debería sorprendernos. Uno de los rasgos más comunes de los que son desobedientes a cualquier credo que pretenden confesar es argumentar que la religión es un asunto del corazón y que no puede juzgarse por alguna manifestación externa. Basada en esta suposición conveniente pero falsa, una persona puede pretender la más grande devoción hacia Dios en su corazón mientras comete la más grande de las atrocidades contra Sus mandamientos. Por esto, las Escrituras están llenas de advertencias contra cualquier forma de profesión sin substancia. Junto con las advertencias de Jesús en Mateo 7 y todo el tiempo de Su ministerio, el apóstol Pablo advierte contra los que profesan conocer a Dios pero con sus hechos lo niegan. Se refiere a ellos como odiosos y rebeldes.[8] Santiago sostiene que una fe que no produce obras es muerta y no tiene valor salvífico. Los que profesan esta fe no tienen esperanza de salvación.[9] Por último, hemos estudiado en la primera parte del libro que el apóstol Juan escribió una epístola entera para que los que confiesan a Cristo puedan

---

[7] *Ivy League*, o Liga de la Hiedra, se refiere a un selecto grupo de casas de estudio, o universidades, que forman parte de una élite. Todas están situadas en la costa este de Norteamérica y se usa el término para describir su excelencia académica y alto nivel de atletismo. Estas ocho representan lo mejor de la educación superior norteamericana: Brown, Columbia, Cornell, Dartmouth, Harvard, Princeton, Pennsylvania y Yale.   [8] Tito 1:16   [9] Santiago 2:14-23

probar la sinceridad de su confesión al comparar su persona y su manera de vivir con los rasgos del carácter del verdadero cristiano.[10]

En definitiva, el creyente genuino dará fruto que permanece. Para esto fue escogido y nombrado, y con ello él prueba que es verdaderamente un discípulo de Cristo.[11] Aunque pase por tiempos de aparente aridez debido a algún pecado que lo aflige y a la poda (o limpieza) del Padre, la disciplina divina servirá para hacerlo más fructífero.[12] En la parábola del sembrador, Jesús nos da una idea de la abundante fertilidad que marcará la vida de todo cristiano cuando declara que entre Sus verdaderos discípulos, algunos producirán "cien, sesenta, y treinta" (Mt 13:23; ver Jn 15:5). Es algo increíble y una demostración del poder de Dios en la salvación que incluso el más pequeño en el reino ¡producirá treinta por uno![13] Como nos dice el profeta Isaías, la salvación del Señor dará fruto, y justicia brotará con ella. [14]

ARGUMENTUM AD ABSURDUM

Argumentum ad absurdum o *reductio ad adsurdum* (argumento o reducción al absurdo) es un método empleado en la lógica para demostrar que el argumento de un oponente lleva a una contradicción irreconciliable o conclusión absurda. En Mateo 7:16, Jesús emplea una táctica similar para refutar a los que negarían que su realidad interna (es decir, lo que son) puede conocerse por sus hechos externos (es decir, lo que hacen): "Ustedes los conocerán por sus frutos, pues no se recogen uvas de los espinos, ni higos de los abrojos".

Jesús era un maestro extraordinario, y el sermón del monte es una de las demostraciones mayores de esta verdad. Él era la sabiduría personificada, un experto orador, y un irrefutable polemista. El escritor del evangelio nos asegura que en cualquier confrontación "nadie podía responderle nada…" (Mt 22:46). Y cuando todo fue dicho y hecho, Sus oponentes se alejarían, sin atreverse a "…preguntarle nada más" (Lc 20:40).

Jesús emplea una ilustración que haría comprensible para cualquiera que estaba familiarizado aunque sea remotamente con la agricultura de la época. Él pregunta a la multitud: "¿Acaso se recogen uvas de los espinos? (Mt 7:16, LBLA). Solo podemos imaginarnos la respuesta de

---

[10] 1 Juan 5:13.   [11] Juan 15:8   [12] Juan 15:2; Hebreos 12:11.   [13] Mateo 11:11; Lucas 7:28. Pastor Charles Leiter, en una conversación con el autor.   [14] Isaías 45:8.

la gente, a quienes por fin se les hizo una pregunta que podían de verdad responder. Con quizás un aire de desdén ellos replicarían: "¡Por supuesto que no! Sería absolutamente absurdo incluso sugerir algo así. Es contra la naturaleza".

Luego, Jesús presenta una pregunta similar: "... ¿o higos de los abrojos?" (Mt 7:16, LBLA). Otra vez la gente respondería con un recién descubierto descaro y quizás con cierto aire de superioridad: "Eso es ridículo. Hay determinadas cosas más allá del ámbito de lo posible. Una planta no producirá un fruto contrario a su naturaleza. Cualquiera que afirme que recoge uvas de los espinos o higos de los abrojos está loco o es un mentiroso". La gente se sentiría triunfante. Ellos han respondido correctamente al Gran Inquisidor. Han instruido al Instructor. Sin embargo, su ilusión de victoria es breve. Las preguntas de Cristo eran de índole retórica. No eran para Su beneficio, sino para el de ellos. Él prepara Sus trampas y deja al descubierto la verdadera intención de Su pregunta. Y presenta la inevitable conclusión:

> Si es un absurdo creer que los espinos pueden producir uvas y los abrojos higos, entonces es igualmente absurdo creer que un individuo que es verdaderamente Mi discípulo no lleve el fruto de un discípulo. Y si cualquiera que afirme que recoge uvas de los espinos o higos de los abrojos es un lunático o un mentiroso, entonces cualquiera que afirme ser Mi discípulo sin dar el fruto de un discípulo es igualmente loco o inmoral.

Supongamos que una persona llega una hora tarde para una cita importante, quizás un predicador que tenía que predicar en una gran reunión que había sido planificada por meses. Cuando finalmente llega, se le cuestiona bastante ásperamente sobre su tardanza. Él responde con la siguiente explicación:

> Señores, dejé el hotel a tiempo pero se reventó un neumático en el camino. Mientras lo cambiaba, una tuerca se cayó de mi mano y rodó hacia el centro de la transitada autopista. Sin pensarlo, caminé hacia donde estaba la tuerca y la recogí. Cuando me paré, me di cuenta que se me echaba encima un camión maderero de 30 toneladas aproximadamente a 120 kilómetros por hora. Me chocó

de frente y me pasó por encima. Por esta razón llegué tarde. Me disculpo por cualquier inconveniente que pueda haber causado.

Los que escucharan la explicación observarían que el pelo del orador estaba peinado y su vestimenta bien planchada. Además, no se le veía ningún daño visible. Por estos motivos ellos solo podrían concluir que el orador está trastornado, engañado, o es un mentiroso extraordinario. La base de su conclusión es el simple hecho que es absolutamente imposible para un hombre sin protección que sea golpeado en la cabeza o que le haya pasado encima un camión maderero de 30 toneladas sin que hubiera alguna evidencia visible de ese encuentro inesperado.

Teniendo en cuenta esta ilustración, la comunidad evangélica se enfrenta con algunas preguntas bastante extraordinarias: ¿Qué es mayor, un camión maderero o Dios? ¿Cómo es imposible que una persona tenga un encuentro aun con el vehículo más pequeño sin ser dramáticamente cambiada, pero es posible tener un encuentro con el Dios vivo sin la más mínima abolladura o rayón en el carácter de una persona? ¿Cómo es que muchos afirman haber tenido un encuentro con Dios, pero no muestran ninguna evidencia que respalde su afirmación?

Hay dos razones principales, una es teológica y la otra práctica. La razón teológica es que la magnífica doctrina de la regeneración ha sido reducida a nada más que una decisión humana. Pocos entienden el concepto del nuevo nacimiento como una obra sobrenatural de Dios que cambia la naturaleza de una persona en tal medida que las Escrituras se refieren a tal persona como una nueva criatura.

La razón práctica es que muchos han recibido algo menos que un evangelio bíblico y han sido invitados a regresar a Dios sin nada más que la repetición de una oración. Son ignorantes de la verdadera naturaleza del arrepentimiento y la fe y no conocen las demandas del discipulado o la naturaleza restrictiva de la vida cristiana. Todavía no han pasado por la puerta estrecha y continúan felizmente andando sobre el camino ancho y espacioso. Se les ha dado suficiente religión para tranquilizar su consciencia y suficiente seguridad de parte de sus autoridades religiosas[15] que los aísla de cualquier advertencia del verdadero evangelio.

---

[15] Estas autoridades religiosas hoy son los pastores evangélicos, los pastores de jóvenes y los evangelistas cuya perspectiva no bíblica del evangelio y la conversión lleva a sus oyentes a una falsa seguridad de su salvación y los aleja de cualquier instrucción verdadera.

ARGUMENTUM AD HOMINEM

Una tendencia común entre los que profesan cualquier forma de moralidad o religión es negar o ignorar la verdad que Cristo afirma con fuerza: la realidad interna de una persona se conoce por sus frutos, sin considerar la frecuencia y actitud firme de su confesión. El apóstol Pablo abordó el problema en su carta a la iglesia en Roma, cuando argumenta extensamente contra los judíos religiosos que se jactaban de la ley y condenaban las inmoralidades de los gentiles, pero ellos eran culpables de atrocidades similares. Ellos podían citar el *Shema* de memoria y hacer grandes confesiones de lealtad a Dios y Su ley, pero sus actos probaban que no eran lo que afirmaban ser. Pablo escribe en Romanos 2:17-23:

> Ahora bien, tú te llamas judío, confías en la ley, y te enorgulleces de tu Dios. Conoces la voluntad de Dios y juzgas lo que es mejor porque la ley así te lo ha enseñado. Estás convencido de que eres guía de los ciegos y luz de los que están en tinieblas, instructor de los ignorantes y maestro de niños, y que tienes en la ley la clave del conocimiento y de la verdad. Pues bien, tú que enseñas a otros, ¿no te enseñas a ti mismo? Tú que predicas que no se debe robar, ¿robas? Tú que dices que no se debe cometer adulterio, ¿adulteras? Tú que detestas a los ídolos, ¿robas en los templos? Tú que te sientes orgulloso de la ley, ¿deshonras a Dios quebrantando la ley?

Esta falacia entre los judíos que Pablo aborda es rampante en el evangelicalismo moderno. Muchos evangélicos afirman que han nacido de nuevo y que son recipientes de la vida eterna, pero sus vidas son una contradicción a esta confesión. No solo ignoran las enseñanzas de Cristo sobre este asunto, sino que a veces las niegan abiertamente y enseñan lo opuesto. El falso convertido mantendrá que nadie dudaría de él si pudieran ver en el fondo de su corazón donde están ocultas la verdadera fe y el amor por Dios. Para añadir insulto a la injuria, a veces apelará a las enseñanzas de Cristo para reprender a quien se atreva a confrontarlo. Su refutación favorita viene por lo general de Mateo 7:1: "No juzguen, para que no sean juzgados". Ignora que en su afán por defender la validez de su conversión está distorsionando las Escrituras para su propia destrucción.[16]

---

[16] 2 Pedro 3:16.

Es significativo y preocupante que la respuesta más común del falso convertido para cualquiera que lo cuestione es un casi perfecto ejemplo de la falacia clásica que los filósofos y los lógicos llaman *argumentum ad hominem* (argumento contra el hombre). Esta falacia ocurre cuando una persona ataca el carácter de su oponente más que tratar de rebatir la veracidad o solidez de su argumento. En este caso, el razonamiento es que lo que un oponente dice debe descartarse porque es el resultado de alguna falta en su carácter o en sus motivos. El objetivo de esta estrategia es atacar el carácter del oponente, enjuiciarlo, de modo que sea ignorado su argumento.

El falso convertido con frecuencia usa este tipo de razonamiento como respuesta a cualquier pregunta sobre la validez de su fe. Imaginémonos el siguiente escenario: Un anciano o líder de la iglesia nota la rebeldía creciente de un miembro de la congregación y decide confrontarlo. En amor, el anciano le presenta evidencias concretas que lo han llevado a cuestionar la conversión del congregante. Sin embargo, en vez de considerar la validez de sus argumentos contra él o proveer alguna explicación que resuelva el malentendido, el miembro de la iglesia ataca al anciano. Lo acusa de fariseísmo y de ser un criticón. Le advierte que "no juzgue, para que no sea juzgado", y lo exhorta a sacarse la viga de su propio ojo antes de tratar con los pecados de otro.[17] Por último, reprende al anciano por siquiera imaginar que puede determinar lo que hay en el corazón de otra persona o sugerir que alguien no es un cristiano. El falso convertido ha sido capaz de alejar el foco del asunto de sí mismo y los argumentos contra él, y los ha colocado sobre el anciano, quien, en su opinión, lo ha atacado con arrogancia y sin amor.

Al final, el falso convertido no solo ha negado varias de las enseñanzas más importantes de Cristo sobre la conversión y la evidencia de esta, sino que también las ha torcido para ponerlas en contra de aquellos que con amor y desinterés han buscado ayudarlo. Lo más trágico sobre toda esta situación es que el aparente impenetrable aislamiento contra la verdad, que rodea al falso convertido, ha sido creado y fortificado por gran parte de la predicación que sale del púlpito evangélico contemporáneo.

---

[17] Mateo 7:3-5.

LA EVIDENCIA EXTERNA DE UNA REALIDAD INTERNA

Lo que a primera vista parece ser un pintoresco dicho usando metáforas que los niños pueden entender es en realidad una de las enseñanzas más profundas en cuanto a la obra de la conversión y la relación entre la naturaleza y la voluntad del hombre. Jesús declara: "Del mismo modo, todo buen árbol da buenos frutos, pero el árbol malo da frutos malos. El buen árbol no puede dar frutos malos, ni el árbol malo dar frutos buenos" (Mt 7:17-18).

Como ya he señalado, el hombre moderno dentro y fuera de la comunidad evangélica ha creado una separación anormal entre la naturaleza y la voluntad. Es un error que yace en la base del evangelicalismo contemporáneo y ha creado una gran debilidad en todo el edificio. Nos ha permitido divorciar lo que una persona es de lo que en realidad hace.

Cuando Jesús declaró que todo buen árbol da buenos frutos y que todo árbol malo da malos frutos, Él simplemente está afirmando la relación inseparable que existe entre la naturaleza de un árbol y el fruto que proviene de él. Aunque un buen árbol puede dar fruto que está manchado y un mal árbol puede dar fruto que está bueno, la mayoría de sus cosechas serán consistentes con sus naturalezas. Habrá suficiente buen fruto en el buen árbol para identificarlo como bueno y para distinguirlo del malo. Como en los días de la creación, los árboles dieron fruto según su género.[18]

La relación inseparable que existe entre fruto y naturaleza, características y clase, y lo que uno hace y lo que es, parece entenderse en cada disciplina del conocimiento excepto la que concierne a la religión y la moral. Nos preguntaríamos sobre las capacidades de una persona que no pudiera distinguir la diferencia entre las especies básicas de árboles al observar sus frutos, o que no pudiera distinguir una especie de animal de otra después de un cuidadoso examen de sus características y hábitos. Cuando nos acercamos a un animal en el campo que no parece un caballo porque tiene dos patas pequeñas, palmeadas y plumas, concluimos que no es un caballo. Nuestro juicio es verificado cuando observamos que tampoco actúa como caballo porque se contonea con dificultad, nada sin esfuerzo y vuela de norte a sur y regresa. No parece un caballo, no actúa como un caballo; por lo tanto, concluimos que no es un caballo.

---

[18] Génesis 1:12.

Sin embargo, cuando pasamos a la confesión cristiana perdemos nuestros modales y cambiamos las enseñanzas de Cristo por populares clichés. Parece que la comunidad evangélica ya no ve la conversión principalmente como una obra sobrenatural de Dios causada mediante el milagro del nuevo nacimiento. Por ello, se ve a los cristianos como los que solo han cambiado sus mentes y no como los que han sido transformados por el poder de Dios en nuevas criaturas, con nuevas naturalezas, que resultan en nuevos y justos afectos. Debido a esto, la santificación y el dar fruto se ven como algo que puede o no puede suceder en la vida de un cristiano. Nosotros afirmamos que el Dios que comenzó una buena obra en nosotros la terminará, pero solo si nosotros le permitimos que lo haga.[19] Somos hechura Suya, creados para buenas obras que preparó de antemano, pero todo el plan divino puede reducirse a nada a menos que escojamos andar en ellas.[20] Por ello, algunos creen que una persona puede escoger a Cristo y ser justificado, pero no escoger seguir adelante con Cristo en la santificación.

Aunque es popular, esta opinión simplemente no es verdad, pero tampoco es la perspectiva fatalista que presentaría a Dios como una deidad manipulativa y coercitiva que pisotearía las voluntades de Su pueblo. Nuestro crecimiento en Cristo y el dar fruto dependen de nuestra voluntad; sin embargo, no debemos dejar de ver que nuestra voluntad depende de nuestras naturalezas que han sido radicalmente cambiadas a través de la obra de la regeneración del Espíritu Santo. Decidimos dar fruto porque deseamos dar fruto, y estos deseos surgen de nuestras nuevas naturalezas. Dios no nos hace querer por manipulación o coerción, sino por el acto de la recreación. Es seguro que daremos fruto porque Él nos ha transformado en la clase de árboles que lo hacen.

El cristianismo no se trata de nosotros tratando de ser algo que no somos. Si bien hacer justicia sigue siendo contrario a nuestra carne caída, no es contrario a nuestras nuevas naturalezas o adverso a nuestros afectos.[21] Somos una nueva creación, recreados a la imagen de Dios en verdadera justicia y santidad.[22] Nosotros hacemos justicia porque amamos la justicia y nos odiamos a nosotros mismos cuando nos desviamos de ella. Aunque nuestra completa transformación será consumada en la resurrección, comenzó en el día de nuestra conversión. A través del

---

[19] Filipenses 1:6.   [20] Efesios 2:10.   [21] Gálatas 5:17. Pastor Charles Leiter, en una conversación con el autor.   [22] 2 Corintios 5:17; Gálatas 6:15.

nuevo nacimiento, somos hechos nuevas criaturas en el pleno sentido del término. Estas verdades no deben tratarse como lenguaje poético o romántico carente de algún significado real, sino que enuncian con precisión la realidad presente del cristiano. "De modo que si alguno está en Cristo, ya es una nueva creación; atrás ha quedado lo viejo: ¡ahora ya todo es nuevo!" (2Co 5:17).

La realidad del nuevo nacimiento es el fundamento doctrinal detrás de la declaración de Jesús que un buen árbol no puede dar malos frutos y un mal árbol no puede dar buenos frutos. La verdad que Él expresa es tan simple como profunda: un árbol no puede dar un fruto que es contrario a su naturaleza; un hijo de Adán, radicalmente depravado, no puede vivir una vida que complace a Dios; y un hijo de Dios, regenerado, no puede proseguir en un estilo de vida de continua rebelión contra Él. La poda de Dios en la vida del cristiano, la santificación, resultará en una cosecha de justicia que viene a través de Jesucristo, para la gloria y alabanza de Dios.[23] Él aprenderá a vivir como hijo de luz, dando el fruto de la luz que consiste en toda bondad, justicia y verdad.[24]

Parecemos proclives a enseñar solo una parte de la verdad excepcional de Jesús sobre los árboles y sus frutos. Le decimos constantemente al no convertido que no ponga su confianza en la carne y que deseche toda esperanza de salvarse a sí mismo por sus propias obras.[25] Correctamente le informamos que "la mente puesta en la carne es enemiga de Dios" (Ro 8:7, LBLA). Rotundamente afirmamos que es imposible admitir excepciones. Un mal árbol no puede dar buen fruto, y un corazón no regenerado no puede cumplir los justos requerimientos de la ley.

Nuestra defensa y proclamación de esta verdad excepcional es encomiable. No obstante, debemos preguntarnos por qué casi no mencionamos la verdad correlacionada que un buen árbol no puede dar malos frutos. Así como es imposible que el no convertido lleve una vida que complazca a Dios, es igualmente imposible que un cristiano lleve una vida de rebelión continua e infructuosa ante Dios. Dios ha invertido demasiado en Su viña para permitir incluso que caiga una rama. ¡Él simplemente no lo permitirá! Su providencia prevalecerá sobre toda debilidad de Su pueblo y sobre toda circunstancia que lo asedie. Aunque a distintos ritmos y distintos niveles, todo hijo de Dios dará fruto.

---

[23] Filipenses 1:11.   [24] Efesios 5:8-9.   [25] Romanos 3:20; Gálatas 2:16; Efesios 2:8-9; Filipenses 3:3.

Nosotros somos ramas y no podemos hacer nada en nosotros mismos, pero Él nos ha injertado en Cristo.[26] Nosotros estamos sujetos a caer bajo nuestro propio peso, pero Él es el fiel viñador que nos poda para garantizar que demos más fruto.[27] Nosotros nos ocupamos en nuestra salvación con temor y temblor, pero Él es el soberano que está trabajando en nosotros, tanto el querer como el hacer para Su beneplácito.[28] Somos hijos inclinados a olvidar y desobedecer, pero Él es el Señor que nos disciplina para que participemos de Su santidad.[29] Somos una obra en progreso, pero somos hechura Suya, y Él terminará la buena obra que comenzó en nosotros.[30] Sin embargo, si somos siempre infértiles, entonces no hemos sido injertados. Si nunca hay poda, entonces Dios no es nuestro viñador. Si no hay progreso en la santificación, entonces no somos hechura Suya. Y si no hay disciplina que corresponda a nuestra rebelión, entonces Dios no es nuestro Padre. "...¿Acaso hay algún hijo a quien su padre no discipline? Pero si a ustedes se les deja sin la disciplina que todo el mundo recibe, entonces ya no son hijos legítimos, sino ilegítimos" (Heb 12:7-8).

Estas verdades deben proclamarse a todo el que confiese el nombre de Cristo y afirme que tiene la vida eterna. Aunque a menudo escogemos un lema generoso —no podemos juzgar o dejarnos guiar por las apariencias— debemos entender que un buen árbol no puede dar malos frutos. En cualquier momento, un cristiano puede estar corriendo, andando, gateando, deslizándose e incluso cayendo. Con todo, durante el transcurso de su vida, él crecerá y dará fruto: "cien, sesenta, y treinta" (Mt 13:23).

---

[26] Juan 15:4-5.   [27] Juan 15:2.   [28] Filipenses 2:12-13.   [29] Hebreos 12:9-10.   [30] Efesios 2:10; Filipenses 1:6.

Otros títulos de la serie
RECUPERANDO EL EVANGELIO

el evangelio para cada rincón de la vida

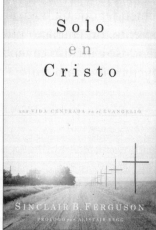